A MAGIA DA AUTOTRANSFORMAÇÃO

Uma Nova Visão da Realidade

Gill Edwards

A MAGIA DA AUTOTRANSFORMAÇÃO

Uma Nova Visão da Realidade

Tradução
ZILDA HUTCHINSON SCHILD SILVA

EDITORA CULTRIX
São Paulo

Título do original:
Stepping Into The Magic
A New Approach to Everyday Life

Publicado pela primeira vez em 1993
por Judy Piatkus (Publishers) Ltd.

Edição	Ano
1-2-3-4-5-6-7-8-9	96-97-98-99

Direitos de tradução para o Brasil
adquiridos com exclusividade pela
EDITORA CULTRIX LTDA.
Rua Dr. Mário Vicente, 374 – 04270-000 – São Paulo, SP – Fone: 272-1399
que se reserva a propriedade literária desta tradução.

Impresso em nossas oficinas gráficas.

Sumário

Agradecimentos

Meus agradecimentos a Judy Piatkus, a Gill Cormode, a Anne Lawrance e a toda a equipe da Piatkus Books pelo infatigável apoio, incentivo, amizade e eficiência.

Meu mais profundo amor e gratidão a Orin e DaBen (e a seus canais Sanaya Roman e Duane Packer), a Lazaris (e canal Jach Pursel), a Bartholomew (e Joy Ballas-Beeson), a Emmanuel (e Pat Rodegast), a Bartholomew (e Mary-Margaret Moore), a meus próprios guias (especialmente a Celeste) e a outros amigos invisíveis: devo-lhes mais do que jamais poderei expressar com palavras. Meu amor e meus agradecimentos também a todos os meus mestres terrenos, numerosos demais para mencioná-los todos – com um agradecimento especial a Leo Rutherford e Serge Kahili King.

Sou grata a meus maravilhosos pais por terem lido o manuscrito original com tanto amor e cuidado; e a toda a minha família e amigos por seu amor e apoio contínuos. Agradeço a Gayna, cuja supervisão tornou possível que eu desse o último passo. E minha gratidão a cada um dos meus clientes e "alunos" que, ao longo dos anos, sempre foram – e continuam sendo – mestres tão maravilhosos.

Prefácio

O Despertar

Eu a vi outra vez esta manhã –
Quando as sombras apareceram na aurora cinzenta
E sua figura radiante de luz,
Destacou-se na entrada da caverna.
Juro que ela não estava lá
No momento anterior.

Pisquei os olhos, incrédulo
Retive a respiração com medo
De que um leve movimento do ar
Pudesse afugentá-la em direção ao reino dos sonhos,
À medida que aquela frágil brecha se abriu entre as dimensões.

Ficara ali durante toda a noite
À espera,
Desejando,
Ansiando por esse breve vislumbre
De um mundo além.

"Lembre-se", diz uma Voz gentil –
Forte, porém suave como o oceano.
"Lembre-se de quem é.
Criança, é tempo de despertar!
As brechas estão ficando maiores,
Agora, agora, o tempo é agora."

Silêncio! Ouça!
Suas palavras silenciosas enchem o ar
Num momento infinito,
Enquanto minha respiração está tranqüila.

Eu não entendo,
Procuro dizer a ela.
Por favor, explique, por favor,
Não me deixe aqui
Sozinho, neste lugar esquecido por Deus.

No entanto, fico imóvel
Como uma rocha,
Olhando, esperando,
Pensando em suas palavras,
Sentindo o ritmo das ondas na praia.

Sombras rosadas enchem o ar
À medida que o mundo começa a se agitar;
E com uma risada cristalina, ela se vira suavemente
E desaparece na caverna de cristal,
Cintilando na Luz.

E dela só restou o eco.

Há alguns anos, quando trabalhava como psicóloga de uma comunidade no sudoeste da Inglaterra, cheguei a um ponto de mutação na minha vida. Não havia nada de "errado". Gostava do meu trabalho, tinha uma adorável casa em estilo vitoriano, minha vida social era dinâmica; partilhava de iniciativas criativas e tinha boas amizades íntimas. À primeira vista, tudo parecia estar bem. Mas, por dentro, me sentia frustrada e perdida. Eu tinha um profundo senso de finalidade, de destino – um "conhecimento" interior de que a vida era mais do que isso. Sabia que estava aqui por alguma razão.

Durante quinze anos eu seguira caminhos pessoais e espirituais – desde a análise dos sonhos até a Meditação Transcendental, da terapia da Gestalt até a ioga, do Budismo até os Quakers – e, afinal, eu já tinha trabalhado como psicóloga clínica por uma década. Conquanto cada atividade tivesse enriquecido minha vida, nenhuma me havia levado à transformação que eu estava buscando. Dia após dia, comecei a invocar o Espírito, dizendo-lhe que eu estava pronta. (Eu não sabia *para o que* eu estava pronta. É que me parecia a coisa correta a dizer.) Dentro de semanas, quando estava sentada no meu jardim, experimentei um salto quântico na consciência, que mudou completamente a minha vida – como se ela, de repente, se tivesse transformado de um filme branco e preto em um brilhante filme colorido...

Neste livro, eu mostro a trilha mais importante do Caminho que vivo e prego. Adotar a magia de viver significa andar com o nosso pé direito firmemente fincado na realidade prática da vida cotidiana, enquanto nosso pé esquerdo trilha o mundo encantado que transcende o espaço e o tempo – o mundo do xamã, do místico, do metafísico, do visionário, do cartógrafo e do co-criador. Ao fundir esses dois mundos num só, começamos a curar as divisões entre matéria e espírito, terra e céu, masculino e feminino, pessoal e planetário, individualidade e unicidade, divisões tão velhas como o mundo. Quando caminhamos com o Espírito em nossa vida do dia-a-dia – quando andamos com um pé em ambos os mundos – não só temos o poder de mudar nossa vida, mas também o de curar nosso planeta.

A Magia da Autotransformação é uma fusão mágica de metafísica, xamanismo e psicologia – um Caminho do Arco-íris de muitas tradições diferentes, um caminho repleto de beleza, harmonia e cooperação. Conquanto suas raízes possam ser antigas, muitas das idéias e dos instrumentos são, de fato, de uma Nova Era. Se os conceitos forem novos para você, pode ler o livro como se fosse de ficção científica. Ele desafia tão profundamente o nosso "bom senso" que pode parecer uma grande loucura para você! Só posso sugerir que ouça com o seu coração, em vez de com o cérebro. Em seguida, tente fazer alguns exercícios. Observe se a sua vida se torna mais prazerosa, mais amorosa, mais criativa, mais interessante e expansiva ao adotar a magia. Descubra se ela produz algum efeito em você.

Talvez você desconheça os conceitos que apresento a seguir. Na verdade, só posso ensinar às pessoas aquilo que elas já conhecem, aquilo que "faz sentido" para elas, em um nível mais elevado. Eu simplesmente estou querendo lembrar você a respeito daquilo que sua alma já vai lhe passando em segredo sob o tilintar das xícaras de café e a despeito do barulho que se verifica todos os dias no mundo do trabalho.

A Magia da Autotransformação representa uma abordagem altamente *prática* à vida cotidiana. Ela oferece uma seqüência de abordagens a qualquer situação, baseada no conhecimento de como criamos a nossa realidade. Ela não lhe garante uma vida livre de problemas: contudo, oferece-lhe grande número de soluções!

Este é o manual do praticante. Não foi feito só para ser lido. Para mudar a sua vida, ele tem de ser *usado*, *experimentado*, ser *vivido*. *A Magia da Autotransformação* não é uma simples série de idéias intrigantes, com exercícios para serem feitos em um ou dois domingos monótonos. Trata-se de um modo de viver – todos os dias, cada dia. Ele pode transformar a sua vida diária. É uma opção para crescer através do amor e do prazer, em vez de através do medo e da luta. É a opção para criar um céu na terra, tanto pessoal quanto globalmente. É a opção para realizar o nosso ilimitado potencial.

Tomara que você consiga realizar todos os seus Sonhos – e caminhar lembrando-se de quem você é.

Com amor e bênçãos,
Gill

1
Com um pé em cada mundo

Toda a Terra é sagrada,
Cada passo que damos;
Todo ar é sagrado,
Cada respiração que fazemos.
Unam o povo, somos Um.
Unam o povo, somos Um.

Canto de nativos norte-americanos

À medida que caminhava à toa pelas areias brancas de uma praia do Havaí, com as ondas suaves acariciando meus pés, imaginava como podia haver problemas, sofrimentos e inquietação no mundo. O ar estava quente e agradável, e quando o sol começou a mergulhar no Oceano Pacífico, o céu se preparou para um típico ocaso havaiano em brilhantes tons de fúcsia, magenta, tangerina e dourado. Decidi dar um mergulho no oceano antes do jantar. A praia estava deserta e senti uma breve pontada de angústia – no entanto, rapidamente afastei essa impressão da mente.

As ondas se avolumaram ao redor da minha cintura e eu prossegui com dificuldade mar adentro. Peixes de um colorido brilhante se esfregavam suavemente em minhas pernas e eu deitei de costas na água, ruminando os acontecimentos do dia. Eu estava treinando xamanismo havaiano com um Kahuna e havia muito em que pensar. Fechei os olhos e deixei que meu corpo subisse e descesse com as ondas...

De repente, a onda quebrou sobre minha cabeça. Tossi e cuspi quando meus pulmões se encheram de água do mar. Esforçando-me para permanecer ereta, percebi que havia sido levada para o alto-mar. Tomada pelo pânico, tentei nadar de volta, mas as minhas pernas não conseguiam vencer as correntes rodopiantes e senti que ia ser tragada pelas ondas. Outra onda arrebentou sobre minha cabeça e eu lutei para respirar. Comecei a me debater numa desesperada tentativa de manter a cabeça acima das ondas.

A essa altura, sabia que eu estava numa enrascada séria. Por certo iria morrer. Não agora! Não ainda! Eu tinha tanto trabalho a fazer, tantos sonhos a realizar. Contudo, fato curioso, tive uma profunda sensação de paz interior, de confiança, sabendo que, acontecesse o que acontecesse – quer eu morresse quer ficasse viva –, tudo estaria bem, minha aventura continuaria. Mas, se tivesse escolha, eu queria viver!

Recorrendo a toda minha energia, invoquei o Espírito pedindo-lhe ajuda. À medida que meu corpo batalhava contra as ondas, meu coração gritava "Me ajude! Se estiver na hora de eu partir, estou disposta – mas ainda há tanto que desejo fazer nesta vida. Por favor, leve-me a salvo de volta à praia!" Momentos depois, senti-me arremessada através da água, como se uma gigantesca mão protetora me apoiasse e arremessasse, como se eu fosse uma tora de madeira – quando tentei tomar pé, pude sentir a areia mais uma vez sob os meus pés. Miraculosamente, eu estava a poucos metros da praia!

Muito grata e feliz, eu soube que ia viver. Saí da água com uma nova percepção da finalidade das coisas, com confiança e prazer, simplesmente por estar viva. No dia seguinte, enquanto bebericava meus coquetéis *mai-tai* no bar de um hotel nas proximidades, a garçonete nos contou que uma jovem havia se afogado na tarde anterior, naquela mesma praia.

Com bastante freqüência tornamo-nos mais vibrantemente vivos, despertos, presentes no momento, além de conscientes do Grande Mistério que é a vida – nas horas de crise, nos pontos de mutação da nossa vida, ou quando nos vemos diante da nossa própria qualidade de mortais. É nesses momentos que vislumbramos o nosso verdadeiro potencial – como acontece quando uma mulher ergue sozinha um carro para salvar o filho, ou alguém que está no estágio final de um câncer descobre o poder de curar a si mesmo.

Nessas horas nos elevamos acima das "coisas mundanas" da vida do dia-a-dia, como se acordássemos de um tranqüilo cochilo e optássemos pela magia de viver essa aventura maravilhosa que sempre existiu. À primeira vista pode parecer que a vida não mudou; no entanto, há uma intensidade e riqueza de experiências que nos fazem sentir extraordinariamente vivos. Como disse Seng ts'an no mais antigo dos poemas zen:

> *"A separação entre o céu e a terra*
> *é tão estreita como um fio de cabelo!"*

Essa diferença de apenas "um fio de cabelo" é a mudança da nossa consciência.

Diante da crise social e ecológica – o desaparecimento de florestas tropicais, buracos na camada de ozônio, a AIDS, a fome, a poluição e a destruição, a proliferação de armas nucleares, as mudanças no clima – a humanidade atingiu uma crise, um ponto de mutação. A nossa opção é clara. Podemos criar um futuro de condenação e de trevas, de medo e desespero, de carência e necessidade, de violência e destruição. Ou podemos criar, passo a passo, um futuro de amor e cooperação, de prazer e abundância, de paz entre as nações, de respeito à Mãe-Terra, e descobrir soluções criativas para os nossos problemas globais. Podemos criar o céu e o inferno. Podemos chafurdar nas trevas ou dar um salto quântico rumo à Luz.

Surpreendentemente, algumas pessoas estão escolhendo o caminho das trevas – rejubilando-se com profecias sombrias sobre o Armagedon, afirmando o pior, dando de ombros, insistindo que não há nada mais a fazer. "Já é tarde demais." "Vamos simplesmente esvaziar o planeta quando a hora chegar, deixando que ele se arranje por si!" (Enquanto isso eles lhe dizem como tudo isso será horrível.) Talvez seja tentador optar por esse caminho, negar nossas responsabilidades pela mudança e gozar uma paixão pelo sofrimento e pelo melodrama.

A maioria de nós, entretanto, está se valendo da crise global como um estímulo para "despertar"; para mover-se para além da tediosa noção de um universo mecânico, ou da luta diária das nove horas até as cinco pela sobrevivência e para alcançar a Luz. Estamos caminhando rapidamente para a Nova Era – uma idade de despertar, uma idade de conscientização.

Por todo o mundo, as pessoas estão procurando um novo significado e propósito em suas vidas e acordando para a sua espiritualidade. Nos últimos vinte anos, houve uma dramática reviravolta em nossa sede de crescimento pessoal e espiritual. Mesmo aqueles que rejeitam a religião ortodoxa – com seus dogmas rígidos, sua hierarquia, seu patriarcado, seu sofrimento, culpa e martírio – estão abraçando velhas e novas formas de espiritualidade, do budismo ao aikidô, do xamanismo à psicossíntese. Estamos famintos por uma consciência plena, famintos por crescimento, famintos por mudança.

Quando esta nova onda de espiritualidade começou, algo notável estava ocorrendo em segundo plano. Os homens sábios de muitas culturas – de índios nativos norte-americanos a aborígines – estavam tendo uma série de visões. A mensagem que lhes foi transmitida era clara: é hora de divulgar sua sabedoria milenar para o mundo exterior. É hora de a humanidade "acordar".

Em conseqüência, inúmeros xamãs, iogues e mestres espirituais começaram a divulgar seus conhecimentos para o mundo ocidental. Idéias e práticas que haviam sido segredos cuidadosamente guardados foram transmitidos para discípulos e iniciados, tornando-se disponíveis para milhares de pessoas comuns.

Muitos ocidentais se tornaram guardiães da chama, e começaram a transmitir Luz para outros – e novos métodos começaram a emergir da sinergia dos antigos.

E nós começamos a acordar. Enquanto esfregamos gentilmente os olhos, começamos a lembrar. Os ensinamentos dos sábios, dos xamãs, das fontes de canalização, das pessoas iluminadas agitaram vagas lembranças dentro de nós. Começamos a vislumbrar nosso próprio potencial, e a saber que acabamos de descobrir quem somos.

Há milhares de anos, a humanidade costumava honrar a Deusa, a fonte feminina da criação. Naquela época, nos sentíamos ligados à terra, ligados uns aos outros, ligados ao Espírito. Começamos, então, a desenvolver metade da nossa totalidade – ou o lado "masculino", nosso lado direito – e paulatinamente nos tornamos seres estranhos inclinados para um lado só: capazes de pensar mas não de sentir, capazes de ser produtivos mas não comunicativos, capazes de ser racionais mas não intuitivos. Aprendemos cada vez mais a ouvir a voz estridente da razão, a confiar no senso comum e na lógica, e a deixar para trás noções "primitivas" como magia, fadas e anjos.

À medida que perdemos contato com a nossa sabedoria "feminina", o nosso conhecimento interior, a nossa verdadeira espiritualidade, começamos a confiar na autoridade externa – entregando o nosso poder a ministros, reis, sacerdotes, senhores e gurus. Quando a energia masculina se tornou desequilibrada na sociedade, projetamos nossos aspectos negativos sobre Deus. Há muito tempo a Deusa foi destronada e esquecida, e Deus se tornou uma figura paternal no céu – alarmante, crítica, punidora e, acima de tudo, *separada* de nós. O céu já não existia aqui, mas "lá". A espiritualidade foi substituída por dogmas religiosos, por diferentes credos e distintas convicções religiosas, competindo uns com os outros "em nome de Deus".

À medida que o tempo foi passando, fomos nos sentindo cada vez mais separados de Deus – e Ele foi amplamente deposto pelos cientistas. Voltamo-nos para a ciência e a tecnologia buscando soluções para os problemas, como certa vez nos havíamos voltado para a religião. Passamos a acreditar num mundo de separatividade, de medo, de luta, em que o mundo físico era a única realidade. A ciência nos informou que a vida na terra é um acidente aleatório, um caldeirão químico que ferve descuidada e desordenadamente e que, aos poucos, entorna tudo, desde pedra calcária até Beethoven. A humanidade nada mais é do que um *goulash* bioquímico – e há provas científicas para constatar isso.

Obedientes, aprendemos a separar a matéria do espírito, ou até mesmo a abandonar inteiramente o Espírito. Afinal, "nada existe a menos que você possa vê-lo, tocá-lo, medi-lo, repeti-lo em estéreis experiências de laboratório" – e o Espírito não segue essas leis.

Nossa voz interior – a voz gentil e amorosa do Espírito – foi descartada como uma mera fantasia e imaginação. As verdades invisíveis começaram a desaparecer da nossa consciência e, ao poucos, as relegamos aos mitos e contos de fadas; e a Deusa interior foi gentilmente embalada para dormir, aguardando a Sua hora, esperando que nos lembremos Dela.

Não foi só a ciência que pregou uma doutrina de separatividade. A mensagem central das religiões patriarcais é de que estamos *separados* de Deus – de que há um enorme golfo entre a matéria e o espírito – mas que através do sofrimento, da renúncia, do sacrifício pessoal, do martírio, do fato de passar várias horas ajoelhados em meditação, arrastando-nos sobre os joelhos em busca de tesouros divinos, confessando ritualmente os nossos "pecados" ou fazendo votos de pobreza, de castidade e de obediência, talvez possamos chegar um pouco mais perto Dele.

Essa crença "masculina" na separatividade – a crença de que estamos separados de Deus, separados uns dos outros, separados do planeta, essa crença de que o mundo é feito de objetos separados – está na raiz da nossa crise global. Ela nos levou à guerra, à tortura, ao genocídio, à crueldade, às ameaças ao ecossistema, explorando a possibilidade de uma Terceira Guerra Mundial, uma ciência sem consciência, a homofobia, o racismo, o sexismo e mais ainda – tudo porque vemos "as coisas" ou "o planeta" como um Outro, como separados de nós. Sentir-nos separados leva ao medo, e o medo leva ao sofrimento, à exploração e ao abuso de poder.

O povo Hopi usa a palavra *koyaanisquatsi* para descrever como se sente diante do mundo moderno – um termo que numa tradução grosseira quer dizer "um mundo desequilibrado", um mundo que abusa da racionalidade às custas da nossa intuição.[1] Perdemos de vista o quadro maior – a mística sabedoria "feminina" de que todos estamos interligados, de que somos *indivíduos mas que não estamos separados*. E criamos a atual crise mundial de tal forma que somos obrigados a abraçar a nossa metade perdida – para que possamos nos reconectar com o nosso lado esquerdo, com a Deusa, porque não conseguimos resolver nossos problemas sem Ela.

Nosso lado "masculino", nosso lado direito – controlado pelo lado "lógico", esquerdo, do nosso cérebro –, é capaz de lidar com a maioria dos aspectos da nossa vida diária como: levantar-se, lavar-se, comer, fazer compras, dirigir o carro, viajar, pagar as contas, organizar, pensar, lidar com assuntos práticos. Ele é essencial para agirmos eficazmente no nosso mundo físico; não poderemos levar uma vida normal sem ele. Ele sustenta o nosso senso de identidade pessoal. O problema é que, por si mesmo, ele mais parece um robô com visão unilateral. O que ele *não consegue* nos dar é algum senso de que *estamos vivos*. Ele não pode infundir vida com significado ou propósito profundo. Sentir-se separado dos outros faz com que o *pertencer* não tenha sentido. Ele não pode nos conectar com o Grande Mistério, com Tudo o que Existe.

Pouco antes de sua morte, numa entrevista para a televisão, John Freeman perguntou a Carl Jung se ele acreditava em Deus. Jung respondeu que ele não precisava acreditar – ele "sabia". É o nosso limitado lado direito que precisa juntar informações, analisar dados e tirar conclusões, ou confiar na opinião de "especialistas". Nosso lado direito consegue optar pela *fé* em Deus (fé religiosa), mas nunca chega a *saber* que Deus existe (experiência espiritual). Apenas o nosso lado esquerdo, ligado ao nosso cérebro direito, tem acesso a essa realidade maior, às dimensões invisíveis.

E mais ainda: nosso lado direito sabe que é incompleto. Ele é um perito com bastante prática em conquistar toda a nossa atenção – mantendo-nos ocupados, tagarelando, pensando, fazendo, adquirindo, concentrando-nos no que tem de ser "feito". No entanto, há momentos em que o nosso lado direito sabe que está bem fora de suas profundidades. Quando confrontado com a morte ou com um infortúnio iminente, muitas vezes ele recorre ao lado esquerdo. (Numa crise, até ateus se surpreendem rezando.)

Quando é nosso "lado esquerdo" que passa a responder numa crise, começam a acontecer coisas estranhas. O tempo parece parar à medida que você se desvia para evitar que o caminhão bata de frente no seu carro; o tumor desaparece "milagrosamente"; uma mão amiga surge não se sabe de onde para nos dar segurança; ou uma "voz" dá instruções muito claras sobre o que fazer. Nosso lado direito pode pensar e raciocinar, tendo acesso à informação e ao conhecimento – porém o nosso lado esquerdo tem acesso a recursos ilimitados: além do espaço e do tempo, além da nossa imaginação.

À medida que abrimos nossos corações e mentes ao nosso lado esquerdo, um novo mundo em expansão começa a ser parte da nossa vida do dia-a-dia. É como se durante anos tivéssemos brincado na água de uma piscina e, de repente, descobríssemos que há um oceano bem atrás de nós. O "lado esquerdo" é o mundo das realidades invisíveis – o mundo que fica além da ilusão de separatividade. Trata-se do mundo da hora dos sonhos, o mundo do Espírito. Nosso "lado esquerdo" nos oferece sonhos, visões, telepatia, clarividência, espíritos da natureza, anjos, guias, canalização, magia, cura, viagem no tempo, dimensões infinitas da realidade... Ele nos reconecta com a nossa sabedoria e poder interior. Acima de tudo, oferece um senso de significado e de propósito, de interligação. Sua mensagem é a de que não estamos sós, não estamos separados, de que somos parte integral da teia sagrada da vida.

Não deixa de ser estranho que esse modelo holístico de universo tenha buscado inspiração na "nova ciência": a física, a biologia, a economia, a ecologia, a medicina alternativa, a psicologia.[2] Assim como os cientistas descobriram que o adejar das asas de uma borboleta pode afetar o clima até milhares de milhas de distância, os místicos e xamãs estão querendo lembrar-nos sempre de novo de que tudo é Um. Nosso "lado esquerdo" entende isso. Ele *sabe* que nunca estivemos separados de Deus/Deusa. Ele *sabe* que toda a energia, toda a consciência está interligada – sabe que não há divisão entre a matéria e o espírito, entre a terra e o céu. Ele sabe que todos nós somos capazes de fazer "milagres"!

Naturalmente, na nossa sociedade, que vive com base no "lado direito", nem sempre é conveniente contar a qualquer pessoa que você fala com suas azaléias três dias antes de transplantá-las para que suas raízes se soltem da terra, ou que conserta o carro "mudando de forma", ou que fecha a sua aura antes de viajar de metrô – a menos que diga isso com uma piscadela de olhos!

Num dos meus cursos, um psicólogo perguntou sobre a diferença entre o que eu ensino e o mundo em que vivem os "psicóticos crônicos internados sob vigilância em hospitais para doentes mentais". Quando parei de rir, respondi que a principal diferença está em que eu tenho um pé firmemente fincado na realidade física. Estou muito consciente da diferença entre a realidade do nosso "lado direito" e do nosso "lado esquerdo" – e eu ando com um pé em cada mundo.

Durante os anos que trabalhei no *National Health Service* atendi a uma porção de psicóticos graves – e eles eram pessoas infelizes, desamparadas e assustadas. Muitas dessas pessoas estavam em contato com o seu lado esquerdo, mas o problema é que quase não tinham apoio na realidade física que partilhamos, ou seja, o nosso lado direito. (Muitas pessoas "de lado esquerdo" não são psicóticas, mas *são* sonhadoras, instáveis e sem senso prático – criaturas cheias de visões e inspirações, mas incapazes de concretizar suas idéias. Elas não conseguem "pôr os pés no chão".) Qual é a vantagem de ser

COMO FICAR COM OS PÉS NO CHÃO

Se você já se sentiu "flutuando" ou não plenamente em seu corpo, ou se acha que é menos capaz de lidar com os fatos práticos da vida do que é normal, então você precisa se firmar no chão. Ter um pé firmemente fincado na realidade física é, *no mínimo*, tão importante quanto ser capaz de passar para as outras realidades.

Eis dez maneiras de você se firmar no chão:

1. Faça quatro respirações abdominais profundas, exalando totalmente a cada respiração.
2. Ande descalço na grama ou na terra.
3. Bata os pés no chão enquanto mantém as mãos no alto da cabeça.
4. Deite-se de costas no chão, com os braços estendidos ao longo do corpo, deixando que este se torne pesado e relaxado.
5. Imagine que dos ossos das costas crescem raízes aprofundando-se no solo. Sinta a sua íntima conexão com a terra e a energia subindo pelo corpo.
6. Abrace uma árvore, fale delicadamente com ela – e sinta a sua aura começar a se fundir com a aura da árvore.
7. Faça algo com as mãos – como lavar louça, pintar e decorar, modelar com argila ou montar uma estante para livros.
8. Faça algo relacionado com o seu cérebro esquerdo – como registrar seus relatórios, planejar a rotina para o dia ou ler jornais.
9. Faça um esforço físico visando algo de que goste – talvez praticar ioga, dança, natação, jogar tênis ou fazer amor.
10. Faça algo ao ar livre – como jardinagem, passeios pelos campos ou cuide de seu vasinho de plantas.

A fim de continuarmos com os pés no chão, nossa vida diária deve incluir um grande número de atividades "práticas".

(Se não tiver vontade de meditar ou de fazer um pouco de trabalho interior, não force a situação. Talvez você precise de um prazo para firmar-se completamente no solo da realidade física.)

capaz de falar com as fadas, se você não consegue pagar o aluguel, e os seus amigos o estão abandonando?

Adotar a magia de viver significa *integrar* completamente o nosso lado direito e esquerdo – e isso significa sermos práticos, amáveis e alegres na nossa vida cotidiana, e traduzir nossas vidas em *atos* efetivos. Isso significa encarnar o Espírito.

O CRESCIMENTO ATRAVÉS DA LUTA

O caminho espiritual tem uma longa tradição de experiências de morte-renascimento como meio de despertar – especialmente dentro do xamanismo. É provável que o xamanismo seja a prática espiritual mais antiga do nosso planeta, remontando à época pré-histórica. Os xamãs são os místicos, videntes, chefes de cerimonial, sacerdotes, pesquisadores, agentes de cura e psicólogos (tudo numa pessoa só) das culturas antigas, e sua visão e prática se mantiveram surpreendentemente consistentes através de todas as épocas e culturas. Tradicionalmente, os xamãs passaram por experiências simbólicas de morte como parte da sua iniciação: talvez um "acidente" horrível, uma doença que pôs a vida em perigo, ou um ritual prescrito, assim como jejuar na floresta longos períodos de tempo, ser enterrado vivo, mutilar o próprio corpo, ou ficar dependurado em mastros de tendas por alguns dias, ficando o corpo exposto à queda da neve.

Em muitos casos, xamãs modernos e mestres da metafísica seguiram essas pegadas tradicionais. Um desconhecido atirou em Denise Linn quando esta era uma adolescente e, milagrosamente, ela sobreviveu aos horríveis ferimentos. Gabrielle Roth, como eu mesma, passou pelo pesadelo da anorexia como jovem adulta. Louise Hay sofreu de câncer vaginal depois de ter sido estuprada na infância; e numerosos outros mestres têm (algumas vezes com orgulho) contado essas histórias traumáticas como pontos de mutação em sua jornada espiritual.

Através dos séculos, habituamo-nos ao crescimento através da luta. Há muito tempo, descobrimos que, ao defrontar-nos com nossos traumas sociais e pessoais, muitas vezes temos recursos e forças ocultos, ou desenvolvemos qualidades anímicas como a coragem, o amor, a confiança, a tolerância, a integridade e o humor. Através da "noite escura da alma" aprendemos a descobrir a Luz interior, e passamos a acreditar que o caminho do sofrimento é o melhor, talvez o único, para aprendermos e crescermos, e que só encontraremos a Luz se tatearmos no escuro. (Assista aos noticiários vespertinos na televisão para comprovar como estamos habituados a ver tragédias e melodramas!)

Meu treinamento pessoal em psicologia clínica reforçou essa tradição de crescimento através da luta. Através da ansiedade, do aborrecimento, do medo e do desespero, as pessoas são impelidas para a psicoterapia e, assim, esperançosamente obtêm autoconhecimento e força interior. O sofrimento é visto como um estímulo *necessário* para o crescimento – em vez de ser visto como o derradeiro esforço para forçar-nos a crescer, quando tudo o mais falhou. (A despeito de sua cobertura "científica", a psicoterapia como profissão surgiu do sacerdócio e do xamanismo e – de forma triste e "desespiritualizada" – participa de muitos de seus valores.)

No entanto, há uma alternativa para esse antigo "caminho do guerreiro". O caminho do medo, da luta e do conflito não é a nossa única opção. Esta é a abordagem "masculina" ao crescimento, baseada numa crença culposa em nossa separatividade – e esta já teve seu dia de glória. Embora experiências traumáticas indubitavelmente possam abrir nosso lado esquerdo, e pela aprendizagem levar-nos ao crescimento, há outro caminho. *Podemos* viver com um pé em cada um dos dois mundos sem olhar de frente a morte, os ferimentos, o auto-sacrifício, a solidão e o desespero. Não é necessário aprender tudo da forma mais difícil!

Lembro-me de uma visão que tive há dois anos, quando fazia um vôo internacional para comparecer a um seminário. No antigo estilo da tradição xamânica, vi-me sendo esquartejada por uma alcatéia de lobos e, em seguida, deitada sozinha no centro de uma floresta durante sete dias e sete noites de agonia. Finalmente chegou meu guia interior e, com um sorriso bonito, mas engraçado, ele me fez lembrar que o crescimento não tem de ser tão doloroso!

> *Com o devido respeito, você criou a idéia de que o sofrimento poderia levá-la para Casa. Deus criou a idéia de que a beleza, o encanto, o prazer e a paz podem levá-la para Casa.*
>
> Bartholomew[3]

O truque é você ficar receptivo ao seu lado esquerdo na vida cotidiana – em vez de esperar pela desgraça! (Algumas pessoas têm uma habilidade espantosa de atrair uma crise depois da outra, visto que sua única maneira de contatar o Espírito é essa.) Também é fácil ser "espiritualizado" quando se vive num templo ou num mosteiro, ou quando se está em retiros ou seminários – quando há bem pouco a fazer e estamos cercados por pessoas com mentalidade semelhante à nossa. Essa é uma espiritualidade para iniciantes!

Nosso desafio agora é manter nossa espiritualidade na nossa vida comum diária: integrar nosso "lado esquerdo" no escritório, na fábrica, na cozinha, no quarto de dormir, nas escolas, nos hospitais e nas prisões. Para nós o desafio é usar nossa espiritualidade – nossa consciência plena, nossa sabedoria, nosso prazer, nosso amor, nossa coragem, nossa confiança – em nossa atarefada vida moderna.

Para andar com um pé em cada mundo, precisamos descobrir o nosso modo de "permanecer despertos" – bons amigos, livros inspiradores, fitas, seminários, rituais, orações, afirmações, anotações em nosso diário, caminhadas ao ar livre, prática diária – até que o fato de mostrar-nos abertos para o nosso lado esquerdo se torne tão natural quanto o ato de respirar.

A DEDICAÇÃO DO SEU DIA

Todas as manhãs, você pode começar o dia com um pequeno ritual para abrir-se ao Espírito. Talvez você queira criar um espaço sagrado no seu lar para meditação – um aposento pequeno ou um cantinho silencioso, talvez com uma mesa baixa sobre a qual você pode colocar objetos sagrados, cristais, velas e incensos. Você pode acender uma vela, queimar incenso ou segurar o seu cristal predileto nas mãos.

Uma "prece" adequada pode ser a seguinte: "Esta manhã desperto lembrando-me de quem sou, sabendo que sou amor e luz. Dedico este dia ao meu próprio aprendizado e crescimento, e ao serviço de Todos os Nossos Amigos. Espírito, ajuda-me a viver este dia com amor e alegria, a estar presente em todos os momentos, e a seguir meu coração." Você pode terminar com "Ho!" no estilo nativo norte-americano, com "Amama" no estilo havaiano, ou com "Amém" ou "Assim seja".

Ou talvez você goste de ler um trecho curto de um livro inspiracional favorito, escolher uma carta com uma afirmação, tirar uma runa para o dia, ou a "receita de um medicamento". Ou ainda acordar ouvindo uma fita de meditação (como, por exemplo, a minha *Fita Matinal*).

Então fique alguns minutos em silêncio ou a sós, pensando sobre o dia à sua frente, e sobre os desafios e oportunidades que ele poderá trazer.

O CAMINHO DO AMOR E DA HARMONIA

Muitos caminhos espirituais nos pressionam a ignorar, negar, suprimir ou superar partes de nós mesmos a fim de "encontrarmos Deus". Durante séculos, os religiosos denegriram o corpo através da autodestruição, da autonegação e até mesmo da automutilação. Suprimiram ou distorceram as emoções e a sexualidade, esforçaram-se por ignorar a mente racional, ou se retiraram do "mundo material". Todas essas práticas são baseadas na nossa crença na separatividade entre matéria e espírito, crença segundo a qual o Espírito não está *aqui*, porém *lá*, esperando para ser encontrado assim que nos livrarmos dos males de menor importância que bloqueiam nosso caminho, tais como o corpo, a mente, as emoções, a sexualidade e o mundo material!

O problema é que, ao suprimir *qualquer* parte de nós mesmos, desperdiçamos grande porção de energia, visto que isso cria uma luta interior. É difícil imaginar alguém sendo amável, alegre e cheio de vitalidade se estiver morrendo de fome ou mutilando o corpo, negando a própria raiva ou a própria sexualidade, lutando contra seus pensamentos ou desejos, ou vendo o mundo como um "mau" lugar para se ficar. Isso não é espiritualidade, é neurose. Como podemos irradiar amor e alegria se estivermos presos às correntes que impusemos a nós mesmos ou usando um cilício? Como podemos amar aos outros se não começarmos a amar e a cuidar de nós mesmos? Como podemos aprender a amar o nosso planeta e a contribuir para a paz e a harmonia global se tratarmos nossa vida na terra como um mero obstáculo – "uma cruz que temos de carregar" – ou algo pelo que temos de passar tão rapidamente quanto possível?

Uma alternativa é o caminho do amor, da harmonia e da cooperação – isto é, abraçar todos os aspectos de nós mesmos, sabendo que *somos* Espírito. Isso significa ver a nossa vida como uma aventura maravilhosa, uma dádiva gloriosa de Deus/Deusa. Significa viver com equilíbrio entre o nosso "lado direito" e nosso "lado esquerdo" – com os pés no chão, o coração sintonizado com o Espírito. Significa sustentar a idéia de que tudo é sagrado; toda rocha, toda planta, toda criatura, todo ser humano; de que tudo é uma centelha divina da Unidade. À medida que nos conscientizarmos disso, começaremos a viver em harmonia com Todos os Nossos Amigos – e começaremos a descobrir nosso verdadeiro potencial.

É provável que toda religião tenha começado tendo em seu cerne este caminho; no entanto, quando perdemos o contato com nosso lado esquerdo, nossa crença na separatividade ocultou e distorceu a mensagem. Os havaianos (entre outros) caminharam pelo caminho do amor e da harmonia durante séculos, até que suas ilhas foram invadidas. Nas histórias transmitidas oralmente por gerações, os havaianos descrevem a estranha ênfase dada pelos missionários cristãos ao sofrimento e à culpa. Os velhos havaianos, que viviam de acordo com a sabedoria Huna, não tinham uma palavra para "pecado", acreditando que os erros simplesmente faziam parte de nosso processo de aprendizado, vida após vida:

> *Havia uma grande diferença entre as crenças havaianas e as crenças dos estrangeiros que vieram ensinar a Bíblia. Eles acreditavam que não havia rio, nem fluência de vida. Achavam que a vida era ou não uma viagem única. Tinham boas intenções. Eles se esforçavam. Falavam sobre amor, pensavam no amor, mas não* conheciam *o amor. Ensinavam: "vocês não devem fazer isso" – e ficavam zangados conosco durante todo o tempo por sermos alegres e encontrarmos motivo para risos e prazer em nossa vida. Eles não tinham permissão para se divertir. Para eles, a salvação vinha unicamente através da desgraça... Estou certo de que o Deus deles os amava por todo o sofrimento pelo qual passavam.*[4]

O crescimento através do amor e da alegria era parte integrante do modo de vida havaiano, até os missionários chegarem ensinando-lhes novos caminhos. (É estranho pensar que há menos de vinte anos, praticar o xamanismo era *ilegal* no Havaí.) No antigo Havaí, onde as pessoas andavam com um pé em cada um dos dois mundos, habilidades "paranormais", tais como a telepatia e a clarividência, eram vistas como algo comum na vida, até que os invasores declararam que essas práticas eram "pecaminosas".

COMO SINTONIZAR-SE COM O ESPÍRITO

Feche os olhos devagar e "interiorize-se". Em seguida, descubra um modo pessoal de se concentrar em si mesmo e de se sentir em união com o Espírito – um método simples que você possa usar sempre e onde quiser. Por exemplo, eu faço três respirações abdominais profundas para centralizar e clarear minha mente; em seguida, imagino que estou num círculo de luz com cerca de vinte pés de diâmetro, sentindo todo o círculo com a minha consciência. Costumo concentrar-me primeiro no meu sexto chakra (veja p. 122) atrás da minha testa, mas sinto a conexão no meu coração e no plexo solar. Isso demora cerca de 15 a 20 segundos.

Tente várias técnicas de respiração até descobrir a que funciona para você – como contar até quatro enquanto inspira, retendo a respiração contando até quatro, exalando da mesma forma e mantendo o pulmão vazio de ar enquanto conta outra vez até quatro; ou então inspire e expire continuamente contando até oito. Ou use um mantra (frase ou palavra) que o faça sentir-se tranqüilo e concentrado. Você também pode usar uma técnica de relaxamento, como concentrar-se em cada parte do corpo por vez, liberando qualquer tensão muscular; ou pode ainda contrair e em seguida relaxar cada série de músculos; ou pode imaginar que está num lugar calmo ao ar livre; conte regressivamente de vinte até um.

Assim que estiver relaxado, uma simples oração ou afirmação podem ajudá-lo a mudar sua consciência para o "lado esquerdo" – assim como, "Ando me lembrando de quem sou" ou "Chamo o Espírito para me acompanhar".[5] Ou imagine que está se expandindo além dos limites da sua pele. Ou mude literalmente sua consciência para o *lado direito* do seu cérebro. (Lembre-se de que o cérebro direito está ligado ao *lado esquerdo* do corpo.)

Preste atenção à sua sensação quando estiver sintonizado com o Espírito; talvez tenha uma sensação de paz, de expansão, de maior percepção corporal ou de falta dessa sensação, ou terá uma sensação de infinito, ou relutará em voltar para o seu estado normal de vigília. Como você pode intensificar essa experiência? Quanto mais poderá aprofundar-se no seu lado esquerdo? Que outras atividades lhe dão uma sensação semelhante à que está sentindo agora? Você poderia devotar mais tempo a essas atividades?

Desenvolva seus próprios meios de mudar rapidamente para esse estado. Não crie dificuldades – isso é simples e natural! Com a prática, você será capaz de alcançar esse estado quase instantaneamente sempre que quiser – até de olhos abertos numa reunião de negócios.

Quando nos encontramos diante desse ponto de mutação da história, precisamos mudar urgentemente de rumo. Chegou a hora de reconquistarmos nossa sabedoria e poder interiores. Chegou a hora de crescermos através do amor, da alegria, da coragem, da confiança e da visão.

Ao reconquistarmos nossa metade perdida, nosso lado esquerdo, podemos aprender a viver com "um pé em cada mundo". Podemos caminhar nas lembranças da nossa Unidade, sabendo que não há nada a temer. Podemos abraçar a nossa totalidade. Podemos honrar e respeitar todos os seres na sagrada teia da vida. Ao fazer isso, adotamos a magia, a maravilha de simplesmente estarmos vivos.

VIAGENS INTERIORES

Recorrer ao nosso "lado esquerdo" significa saber que nossa verdadeira orientação de vida está dentro de nós. Para os xamãs, um meio de ter acesso à sabedoria interior, e/ou de mudar para outras realidades é fazer "viagens interiores". No caso de desconhecer isso, deixe-me oferecer-lhe alguns comentários e sugestões.

1. Sente-se numa cadeira confortável, ou deite-se, se preferir. Certifique-se de que não será perturbado. Tenha um caderno de anotações e uma caneta a seu lado para que possa registrar a viagem assim que retornar; ou narre sua jornada valendo-se de um gravador, contando o que acontece enquanto as coisas estão ocorrendo.
2. Comece cada viagem respirando profundamente (respiração abdominal) e relaxe completamente. Talvez relaxe os músculos de cada parte do corpo um por um, desde os dedos dos pés até a cabeça; ou então concentre-se na sua respiração; ou imagine que está num lugar tranqüilo e ao ar livre; esvazie a mente e deixe-se "levar"; ou recite um mantra. Se ajudar, ouça música suave, e bem baixinho. Relaxe e sintonize-se com o Espírito do modo que funcionar melhor para você. Não há modo certo ou errado de fazê-lo. Com a prática, descobrirá que consegue entrar num estado de relaxamento profundo cada vez mais rapidamente.
3. Não se preocupe se nunca fez uma viagem interior antes. Todos estamos acostumados a devanear ou a recordar acontecimentos do passado, ou a imaginar o que o futuro nos trará. "Vemos" o

que está acontecendo ao ler um romance, ou quando ouvimos o rádio. Fazer uma viagem interior é uma atividade normal da vida diária. Tudo o que você está fazendo é torná-la mais consciente e dar-lhe uma finalidade.

4. Você não tem de ser bom na visualização. Algumas pessoas sentem, ouvem ou percebem o que está acontecendo em viagens interiores, ou têm vislumbres de quadros – e isso é ótimo. É bem provável que as imagens pareçam tão reais quanto as da vida desperta.
5. Confie no seu conhecimento interior. Se descobrir que está acontecendo algo diferente do que eu sugeri, continue com a sua experiência. Não é necessário que a sua viagem aconteça exatamente da forma como a descrevi. Seja criativo! Surpreenda-se! Num nível profundo, você sabe exatamente o que tem de fazer. (Ao menos três vezes por semana, faça uma viagem interior sem um objetivo determinado em mente – e veja o que acontece!)
6. O seu "lado direito" tentará convencê-lo de que você está fingindo, que se trata apenas da sua "imaginação". Um modo de lidar com isso é concordar com o seu lado direito: "Sim, sei que estou imaginando, mas é interessante! Por que será que estou criando *exatamente* esta fantasia?" Outra abordagem é manter a mente ocupada de forma que ela não possa interferir. Em geral, dou ao meu lado direito a tarefa de anotar e de lembrar o que está acontecendo – contando a viagem para mim mesma à medida que ela está ocorrendo – para depois eu poder escrever sobre a viagem de forma linear (lado direito). (Na verdade, o mundo interior é a nossa porta para realidades que transcendem o espaço-tempo. Ele é muito mais Real do que o "sonho desperto" da nossa vida cotidiana.)
7. Se você tem a tendência de adormecer durante viagens interiores, evite fazer a jornada deitado, na cama, no escuro, ou quando estiver muito cansado, visto que todos estes são sinais para o seu lado direito saber que é hora de "desligar". Adormecer muitas vezes significa que o seu lado direito está se recusando a "cooperar" quando você faz uma viagem para o mundo não-racional do seu lado esquerdo! Atribuir-lhe uma tarefa como narrador ou observador pode ajudá-lo a superar isso – o

ajudará a integrar os seus dois mundos. (Nunca soube de ninguém que tivesse adormecido enquanto narrava a própria viagem em voz alta para outra pessoa.)

8. Sempre imagino que qualquer pessoa que eu encontre numa viagem interior é um amigo. Se encontrar um monstro ou demônio – ou uma avó ou chefe que sempre o aterrorizaram – chame isso de blefe! Sorria docemente e diga que sabe que se trata de um amigo usando um disfarce. Invariavelmente, ele retribui o sorriso, muda de forma e até mesmo se põe a chorar. A maioria dos "monstros" são aspectos da sua Criança interior – ferida, triste, solitária e amedrontada sob seu disfarce.
9. Lembre-se de voltar bem devagar quando terminar a viagem, alongando suavemente o corpo e mexendo os dedos dos pés e das mãos quando sentir que está pronto. Certifique-se de que o seu lado direito está "ligado" outra vez antes de dirigir um carro ou usar facas ou maquinário – assim como faz ao acordar de um sono. (Você pode fazer isso mais depressa se executar uma tarefa linear tal como somar uma tabela de números, planejar a rotina para o dia, ou ler o jornal. Ou tente bater com os pés no chão ou exalar o ar com força, várias vezes.)
10. Se achar mais fácil usar meditações dirigidas, grave a sua própria voz numa fita. Ou peça detalhes sobre minhas fitas de auto-ajuda *Living Magically* (Vivendo com Magia), (com música de Michael Hammer). O endereço está no final do livro. (A viagem interior que segue está no lado 2 da minha fita *Overcoming Inner Blockages* (Superando Bloqueios Interiores.)

COMO ENFRENTAR O LUTADOR

Relaxe profundamente. Em seguida, imagine que está num belo caminho, no campo. Os raios do sol se infiltram por entre as árvores e você nota vários tons de verde nas folhas. Olhe para o caminho sob seus pés. A trilha é gramada ou de terra batida? Está coberta de folhas de outono? O que está calçando nos pés? Ouça os sons à sua volta: pássaros estão cantando, as folhas sussurram à brisa, o ruído dos pequenos animais, um regato murmurante. Aspire os aromas do campo. Use todos os seus sentidos para tornar vivo todo o cenário.

Agora siga o caminho, não importa para onde ele o levará, até chegar a uma clareira. É aí que encontrará a parte de você que cresce com a luta. Na clareira pode haver uma choupana prestes a desabar, um tronco caído de árvore ou uma grande pedra chata ou arredondada. Dentro da choupana, sentada no tronco ou na pedra estará uma pessoa, criatura ou objeto. Este é o aspecto da sua personalidade que cresce através da luta. Deixe que assuma a forma que quiser, permitindo que a imagem se torne mais clara à medida que você se aproxima dela.

Cumprimente o seu Lutador de modo amigável e diga-lhe que deseja entender por que ele atrai problemas e tensão para a sua vida – e espere pacientemente pelas respostas. (Estas virão como pensamentos, imagens, lembranças, sensações ou um súbito lampejo de intuição. Sua mente talvez tente murmurar-lhe que você está apenas imaginando coisas, portanto esteja preparado para isso!) Reconheça que o Lutador está tentando ajudá-lo a crescer, da única maneira que sabe. Ele tem tentado ser seu amigo. Portanto, agradeça-lhe pela ajuda e explique que está aprendendo um novo modo de crescer que você acha que será mais agradável e eficaz. Diga-lhe que a partir de agora, você quer crescer através do prazer – ao tentar compreender os seus Sonhos, ao assumir cem por cento da responsabilidade de seguir o seu coração, ao liberar a sua criatividade e ao descobrir cada vez mais a sua totalidade. Pergunte ao Lutador se ele o ajudará a crescer através do prazer e lide com quaisquer restrições que ele possa fazer.

Assim que ele concordar em ajudar, dê-lhe uma nova missão. Talvez ele gostasse de enviar-lhe um "sinal de alerta" se você estiver alimentando pensamentos ou crenças negativas, queixando-se da vida, ou mesmo se esquecendo de tentar realizar os seus Sonhos. Ou quando você estiver transformando uma tarefa simples num monstro de sete cabeças. Se for assim, faça um acordo estabelecendo como ele lhe enviará discretamente a mensagem.

Agora sinta o seu amor por esse aspecto de você mesmo – e observe-o à medida que é transformado pelo seu amor. Ele pode tornar-se brilhante de luz, ou mudar inteiramente de forma. Finalmente, absorva-o em seu corpo, tornando-se um com esta parte de você mesmo outra vez.

Continue pelo caminho até chegar a uma cachoeira no centro da floresta. Ouça os sons da queda d'água e sinta a água borrifar você. Em seguida, tire a roupa e entre na cachoeira sentindo a água correndo pela sua cabeça e corpo. Peça à cachoeira para lavar quaisquer vestígios do crescimento através da luta, para lavar qualquer sentimento de tormento e de pena de si mesmo, e da crença de que Deus quer que você cresça através do sofrimento – e observe a água tornar-se escura sob seus pés à medida que a luta e os tormentos são dissolvidos nela e eliminados para sempre. Diga à cachoeira que agora você está disposto a crescer através da alegria, da coragem, da confiança e da visão, que você está disposto a amar e a ser amado, que você está disposto a criar um paraíso sobre a Terra – e sinta o Espírito da Água a envolvê-lo, acrescentando energia às suas afirmações. Quando estiver pronto, suavemente, volte a tomar consciência do quarto em que você está.

Enquanto eu era jogada de um lado para outro nas ondas da praia do Havaí, percebi que tinha de fazer uma escolha. Meu caminho seria de medo e de luta ou eu escolheria um caminho de amor e de prazer? Criaria um futuro de dor e sofrimento, um mundo em que estamos essencialmente sós e separados com ameaças à nossa espreita em cada canto? Ou criaria um futuro onde os corações estariam abertos e os espíritos livres, um mundo onde as forças invisíveis se tornariam nossos ajudantes – um mundo em que nossos sonhos poderiam tornar-se verdadeiros?

Fiz a minha escolha – e o mar se transformou num amigo. Minutos depois, eu estava me banhando nas águas mornas de uma lagoa na bela ilha de Kauai. O pôr-do-sol era de tirar o fôlego.

2
A magia de viver

Reme, reme, reme seu barco
Suavemente pela corrente,
Alegremente, alegremente, alegremente, alegremente,
A vida não passa de um sonho.

Canção antiga

Quando saí de um teatro do West End, subitamente fui lançada de volta a um mundo mais familiar: ruas molhadas brilhantes refletindo as luzes de néon, táxis pretos, ocupados, avançando lentamente no tráfego, pessoas barulhentas e radiantes que saíam dos teatros e cinemas, parando apenas para levantar a gola do casaco a fim de se proteger da chuva que chegara em momento inesperado. Durante duas horas, estive "morando" na zona rural da Irlanda – arrebatada pelas paixões, fraquezas, esperanças e medos de uma família. Esquecendo-me de que se tratava "apenas de uma peça de teatro", ri e chorei com os altos e baixos da vida íntima das personagens que desempenhavam seu papel no palco. E agora, como que de repente, a coisa acabou. Estou de volta às ruas de Londres, de volta à minha "peça", de volta ao teatro que chamamos "realidade"...

Durante séculos, os místicos e xamãs sugeriram que a vida é um sonho, que o mundo não é uma realidade física concreta, mas uma ilusão tridimensional. Nosso lado esquerdo sabe disso. Nosso lado esquerdo sabe que a terra é um gigantesco teatro – que nossas vidas são peças completas – e que nós escolhemos estar aqui.

Nosso lado direito, recebendo respingos d'água em volta de seu pequeno tanque de pedra, tende a ver-nos como vítimas – como pequenas bolas de pingue-pongue à mercê da sorte, do acaso, do destino, do karma e da vontade de Deus. Poder-se-ia acreditar que a vida é um acaso, um acidente sem significado, que começa com o nascimento e termina com a morte – uma visão materialista. Poder-se-ia acreditar que somos "enviados" para cá, aquinhoados com uma vida que esteja de acordo com nosso comportamento em vidas anteriores. Ou (mais bizarramente) que Deus nos proporciona uma única vida física – e que se trata de sorte se morremos de fome no Sudão, pedindo esmola nas ruas de Calcutá, compondo sinfonias em Viena ou descansando nas praias da Flórida.

A "sabedoria dos antigos" – nosso lado esquerdo – vê a vida de uma perspectiva muito mais ampla. Nesse sentido, o homem tem acesso às realidades invisíveis da vida. Ele sabe que *a vida é uma aventura escolhida pela consciência*. Somos seres conscientes que escolhemos livremente nos tornarmos seres materiais. (A consciência não surge da matéria: é a matéria que emerge da consciência!)

Não somos vítimas. Não fomos "enviados" para cá – e muito menos fomos banidos. A Terra não é uma colônia penal para almas indóceis que, eventualmente, podem ser admitidas de volta ao Lar. (Isto, se formos muito bons e suportarmos estoicamente uma grande dose de sofrimento.) Em vez disso, a Terra é o nosso jardim da infância. Escolhemos vir para cá. No nível da alma, decidimos que seria divertido. Que aventura, pensamos nós, habitar um universo material, viver num belo planeta, e explorar a consciência na forma física! Que enorme seqüência de possibilidades isso nos dará! Que sonho maravilhoso será!

Esqueçamos por um momento que somos seres maravilhosos de luz, que somos centelhas de Deus/Deusa, que todos viemos do Um. Imaginemos que somos indivíduos separados, dentro da ilusão de tempo e espaço. Isso nos proporcionará um horizonte para desenvolver a nossa própria singularidade e o nosso potencial criativo, bem como a nossa própria centelha divina. Acrescente-se que nossa ilusão de separatividade, de dualidade, criará medo e trevas – um planeta de polaridade, de escuridão e de luz. Podemos montar um jogo. Nele, pouco a pouco, vamos deixar que a nossa própria Luz e amor brilhem através das trevas e, assim, nos lembraremos de quem somos.

E assim começou a nossa viagem, enviando centelhas da nossa consciência, centelhas da nossa Luz para os reinos mineral, vegetal e animal... e para o reino humano.

No início, nossas vidas humanas são curtas e simples. Estamos aprendendo como integrar algo da nossa consciência num corpo humano e como dominar a arte da sobrevivência. Poderemos morrer muito jovens, ou encher nossos dias juntando alimento ou plantando, comendo, dormindo, cuidando dos filhos ou executando outras tarefas necessárias à sobrevivência. Neste estágio, estamos simplesmente aprendendo a ser humanos.

Finalmente, ampliamos um pouco o nosso objetivo. Assim que decidimos ser entes materiais, a maioria de nós fez isso integralmente. Escolhemos passar pela maioria dos aspectos da experiência humana – pobreza, fome, estupro, criminalidade, incapacidade física e doenças graves, bem como pelos aspectos mais amorosos, alegres e criativos da vida. Começamos a desenvolver capacidades, conhecimento e habilidades que usamos em nossas outras vidas. E começamos a selecionar "temas" que percorreriam toda nossa vida – como aprender a amar, aprender a ser valentes e corajosos, a ser honestos, autênticos, a perdoar, a perseverar e a ser disciplinados, a ser íntimos e livres.

Uma vez delineada uma vida física – escolhemos a raça, sexo, formação, período da história, alguns dos atores para contracenar conosco; escolhemos também temas de vida e qualidades que desejamos desenvolver. O palco está montado para a apresentação da nossa peça. No momento certo, pelo canal do nascimento, nos tornamos parte de um bebê recém-nascido. Paulatinamente, ajustamo-nos a carregar novamente um corpo humano e começamos a desempenhar o papel que escolhemos para nós mesmos. Aprendemos a improvisar o nosso roteiro – e nos esquecemos de que somos apenas atores, que se trata apenas de uma peça. Nossos figurinos são tão justos como a pele. Esquecemo-nos até de que os estamos usando. Passamos a acreditar que tudo é Real.

Por que atravessamos o "rio do esquecimento" desta maneira? Bem, imagine que você está jogando uma partida de tênis. Se levar o jogo a sério e se concentrar em cada arremesso, é provável que se divirta, que se sinta desportivamente desafiado e aprenda algo novo. Se jogar com pouca atenção, lembrando-se constantemente de que se trata "apenas de um jogo", ansioso por voltar logo para casa, é pouco provável que melhore o seu desempenho ou que se divirta. Mas você também pode não se importar. Uma das razões pelas quais esquecemos de que a vida é "um mero jogo" é para que a levemos a sério – para que estejamos plenamente no *presente* momento no mundo – o que significa que será mais provável que aprendamos, cresçamos e tenhamos alegria.

O problema é que muitos de nós levam o jogo a sério *demais* – o que nos faz crescer através de lutas e dificuldades! O truque é estar plenamente presente no mundo físico, firmemente dedicado ao fato de estar aqui. O segredo é também ter consciência de que a vida *é* um jogo – uma ilusão que estamos criando, uma ilusão que podemos mudar. Quando aprendemos a fazer isso conscientemente – viver com o pé em cada um dos dois mundos – a vida cotidiana se enche de magia e de maravilhas.

Portanto, por que passar pelo medo, pelo sofrimento e pela dor? Se a Terra é o nosso jardim da infância, o que deu errado? Por que criamos a luta e as dificuldades? Uma resposta é que nada deu errado: simplesmente nos falta uma perspectiva mais elevada em nossas vidas.

Imaginemos que você decida participar de uma expedição da Liga Estrangeira. À medida que você passa os olhos pelo panfleto e preenche os espaços pontilhados com letra de forma, sua decisão lhe parece uma aventura e você se sente animado. Mas, assim que chega ao destino, largado sozinho num saco de dormir ensopado nas horas mortas da noite, com a chuva torrencial batendo contra a lona da tenda, ou ficando pendurado numa rocha escarpada diante da perda dos suportes para pés ou num caiaque que gira nas corredeiras, você pode pensar o que foi na Terra que dominou você a ponto de fazê-lo escolher tal experiência! Neste estágio, você está tão "perdido" na experiência que até esquece o motivo da sua escolha; você perdeu o seu referencial mais elevado. Mas se você se abrir para o seu lado esquerdo, levando em consideração o quadro maior, tudo começa a fazer sentido outra vez. Você vai reconhecer que a experiência plasma a coragem, a autoconfiança, a habilidade de cooperar, um sentimento de adesão, de proximidade da natureza – e, talvez, um senso de humor!

Cada fato isolado da nossa vida – quer pessoal, quer global – é uma oportunidade para rumarmos em direção a um amor, alegria, criatividade e totalidade maiores. Entretanto, assim como um atleta tem de tornar mais flexíveis os seus tornozelos para aumentar a força muscular e a resistência, assim alguns de nós selecionamos experiências difíceis na nossa ânsia de aprender e crescer. Afinal, nem sempre vamos assistir a musicais e comédias felizes e alegres no teatro; muitas vezes optamos por ver uma tragédia, um melodrama. Por quê? Porque gostamos de avaliar a profundidade e a intensidade da emoção, e de reconhecer o aprendizado e o crescimento como decorrência do fato de enfrentarmos os desafios.

Uma razão pela qual gostamos tanto de teatro, de cinema e das novelas é porque eles espelham a Realidade maior. No teatro, vemos os temas centrais da vida das pessoas se desenrolarem com clareza simples, sem a indisfarçada confusão e complexidade da vida cotidiana. Vemos suas fraquezas e suas forças, suas esperanças e sonhos, seus desafios e as limitações auto-impostas. Observamos as *dramatis personae* acreditando na "ilusão" de suas vidas – tal como o nosso próprio Eu Superior está observando a nossa vida física. Em um nível profundo, somos lembrados de que nossas *próprias* vidas são uma produção teatral, cada uma com sua trama, subtramas e temas – uma peça na qual ficamos totalmente absorvidos, esquecendo-nos da Realidade maior, esquecendo-nos de que somos atores voluntários num palco enorme.

COMO RECONHECER OS SEUS TEMAS

Pense sobre as peças de teatro e sobre os filmes que viu, pense nos memoráveis programas de televisão ou nos romances que leu recentemente. O que o levou a escolher essas experiências específicas? Você se ilude achando que foram escolhas aleatórias, ou acha que alguém mais o impeliu a fazê-las – ou você assume a responsabilidade por essas decisões? (Use um caderno ou um diário para descrever seus pensamentos.)

Quais eram os temas dessas peças, filmes ou romances? Você consegue distinguir claramente os temas centrais, ou se concentra nos detalhes intrincados da trama? Tende a escolher comédias ou tragédias? Seus heróis ou heroínas são amedrontados e martirizados, ou corajosos e aventureiros, ou misteriosos e desinteressados, ou sábios e românticos? Eles superam valentemente a tensão e as dificuldades, ou lutam contra perigosos inimigos? Eles têm um pé em cada mundo? Você reconhece padrões e temas da sua própria vida à medida que responde a essas perguntas? Quais são os seus filmes, romances e peças *favoritos*? O que essas escolhas revelam sobre você?

Agora pense nos temas de vida e nos padrões das pessoas ao seu redor: família, amigos, colegas de trabalho e vizinhos. (Se você é um conselheiro ou terapeuta, observe também os seus clientes.) Passe algum tempo anotando quaisquer padrões ou temas que observar na vida *deles*: talvez o medo de perder o controle, aprender a assumir responsabilidades, falhando em tornar-se independente, evitando a intimidade ou a dedicação, sempre sendo crítico, concentrando-se em coisas banais, sendo arrogante ou condescendente, bancando a vítima, escolhendo parceiros ousados e/ou patrões, sendo bloqueado pelo medo, pela culpa ou ressentimento, vivendo sempre no futuro ou no passado, sendo um trabalhador ou um comilão compulsivo ou tendo compulsão por sexo, esperando sempre pelo pior, ou uma miríade de outras possibilidades. Seja honesto consigo mesmo e responda: esses padrões existem na sua vida? (Muitas vezes é mais fácil ver os temas da nossa vida analisando os "espelhos" no mundo à nossa volta.)

Finalmente, o que você mais admira nas pessoas que conhece? Você reconhece as mesmas energias, os mesmos talentos e qualidades em você?

(Nota: É importante anotar tudo, ou ao menos dizê-lo em voz alta. Escrever e falar são *ações* – elas trazem idéias para o mundo material, e nos tornam receptivos às mudanças. Se simplesmente "pensarmos sobre as coisas", podemos girar em círculos – vida após vida!)

REFORMULAÇÃO DO SEU ROTEIRO

1. Examine a sua vida como se ela fosse uma peça teatral. Quais são os temas decisivos ou as emoções que enfrentou na sua vida, ou as habilidades e talentos que desenvolveu, ou as ambições e Sonhos que pretende concretizar? Que temas você vê na sua família? O que vê como experiências importantes ou pontos decisivos na sua vida?

Se alguém escrevesse a sua vida como uma peça (e esse alguém fosse você!) o que o herói/a heroína teria de aprender ou fazer ou modificar para tornar a peça mais criativa, inspiradora, alegre, emocionante e amorosa? Você diria que o herói/a heroína está preso ao desespero e ao melodrama, ou à temporalidade e à mediocridade, ao martírio e à pena de si mesmo – ou a peça estaria cheia de amor, alegria, coragem e visão?

Lembre-se de que o roteiro da sua vida não lhe foi imposto. Você o escolheu – e você pode mudar de idéia. Pode escolher um roteiro diferente. Pode alterar a trama, transformar uma tragédia numa comédia, ou simplesmente rasgar seu roteiro e começar de novo.

2. Escreva um resumo do seu roteiro como você o deseja – talvez transformando o hoje num "ponto decisivo". Então, sua vida subitamente tomará uma nova direção, que será excitante.

TODOS SOMOS UM

Durante milhares de anos, os místicos insistiram que todos somos Um – que todos somos centelhas da Fonte criativa e que nossa separatividade é uma ilusão. Não se trata de um misticismo irreal e fantasioso, sem importância prática para a nossa vida diária. Na verdade, o conceito de Unicidade provavelmente é a idéia mais prática com que nos deparamos durante a vida! E, o que é mais importante, trata-se da chave para adotar a magia de viver.

O fato de que todos somos Um significa que tudo está interligado – toda energia, toda consciência. Não há realidades "separadas" ou seres "separados". O tempo, o espaço e a separação são ilusões – que trazem consigo algumas implicações que perturbam a mente...

Suponha que você está morando numa enorme mansão e que sua vida normal se passa na sala de estar. A maioria das pessoas cuida desse aposento como se fosse um dormitório e raramente se aventura em criar familiaridade com outros aposentos (exceto enquanto dorme). Isso torna a vida mais simples. Afinal, imagine a sua confusão se você acordasse como uma jovem mulher na Itália medieval, ou como um fazendeiro no centro-oeste da América do Norte! Nosso lado direito – que nos liga à realidade física – só pode lidar com certa quantidade de informação por vez. Ele raciocina de forma linear: nascimento, depois morte; passado, depois futuro; causa, depois efeito. Ele crê que o passado é fixo e que o futuro é incerto.

Na Realidade maior, todos os prováveis passados e futuros coexistem; coexistem também todas as causas e efeitos – tudo o que sempre foi e sempre será, simplesmente "é". Somos seres multidimensionais. Não vivemos *realmente* uma vida depois da outra, mas milhares de vidas simultaneamente, nesta e em outras dimensões da realidade, naquilo que chamamos de passado *e* no que chamamos de futuro – incluindo vidas paralelas no mesmo período de tempo! Mas, visto que imaginar isso é algo que confunde o cérebro do lado direito, "parecemos" nos prender a uma vida por vez, vivendo-a destramente do nascimento até a morte.

Nossa mansão é um edifício, não uma série de aposentos separados. Se quisermos explorar nosso passado ou futuro, ou outra vida, temos unicamente de abrir outra porta e entrar por ela. Algumas portas podem apresentar alguma dificuldade para serem abertas, outras poderão estar fechadas; porém sempre podemos encontrar a chave se realmente quisermos fazê-lo. Visto que se trata da nossa mansão, podemos até mesmo mudar a mobília, redecorá-la, construir uma extensão ou começar dos alicerces. (*Podemos* modificar o nosso passado, bem como o nosso futuro – nesta ou em outras vidas.)

Como uma tapeçaria
em três dimensões,
os padrões da nossa vida
são tramados e retramados
entre e no meio
dos fios da nossa percepção,
suavemente sugerindo
que dentro de cada fio
há uma miríade de outros fios.

Outra aplicação prática da Unicidade é que podemos nos comunicar com qualquer coisa e com qualquer pessoa livremente – a começar por uma árvore até chegarmos a uma máquina de escrever ou a partir de uma avó em Espírito até chegar a um amigo muito íntimo. Já que toda consciência está interligada, podemos enviar ou receber mensagens, dar ou receber cura, ou pedir por informação – não importando a distância. Basta um pouco de prática e de confiança. Um exemplo: há poucos dias a minha gata Gemma não voltou para casa à hora do jantar. Quando o relógio marcou meia-noite, comecei a ficar um tanto preocupada com a segurança da gata, imaginando que ela podia ter ficado presa em alguma garagem. Assim, concentrei-me e segui o rasto do felino através da consciência. Logo percebi que ela não estava muito longe, caçando uma minúscula criatura à luz do luar, portanto mentalmente lhe enviei uma mensagem amável para "que voltasse logo para casa"; em seguida, fui para cama, bem despreocupada. Em dez minutos Gemma estava miando do lado de fora do meu quarto para anunciar que havia voltado sã e salva.

Quanto mais amor sentirmos pela outra pessoa, criatura ou objeto, tanto mais fácil é comunicar-se com ela. Gritar com o seu computador provavelmente não consertará o erro. No entanto, há engenheiros que secretamente consertam seus computadores através da "imposição das mãos". Por mais estranho que possa parecer, procure enviar a seu computador quebrado (ou TV, ou máquina de lavar roupa) pensamentos de amor, ou *pergunte-lhe* o que o ajudará e espere por uma resposta interior. Os xamãs sempre souberam que tudo é consciente – toda rocha, toda árvore, toda nuvem – e que toda consciência é Uma só. *Podemos* "falar" com tudo o que existe no universo, se enviarmos amor e se tivermos a certeza de que "ouvimos".

CRIANDO A NOSSA REALIDADE

Outra conseqüência muito prática de nossa Unicidade, visto que tudo está interligado, é a de que nada acontece por acaso. *Nossos pensamentos e crenças criam a nossa realidade.* Nossos pensamentos são energia, e essa energia atrai pessoas, acontecimentos e oportunidades que "combinam" com essa energia e que ressoam com ela. Todo pensamento é uma oração. Tudo aquilo em que acreditamos, tudo o que desejamos, tememos ou esperamos, vamos atrair para nós. Não existe isso de sorte, oportunidade, coincidência ou destino. Não existem acidentes. Ninguém está predestinado a nada a não ser ao destino que nós *escolhemos* (e *este* pode ser mudado).

Algumas pessoas acreditam que, tendo escolhido o nosso roteiro de vida, simplesmente temos de vivê-lo exatamente como planejamos. Isso seria horrivelmente sem graça – e nos faria vítimas de nossas opções "passadas". Na verdade, nem o passado nem o futuro são fixos. O momento presente é o nosso ponto de poder.

Dia após dia, momento a momento, criamos a nossa realidade: presente, passado e futuro. Todos são escritores, produtores, diretores e protagonistas de sua própria peça. Se você é promovido, se é considerado inútil, se abrir falência, ganhar na loteria, chegar a descobrir corrupções, ou se você for roubado, conscientize-se de que foi você quem criou cada situação. Cada qual é cem por cento responsável pela própria vida.

Imaginemos que Jean sustente a crença de que "a vida é uma luta". Ela acredita que tem uma má vizinhança e mantém todas as portas trancadas todo o tempo, e se vê como alguém que tem de lutar pela vida. Melanie, que mora na casa vizinha tem uma série diferente de crenças. Está convencida de que as pessoas são boas e amorosas; ela se diverte com as pichações nas paradas de ônibus e espera que a vida corra suavemente. Certa noite, um assaltante está procurando uma casa para assaltar. Ele passa direto pela casa de Melanie – como se ele não se sentisse bem ali – e entra sorrateiramente pelo quintal da casa de Jean. Sem tomar consciência, o assaltante se sentiu atraído na direção da casa de Jean. Ser assaltada fazia parte das crenças de Jean. Assim, o ladrão, inconscientemente, desempenhou seu papel interpretando o roteiro de Jean, sujeitando-a a um assalto.

A realidade é um pensamento congelado. O mundo exterior é simplesmente um sistema de retorno. Ele reflete nossas crenças e atitudes pessoais, nossos desejos e receios, nossos pensamentos e sentimentos, nossas opções, nossas expectativas, nossos roteiros familiares e nossas agendas ocultas. O mundo exterior espelha nosso mundo interior. Cada um de nós atrai as pessoas cujos roteiros se adaptem bem aos nossos roteiros pessoais. Tudo está interconectado – e, aconteça o que acontecer, trata-se de uma oportunidade para aprender e crescer.

Quando vivemos com um pé nos dois mundos, a nossa resposta a um assalto (ou a qualquer outro evento) pode parecer estranha às outras pessoas. Enquanto lidamos com os assuntos de ordem prática e damos vazão aos nossos sentimentos humanos naturais de raiva, tristeza e assim por diante, perguntamos a nós mesmos: "Como atraí este assalto para a minha vida? Que mensagem eu estava tentando dar a mim mesmo? Quais foram as crenças, os medos ou programas ocultos que produziram isto? Que recompensa eu estava esperando secretamente? O que espero aprender com o fato? Em outras palavras, assumimos responsabilidade pelo evento, reconhecendo que somos o roteiro da nossa própria peça. Dedicamos tempo para aprender com o que aconteceu, e depois, perdoamos a nós mesmos. Em vez de chorar e de lamentar-nos, em vez de ranger os dentes, sabemos que não criaríamos uma situação tão traumática se ela não contivesse uma importante lição para aprender.

Isso não significa *culpar-se* por (digamos) um assalto, mas assumir responsabilidade por ele – e sermos enredados por ele. Talvez você ainda esteja preso à idéia de um crescimento através da luta. Talvez a sua Criança interior ainda se veja como uma vítima e precise se curar. Talvez o seu espaço pessoal se sinta invadido, ou você tenha medo, ou tenha ressentimento e tristeza não resolvidos e esse acontecimento do assalto talvez tivesse por finalidade trazer à tona esses sentimentos. Talvez você precise de amor e apoio e aprendeu a pedi-los na condição de vítima. Talvez você precise reconhecer sua própria escuridão, o seu lado da sombra, tal como foi refletido pelo assaltante. Ou talvez você precise lembrar a si mesmo que bens materiais de fato não são importantes. Seja qual for a mensagem, você estará determinado a ouvi-la e a executar qualquer ação necessária, quer seja interior ou exterior.

Adotar a magia de viver não oferece uma garantia de que *sempre* cresceremos através da alegria! No entanto, significa que estaremos muito menos propensos a atrair fatos traumáticos e que nunca precisaremos sofrer em vão. Significa que nunca usaremos um trauma para reforçar as crenças que atraímos em primeiro lugar. ("Veja, fui assaltada! Eu lhes *disse* que o mundo é um lugar perigoso!") Em vez disso, sabendo que *são as nossas crenças que criam as nossas experiências* e não vice-versa, aceitaremos que *nós* criamos o acontecimento e que podemos impedir que algo semelhante aconteça outra vez. Para mudar nossas experiências temos de mudar as nossas crenças – visto que esse é o modo mágico pelo qual funciona nossa realidade.

Naturalmente isso soa quase estranho para nossa visão "sensata" da realidade – mas devemos lembrar-nos de que o nosso senso comum é apenas a ortodoxia atual, que muitas vezes esconde ou distorce a verdade. Trata-se do senso comum usado para contar às pessoas que a Terra é achatada, ou que as mulheres são menos inteligentes do que os homens. Nossa visão da realidade está sempre mudando, à medida que aprendemos e crescemos – e milhares de pessoas, incluindo muitos cientistas e filósofos bem famosos, agora estão desafiando o "senso comum" e chegando a conclusões semelhantes sobre a Unicidade da realidade.

Diferentemente do que aceitar que a Terra é achatada, "criar a nossa realidade" é um conceito que não pode ser provado nem negado – e isso faz parte da sua finalidade. Nossa realidade reside além do alcance da lógica e da racionalidade, além das limitações da evidência empírica. Só pode ser captada com a intuição, portanto, desafia-nos a expandir-nos numa nova direção. O desafio é o de reconquistarmos o nosso lado esquerdo.

Muitas pessoas rejeitam a idéia de que criamos cada aspecto da nossa vida. (Eu resisti a isso durante muitos anos, especialmente quando a vida não corria de acordo com os meus planos!) Afinal, pode ser confortante acreditar que somos vítimas passivas da vida, que estamos atuando num roteiro que outra pessoa escreveu, ou que algo "não estava destinado a acontecer". Isso justifica a autopiedade e nos permite que estacionemos à espera de ajuda. Significa que qualquer desgraça ou sofrimento é "a vontade de Deus" ou do destino, e não algo que fizemos. Permite-nos culpar e castigar os outros. Assumir plena responsabilidade pela nossa vida não é uma opção fácil – mas é um passo essencial para o nosso crescimento espiritual. É essencial, se for para crescermos através da alegria em vez de crescermos através da luta.

Cada vez que culpamos alguém ou alguma coisa "exterior" pelo modo como nos sentimos, ou pelo que aconteceu, estamos desperdiçando o nosso poder. (Afinal, se "eles" fizeram isso a você, somente "eles" podem mudar a sua vida.) Se pudermos descobrir a força e a coragem de dizer, "É verdade, fui estuprada quando criança, mas não vou violentar a mim mesma como adulta; minha vida agora é propriedade minha, e a partir de agora vou curar a minha Criança interior e cuidar de mim mesma"; ou, "Escolhi ser negro numa sociedade de brancos e isso me põe diante de uma porção de desafios – mas vou considerar todos como iguais e ajudar a curar o racismo no mundo"; ou "Sempre atribuí meus maus relacionamentos ao fato de ser tão alto/baixo/gordo/magro/incompetente, mas vou assumir a responsabilidade pelos meus relacionamentos a partir de agora; escolho o meu corpo, ele faz parte de mim – e aprendo a amar a mim mesmo de verdade". Nesse momento, estamos recuperando o nosso poder.

ASSUMIR RESPONSABILIDADE

Qual o grau de responsabilidade que você assume em sua vida? Você culpa os outros porque o tratam mal, ou por impedirem você de fazer o que quer? Você culpa a sua infância pelos problemas emocionais ou pelas dificuldades nos relacionamentos? Você alguma vez já culpou "a recessão" ou o "estado do mercado de imóveis" pela queda nos negócios ou pelo fato de ser incapaz de vender a sua casa? Você já culpou o seu corpo por se sentir mal consigo mesmo? Você alguma vez já sentiu pena de si mesmo? Você se vê como "vítima" porque é mulher, ou porque é negro ou pobre, ou católico, judeu, ou alto, baixo – ou por qualquer outra razão? Sente que é "infeliz" se o pneu do seu carro furou ou porque recebeu uma multa de trânsito? Você se vê "pegando" resfriados ou gripes, ou sendo "vítima" de outras doenças? Talvez você deixe de assumir responsabilidade pelos seus sucessos? ("Oh, eu apenas tive sorte." "Os outros candidatos não estavam à altura." "Qualquer pessoa teria feito isso.")

Observe para ver onde costuma desperdiçar a sua energia e escreva uma afirmação assumindo plena responsabilidade pela sua vida.

A ESCOLHA DOS PAIS

Outro fator para assumirmos plena responsabilidade pela nossa vida é reconhecer – por mais estranho que possa parecer – que escolhemos os nossos pais. Antes de entrar numa vida, escolhemos cuidadosamente não só o nosso sexo, raça, cultura e formação, mas também os nossos pais. "Eu não", você pode protestar. "Não é possível que eu fosse tão tolo de escolher os *meus* pais!" No entanto, acredito que fazemos isso – e que, invariavelmente, temos boas razões para a nossa escolha.

No meu entender, há quatro razões principais para escolher o tipo de almas que desejamos para serem nossos pais. Primeiro, nós os escolhemos levando em conta suas qualidades e forças positivas. O que você mais admira ou respeita em seus pais lhe oferecerá chaves para os motivos pelos quais você os escolheu: talvez pela sua paciência, coragem, tolerância, habilidade artística ou musical, inteligência, amor pela natureza, compaixão pelos outros, senso de humor, honestidade ou capacidade de se divertir.

Em segundo lugar, os escolhemos pelas suas qualidades "negativas" – de forma a podermos aprender com os erros deles, ou para que eles nos desafiem a desenvolver nossos recursos interiores. Nossa conversa entre as vidas sobre uma nuvem metafórica pode transcorrer mais ou menos assim: "OK, preciso me livrar de meus padrões de martírio desta vez. Eles já foram longe demais. Estou cansado de morrer por boas causas, e de toda essa luta pela justiça. Assim você será minha mãe, e será uma mártir de primeira grandeza – realmente você exagerará – de tal forma que eu possa ver os meus padrões tão claramente que decida mudar." "Muito bem, não sei se acho isso muito divertido – mas como eu o amo muito, eu, efetivamente, farei isso! Assim terei a oportunidade de aprender um pouco mais sobre como lidar com a raiva." E assim continua a discussão.

O que quer que você veja como erros de seus pais, e qualquer que seja aquilo de que não goste ou de que se ressinta no que se refira a eles, há de lhe dar uma visão sobre o "roteiro" que planejaram juntos. Se você nunca pensou sobre os fracassos de seus pais, convém fazê-lo simplesmente porque será menos provável que você repita os erros deles se você souber quais são esses erros. Talvez você veja os erros deles, como viver com medo, ou o fato de serem pessimistas, ou incapazes de expressar a raiva ou a tristeza, por não assumirem a responsabilidade por suas vidas, por abusarem do poder, por se conformarem sempre com o que era esperado, por guardarem ressentimento, por não terem princípios ou por lhes faltar visão, por serem críticos e preconceituosos. Sejam quais forem as suas faltas, vale a pena lembrar-se de que estas podem ter sido o "presente" deles para você – uma característica que concordaram em expressar para que você pudesse aprender com ela.

Assim que tivermos aprendido a lição, nossos pais estão livres para mudar. É surpreendente quantas vezes isso acontece! Exatamente quando "entramos num acordo" com nossos pais, eles milagrosamente começam a mudar – porque cumpriram seu contrato e, portanto, estão livres.

Em terceiro lugar, escolhemos nossos pais por causa das experiências de infância que nos oferecerão. Talvez tenhamos de viver em vários países para que aprendamos a ser adaptáveis; talvez respeitemos outras culturas e façamos amigos com facilidade. Talvez sejamos abandonados na tenra idade para aprendermos a ter autoconfiança, a lidar com a tristeza, a lidar com o perdão e a nos desapegarmos do passado. Talvez fiquemos expostos a pessoas, temas ou idéias que formarão a base do trabalho da nossa vida, acendendo uma chama de ódio, compaixão, entusiasmo ou curiosidade em nós. Talvez venhamos a viver numa solidão tranqüila de forma a aprendermos a ser nosso próprio melhor amigo, e para ouvirmos as vozes suaves do Espírito e da natureza. Analise, outra vez, subjetivamente, a sua infância e veja que experiências de aprendizado ela lhe proporcionou.

Em quarto lugar, muitas pessoas são, hoje, o que eu chamo de "Guardiãs da luz em famílias sombrias". Ou seja, concordaram em entrar numa família na qual havia um padrão de violência física, emocional ou sexual, sabendo que, como almas, tinham suficiente força e maturidade para "romper a corrente". Um dos motivos por que agora a violência contra as crianças é tão amplamente noticiada pelos meios de comunicação é por tratar-se de um padrão que passou por inúmeras gerações e que está sendo destruído. Ele está vindo à tona para ser curado. Afinal, se cada pessoa que foi violentada na infância se recusar a violentar seus próprios filhos, e em vez disso procurar curar sua Criança interior, a violência contra as crianças chegará ao fim. Esta é a missão dos Guardiães da luz. Desempenhando-a, eles aprenderão sobre amor próprio, perdão, sobre como dar vazão às suas emoções, sobre como desapegar-se do passado. (Muitas crianças concordam em ser mestres para seus pais – talvez para dar a eles um exemplo de amor, de coragem, de sabedoria, ou de alegria pelo modo como vivem a própria vida.)

Um ponto crucial a ser lembrado sobre os Guardiães da luz em famílias sombrias é o de que, embora as crianças, *no nível da alma*, tenham escolhido os pais, isso *não* significa que a criança tenha "escolhido" ser violentada. A criança foi vítima dessa violência. Não há exceções nessa regra. Uma criança estuprada sempre é uma vítima. Somente como adultos podemos começar a assumir a responsabilidade por escolher os nossos pais. O perigo, neste ponto, é que podemos usar a nossa espiritualidade para "entender e perdoar" enquanto a nossa Criança interior ainda está ferida, zangada e confusa. Isso significa malbaratar a espiritualidade para evitar sentimentos ou sofrimento. A nossa responsabilidade como adultos espiritualizados é a de amar e honrar a nossa Criança interior, e de fazer todo trabalho de cura que seja necessário.

ELOS ANÍMICOS COM NOSSOS PAIS

Relaxe profundamente. Em seguida, imagine que está subindo cada vez mais na direção do que parece ser um céu estrelado – ascendendo ao plano mental da realidade. Veja as "estrelas" brilhando ao seu redor. A distância, duas estrelas parecem mais luminosas do que as outras, e você segue na direção dessas luzes brilhantes. Elas são as almas do seu pai e da sua mãe. (Se quiser encontrar seus pais adotivos, simplesmente repita a caminhada.) Imagine que está se fundindo com cada "estrela", uma por vez. Imagine-se num estado de fusão com a luz.

Quando você emergir da segunda "estrela" imagine que está em pé às margens de um rio. Procure sentir os pés no chão, pisando na grama. Veja e ouça o barulho do rio passando, os pássaros cantando e o farfalhar das folhas movidas pela brisa. Use todos os seus sentidos interiores para ver-se às margens do rio.

Agora, imagine que está se enchendo de luz. A parte superior da sua cabeça está se abrindo, e um facho de luz desce do céu, passa pela sua espinha e enche o seu corpo de luz. Quando estiver repleto de luz você se transforma no seu Eu Superior. Você se torna carinhoso, sábio e cheio de paz para consigo mesmo.

A distância, você vê duas pessoas que se aproximam. A cada passo que dão, elas se enchem mais de luz. Seus pais estão andando na sua direção e, assim como aconteceu com você, também eles se transformaram em seus Eus Superiores – cheios de sabedoria e de amor. Você os saúda, e vocês três permanecem ali, juntos, às margens do rio.

Estando presente o seu Eu Superior, sábio e amoroso, pergunte aos seus pais, primeiramente: "Quais foram as boas qualidades pelas quais eu escolhi vocês?" (A resposta, provavelmente, virá em forma de pensamentos, ou você poderá "ouvir" ou ver palavras, ou então lembrar-se de coisas da sua infância.)

Em segundo lugar, pergunte aos seus pais: "Quais seriam as lições que eu poderia aprender com vocês? Quais foram as experiências e desafios que vocês acharam por bem passar-me?" Espere pacientemente por uma resposta tanto do seu pai como de sua mãe.

Em terceiro lugar, você pode indagar o que você achou bom ensinar a seus pais. Quais as lições que eles esperavam aprender com você? Quais as qualidades de alma que você ofereceu como exemplo para eles?

Se tiver de perdoar seus pais pelo comportamento deles para com você, ou se precisar pedir-lhes perdão, então – *se de fato estiver preparado* – faça-o agora. Em seguida, veja um cordão dourado de luz ligando você a cada um de seus pais, partindo do plexo solar deles para o seu. Esse cordão de luz simboliza padrões emocionais ou negócios não terminados que você está disposto a largar. Ele simboliza a energia com que você ainda está "envolvendo" seus pais, quer estejam vivos quer não. Se se sentir preparado, imagine que tem uma faca ou uma espada na mão direita – e que corta o cordão de luz que o une a seus pais.

Agora, imagine que você tem um pote de ungüento em sua mão. Esfregue-o em seu plexo solar, curando sua ferida e selando a sua aura. Observe seus pais fazendo o mesmo. Finalmente, diga até logo a cada um deles – do modo que achar adequado – e vá embora como um adulto livre.

(Elos anímicos podem ser usados para entender e desapegar-se de qualquer relacionamento do passado, ou para resolver dificuldades nos relacionamentos atuais. Esta prática está disponível na minha fita sobre auto-ajuda, *Healing or Releasing a Relationship*.)

Acredito que estamos passando para uma Nova Era de crescimento através do amor, da luz e da alegria – e que o crescimento através da luta está quase se transformando numa velha relíquia coberta de pó, uma história que fará com que as gerações futuras balancem a cabeça como sinal de dúvida. Somos os mapeadores, os tecelões de sonhos, os co-criadores. Estamos na linha de frente de um modo inteiramente novo de estar no mundo, lançando uma luz no futuro de nossos sonhos, aprendendo a criar um mundo de paz e de harmonia.

Nossa principal responsabilidade como mapeadores é a de viver com um pé em cada mundo. Isso significa viver nossa vida como modelos para uma nova maneira de ser. Significa assumir total responsabilidade pela nossa vida. Significa crescer através dos desafios que escolhemos – sempre seguindo o nosso coração e vivendo com coragem. Significa saber que a vida é uma aventura gloriosa na consciência, um sonho que estamos criando. Significa adotar a magia de viver.

3
Nossos três eus interiores

Fique quieto e compreenda
Tanto o dia como a noite
Fique quieto e compreenda
Que as trevas e a luz
São o nosso círculo sagrado.

Canto de Jokhim Meikle

Sally estava passando por um período difícil. Ela fez uma careta para mim e balançou a cabeça, contrariada. "Estou com raiva de mim mesma. Sei o que quero – ou penso que sei. Quero uma bem-sucedida carreira no jornalismo. Sou esperta, criativa e uma trabalhadora esforçada. E me dou bem com as pessoas – isso, aliás, deveria ser fácil. No entanto, toda vez que consigo uma reportagem que pode ser emocionante, fico embaraçada. Ou fico doente ou apago a notícia do meu computador à medida que surge um ponto morto. Ou ainda, entrego um trabalho que sei que está muito abaixo do meu padrão habitual. O que me deixa louca é que eu *sei* que estou sabotando a mim mesma, mas não consigo imaginar o que fazer a respeito."

Visto que criamos a nossa realidade, por que não criamos tudo o que queremos, instantaneamente? Por que não criamos relacionamentos amorosos, uma bela casa, trabalho satisfatório, saúde boa e prosperidade – enquanto vivemos em harmonia com o planeta e uns com os outros? Uma das razões é que estamos aqui para aprender *como* criar a nossa realidade, para aprender a criar um céu na Terra.

A lei espiritual diz que sempre conseguimos o que desejamos – mas não necessariamente aquilo que pedimos. No caso de Sally, o eu consciente dela aspirava pelo sucesso na carreira que escolheu; mas, subconscientemente, ela se lembrava da mãe. Esta, movida pelo medo, costumava dizer sombriamente a Sally que "as pessoas pagam um preço alto pelo sucesso". Sally nunca soube muito bem no que consistia essa ameaça, mas não estava preparada para assumir o risco. Ao evitar o sucesso, Sally simplesmente estava se protegendo.

O Eu Consciente – que habitualmente identificamos como "eu", é apenas um aspecto de nossa totalidade, uma peça do nosso enigma pessoal. Para adotar a magia de viver temos de entender cada um de nossos eus interiores, e como eles se comunicam entre si.

Um modelo que acho útil – o do xamanismo havaiano e de tradições afins – é que cada pessoa tem três eus interiores: o Eu Básico, o Eu Consciente e o Eu Superior. Esses "eus", numa comparação grosseira, correspondem ao subconsciente, ao consciente e ao consciente superior. E também ao corpo, à mente e ao espírito. Cada eu é decisivo na jornada da nossa vida.

O EU BÁSICO

O Eu Básico rege o corpo físico, as nossas emoções e a mente subconsciente. Ele não é capaz de ter pensamentos racionais. Ele simplesmente faz aquilo para o que foi programado pela natureza, pelas mensagens da infância e pelo aprendizado adulto.

O Eu Básico tem três partes superpostas:

1. O corpo físico

O Eu Básico está a cargo do corpo físico. Ele vê, ouve, toca e cheira – de tal modo que sabemos o que está acontecendo em volta de nós. Ele também se certifica de que nós respiramos, nosso sangue circula, nossos alimentos são digeridos, a temperatura do nosso corpo é mantida e assim por diante, sem qualquer esforço consciente. Entretanto, se quisermos controlar essas funções automáticas, podemos fazê-lo. A maioria das pessoas pode aprender bastante rapidamente como mudar sua batida cardíaca, elevar ou abaixar a temperatura de seu corpo, ou controlar também sua pressão sangüínea à vontade – que é como os iogues conseguem sobreviver nus na neve por longos períodos, ou serem "enterrados vivos".

Feche lentamente os olhos e imagine que está deitado num *iceberg* trajando um maiô – e veja como rapidamente um arrepio corre pela sua espinha, e você começa a tremer de frio! Ou imagine que está sentado perto de uma fogueira, tão quente que o suor começa a porejar no seu pescoço e descer pelas costas. Se imaginar isso vividamente, logo sentirá calor. Em seguida, teste o seu pulso durante vinte segundos e multiplique por três. Gaste um minuto concentrando-se em acelerar ou em tornar mais lento o seu ritmo cardíaco. Você pode se surpreender ao ver como é fácil controlar esses processos "involuntários".

2. A Memória

O Eu Básico, portanto, arquiva nossas lembranças, nossos hábitos e comportamentos aprendidos, assim como dirigir um carro ou comer um prato de espaguete. Ele armazena cada fragmento de informação que obtemos, incluindo aí fatos totalmente inúteis e irrelevantes, tais como a chapa de cada carro que você viu na semana passada quando foi fazer compras, ou os sapatos que usou em seu terceiro aniversário. Tudo vai para o computador. Podemos não saber como *tirá-los* de lá – mas os fatos estão *lá dentro* em algum lugar! O Eu Básico, portanto, retém as lembranças de outras vidas. (Veja capítulo 10.)

3. A Criança Interior

O Eu Básico também inclui a nossa Criança interior – o eu dentro de nós que "ficou preso" por volta da idade de quatro ou cinco anos.[1] A Criança interior anseia por amor e aceitação. Ela expressa todos os nossos medos e inadequações, nossa vergonha e culpa, a necessidade de aprovação, o respeito pela autoridade e os sentimentos de desamparo, bem como nossa espontaneidade, nosso senso de admiração e a nossa *joie de vivre.*

O Eu Básico conserva as nossas crenças de infância, as mensagens e os roteiros – os bons e os maus – e se apega tenazmente a eles, a menos que lhe demos novas instruções com firmeza. Se educaram a sua Criança interior dizendo: "Você sabe soletrar bem", "Nunca confie em estranhos", "Você nunca fará amigos", "Você não pode ter tudo", ou "A vida é uma luta", provavelmente "a sua criança" ainda acredita nisso tudo. Mais ainda, ela se esforçará para *confirmar* essas mensagens desatualizadas.

O Eu Básico não faz julgamentos para saber se uma crença ou mensagem é positiva ou negativa, se é útil ou desnecessária. Simplesmente, tenta tornar o mundo predizível – o que significa repetir o passado. Como uma criança, o Eu Básico gosta de segurança e não aprecia mudanças. Ele precisa de bastante treinamento antes de abandonar uma velha crença ou padrão de comportamento e prefere tudo o que for velho e familiar – mesmo se for incômodo ou mesmo doloroso.

Se você está acostumado a ser rejeitado, o seu Eu Básico terá medo de ser amado e valorizado. Afinal, ele conhece a rejeição. Ele sabe lidar com ela. A rejeição lhe dá um estranho senso de segurança. Ser amado e aceito, por outro lado, seria um salto para o desconhecido – muito amedrontador! Quem sabe o que poderia acontecer? Portanto, ele se certifica de ser sempre rejeitado!

Todas as nossas emoções surgem no Eu Básico – desde a tristeza até a alegria, da raiva ao amor, do medo à excitação. Se você negar ou reprimir o seu Eu Básico, provavelmente não "terá muitas emoções". Raramente se sentirá triste, raramente se sentirá raivoso, raramente se sentirá perturbado – ao menos no nível consciente. Da mesma forma, você raras vezes se sentirá alegre, amoroso, extático ou vibrante de entusiasmo! Sem o nosso Eu Básico, não podemos nos sentir completamente vivos, e sempre teremos uma sensação incômoda de "que está faltando algo" em nossa vida. (Um dos motivos por que algumas pessoas criam dramas é para poderem experimentar emoções fortes, que fazem com que se sintam vivas.)

Naturalmente, se você eliminar o seu Eu Básico, ele fará com que você o note com suavidade. Gentilmente ele o puxará pela manga. Em seguida, lhe dará um safanão nas costelas – e, se ainda assim você o ignorar, ele começará a gritar! Se suprimir a mágoa, por exemplo, então o seu Eu Básico poderá criar a desgraça e a perda em sua vida, numa tentativa de trazer o seu sofrimento à superfície. Se você suprimir a raiva, o seu Eu Básico poderá atrair pessoas furiosas ou fazer com que tenha de enfrentar a injustiça de tal forma que, no final, você será *forçado* a lidar com a sua raiva. Ou ele poderá atrair a sua atenção através de uma dependência – do álcool, dos alimentos, das drogas, do sexo, do trabalho, dos relacionamentos – modo comum de o Eu Básico obter a satisfação de suas necessidades emocionais, ao mesmo tempo que pede socorro. (Veja capítulo 5.)

O MITO DA "FORÇA DE VONTADE"

Desde que começou a trabalhar num novo emprego, Frances começou a engordar. Ela gostava do trabalho, mas sempre achava a escrivaninha repleta de pilhas de projetos para completar e se sentia sob pressão para enfrentar os prazos finais, muito curtos. Quando falou com seu Eu Básico (que controla o peso do corpo), este lhe disse que ela tinha de aprender a dizer *não*. Ele estava dando a ela um corpo maior para que ela se sentisse mais forte! O seu

Eu Básico estava fazendo o melhor para ajudá-la, ao mesmo tempo que registrava o seu descontentamento de forma indiscutível. Quando Frances ganhou coragem de insistir em prazos razoáveis, seus empregadores respeitaram sua recém-adquirida habilidade de determinar seus próprios limites – e ela perdeu peso outra vez.

Sempre que falamos em usar "a força de vontade" – por exemplo, para parar de fumar ou para comer menos – isso significa declarar guerra contra o Eu Básico! E isso não funciona! Finalmente, o Eu Básico lutará contra nós – e, quando nos sentirmos "fora do controle", agarraremos outro cigarro ou engoliremos um pacote de biscoitos. Aquilo a que resistimos persiste. Não é apropriado lutar contra quando o "inimigo" é você mesmo. Poderá dar certo a curto prazo, mas pelo alto preço de você ficar distanciado do seu Eu Básico. A única solução duradoura é cooperar: torne-se amigo do seu "inimigo" e compreenda que ele estava tentando ajudá-lo durante todo o tempo.

Como uma criança, a necessidade principal do Eu Básico é a de ser amado. Ele precisa de afeição e de respeito; ele tem necessidade de se sentir valorizado e apreciado e quer que reconheçam os seus sentimentos. Ele também precisa de desafios e de estímulos, de alegria e de relaxamento – e de ter suas necessidades físicas atendidas: alimento nutritivo, sono e descanso apropriados, exercícios regulares, calor e conforto.

COMO ENCONTRAR O SEU EU BÁSICO

Relaxe profundamente e imagine que está numa floresta. Sinta os seus pés no chão e abra lentamente os seus sentidos interiores – veja as árvores, as flores e o céu, ouça os pássaros cantando e o vento agitando as folhas, chegue perto e toque uma árvore, sinta o cheiro do ar da floresta, experimente o sabor de um cogumelo comestível. Use a imaginação. Veja-se na floresta.

Quando estiver pronto, procure um caminho que se aprofunde na floresta. Você está procurando um santuário, um lugar seguro, onde estará o seu Eu Básico. Pode ser uma clareira na floresta, um buraco escondido pelo capim alto, ou uma caverna mal-iluminada, ou ainda uma pequena cabana de madeira. Aceite, seja lá o que for. Surpreenda-se – ou apenas "faça de conta" que se surpreende. Então procure o seu Eu Básico, ou peça mentalmente que ele lhe faça companhia.

O seu Eu Básico pode surgir como uma criança, um personagem histórico, um gnomo, um bule falante de chá... Deixe que ele assuma a forma que quiser. (Meu Eu Básico – chamado Petal – é uma fada de asas prateadas com botas pregadas com pregos grandes.) Diga alô e pergunte o seu nome, confiando no primeiro nome que lhe vier à cabeça.

Então, sente-se junto com seu Eu Básico dizendo-lhe que gostaria de conhecê-lo. Talvez você queira interrogá-lo sobre seus sentimentos e crenças. (O que deixa você zangado ou triste? De que tem medo? Como se sente quanto à vida, ao trabalho, ou quanto às amizades? Estou atendendo às suas necessidades? O que o faria mais feliz? Ou mais saudável?) Ou talvez você tenha algumas perguntas específicas a fazer sobre a sua vida, assim como saber como ele se sente quanto à proposta de mudar de carreira, se ele gosta do seu novo parceiro, por que ele parece bloqueá-lo em entrevistas profissionais, ou por que você não consegue parar de fumar. Lembre-se de que está falando com um eu-criança – portanto, seja simples.

Se o seu Eu Básico não quiser falar com você, seja paciente. Talvez ele precise de mais tempo antes de confiar em você. Talvez precise que você lhe peça desculpas por ignorá-lo no passado. Talvez ele só precise ser abraçado ou queira brincar um pouco. Talvez prefira "falar" com você através das lembranças, imagens, sentimentos e sensações que tem de aprender a interpretar. (Algumas pessoas acham mais fácil comunicar-se com o Eu Básico usando um pêndulo de radiestesia.)

Diga ao seu Eu Básico como ele poderá chamar a sua atenção quando estiver infeliz ou tiver uma mensagem para lhe transmitir – assim como fazer suas orelhas coçar, seu estômago roncar ou ouvir o som de um sino estridente. Concorde com o que fará quando o seu Eu Básico "chamar" você.

Antes de ir embora, dê-lhe um presente – o que ele escolher – talvez um abraço ou um carinho, algumas roupas novas, um companheiro de brincadeiras ou um vôo sobre a floresta com você. Então, suavemente, retorne ao quarto em que está.

O EU CONSCIENTE

O Eu Consciente, ou Ego, é o que nós normalmente definimos como "eu" ou "minha pessoa". Seu lado positivo é que ele pensa, planeja, avalia, organiza, estabelece metas e toma decisões. Ele expressa o nosso senso de identidade pessoal, e *interpreta* dados sensoriais do Eu Básico, de forma a sabermos o que está acontecendo no mundo. Sem ele, seríamos inteiramente psicóticos e incapazes de agir. Até aí, tudo bem.

Mas por que o Ego tem tão má fama nas tradições espirituais? Bem, os problemas surgem porque (nos termos da sabedoria Huna) o Eu Consciente se "emaranha" com o Eu Básico. Talvez o Eu Básico sinta que é inaceitável ficar zangado ou chorar, assim o Ego suprime e distorce a zanga e as lágrimas. Talvez a Criança interior não se considere suficientemente boa, assim o Eu Consciente mostra uma fachada de arrogância e de narcisismo para proteger o ser interior vulnerável ou – o outro lado da mesma moeda – ele se torna humilde e se anula como uma defesa.

Vale a pena lembrar que o Ego está sempre *tentando* ser útil. Entretanto, seu senso de *separatividade* cria medo, e esse *medo* gera a capacidade para a defesa, o que aumenta o senso de separação. Trata-se de um círculo vicioso.

O Eu Consciente mais se parece com um gerente intermediário. Num mau dia, o Eu Consciente acredita que pode controlar todo o espetáculo, e ignora ou distorce os memorandos de sua equipe de trabalho (o Eu Básico) e de seu empregador (o Eu Superior). Num bom dia, ele recebe mensagens *claras* e *sem distorção* do Eu Básico ("Estou triste", "Estou com fome", "Preciso dar um passeio", "Sinto-me vulnerável") *e* do Eu Superior ("Esta é uma boa hora para telefonar para Tom", "Olha a oportunidade para desenvolver coragem e confiança"), bem como do mundo exterior. Ele está bem certo da *fonte* de cada mensagem, integra toda a informação, em seguida age da forma adequada.

Graças ao crescimento pessoal e espiritual, o Eu Consciente pode tornar-se um canal progressivamente mais claro para mensagens do Eu Básico e do Eu Superior – e pode começar a trabalhar em verdadeira *sociedade* com eles.

O EU SUPERIOR

Na linguagem havaiana, o Eu Superior é conhecido como *aumakua*, que se traduz por "o espírito parental inteiramente confiável". É a nossa mãe e o nosso pai em espírito – aquele aspecto de nós, amoroso e sábio, que transcende o medo e a dúvida, que transcende a culpa e a autopiedade, que transcende crenças negativas e limitadoras, que transcende a ilusão da separatividade e dicotomia. Ele é alegre, amoroso, criativo e sempre em expansão. Em certo sentido, é o nosso eu futuro. É aquilo em que estamos nos transformando. O nosso Eu Superior nos ama incondicionalmente, nunca faz julgamentos, nunca nos critica. Ele sabe por que estamos aqui e o que esperamos aprender – e assim ele nos guia em nosso caminho para Casa.

O nosso Eu Superior nunca interferirá na nossa vida. Estamos no planeta do livre-arbítrio para aprender através da experiência, tomando nossas próprias decisões. Embora o nosso Eu Superior nos impulsione com todo o cuidado rumo ao destino que escolhemos, ele nunca toma uma decisão *por* nós. Felizmente, nunca há escolhas "corretas" ou incorretas (em um nível mais elevado) – simplesmente existem escolhas diferentes, com diferentes lições e oportunidades.

A regra é a de que o nosso Eu Superior pode ajudar, *se lhe pedirmos.* Muitas vezes nos esquecemos de pedir! Quando o meu amigo Mark perdeu suas lentes de contato no quarto de um hotel, ele passou uma hora agachado no chão procurando por elas, sem sucesso. Ele ia se atrasar para um encontro. Desesperado, fechou rapidamente os olhos e pediu para o Eu Superior ajudá-lo. No momento em que abriu os olhos, algo que provocava um reflexo no tapete chamou a sua atenção. Lá estavam as lentes perdidas! Sem dúvida, o seu Eu Superior estava à espera, pacientemente, de que ele pedisse ajuda. Outra amiga pede para o seu Eu Superior avisá-la quando o ônibus seguinte está para chegar, para que não tenha de esperar na parada de ônibus. Ela afirma que acerta nove vezes em dez.

Toda vez que pedimos ajuda ao nosso Eu Superior estamos nos sintonizando com o Espírito – e o nosso Eu Superior pula de alegria. Não há limite para o número de vezes que podemos pedir ajuda ao nosso Eu Superior (ou nossos guias). Afinal, na sua dimensão de realidade, não existe espaço-tempo. Não será possível perturbarmos o seu chá da tarde, ou tirá-lo da cama fora de hora! O nosso Eu Superior fica muito alegre quando ficamos conscientes de sua presença, ele se delicia em oferecer ajuda e orientação em nossa vida cotidiana.

Também podemos encontrar o nosso Eu Superior no mundo interior. Na realidade maior, nosso Eu Superior é um campo de energia consciente; ele não tem forma. Entretanto, pode assumir uma forma semelhante à humana se pedirmos para encontrá-lo em nossas viagens interiores – e você nunca achará um amigo mais valioso! O meu Eu Superior, Cassie, apareceu pela primeira vez para mim como uma figura angelical de luz azul – mas depois de mais ou menos um ano tornou-se muito mais "real" e palpável: uma mulher alta com cabelos longos, cacheados e ruivos, que usa uma túnica púrpura de veludo, com sua respectiva "personalidade".

COMO ENCONTRAR O SEU EU SUPERIOR

Relaxe profundamente. Em seguida, imagine que está numa campina. A grama está verde e luxuriante a seus pés. Você pode ver flores silvestres – cor-de-rosa, azuis e amarelas – todas em volta de você. Você sente o sol aquecer a sua pele, brilhando num céu azul sem nuvens. Os passarinhos estão cantando, o aroma do ar é doce e você se sente em paz consigo mesmo. Deitando-se na grama macia, você protege o rosto com o chapéu de sol e começa a se sentir sonolento...

Adormecido na campina, você tem um sonho estranho. Sonha que está subindo por uma escadaria enorme. Os degraus parecem continuar infinitamente e você nota que uma névoa rosada chega até seus joelhos. Sente-se como que flutuando pelos degraus. Você sobe, sobe – até atingir o topo.

Há um templo magnífico diante de você. Parece ser construído de cristal e é quase transparente, embora você não consiga ver o seu interior. Você se dirige para a entrada principal, mas hesita, pensando se é permitido entrar. De repente, as portas se abrem como se estivessem lhe dando as boas-vindas – e você entra no magnífico saguão de entrada.

Parece que não há ninguém ali – no entanto, você sabe que tem de encontrar alguém. Começa a procurar pelo templo, sala após sala. Você está procurando o seu Eu Superior. Sente que está para reencontrar um amigo há muito tempo perdido. Seu coração bate antecipadamente de emoção. E é nesse instante que você acorda... e descobre que está na campina.

(Repita essa viagem até encontrar o seu Eu Superior no templo antes de "acordar". O encontro pode dar-se na primeira tentativa, ou talvez você tenha de fazer várias viagens.)

Quando encontrar o seu Eu Superior, convém que vocês se abracem um ao outro – e peça ao seu Eu Superior que lhe diga o seu nome para que possa chamá-lo na sua vida desperta. Agora é a hora de se conhecerem melhor... Talvez você queira contar a sua vida, os seus desafios, os seus Sonhos para o seu Eu Superior, ou então fazer perguntas sobre os projetos dele com relação a você. Quem sabe você estará disposto a pedir-lhe uma orientação que lhe seja proveitosa no percurso do seu novo caminho. Fale com ele como falaria com um amigo íntimo e aprenda a ouvir a sua voz macia – receba com alegria o que o seu Eu Superior sugerir através de palavras ou de ação.

A VIDA EM HARMONIA

Durante séculos, os buscadores espirituais têm negado o Eu Básico – ao minimizarem o corpo, ao se privarem de alimento, de sono e de conforto físico, ou reprimindo sentimentos, desejos e a sexualidade. A essência da neurose é o conflito interior – no entanto, as tradições espirituais, tanto orientais quanto ocidentais, muitas vezes nos têm encorajado a lutar com nós mesmos dessa maneira.

O problema é que o Eu Básico não pode ser "extirpado" como se fosse um tumor maligno. Ele faz parte da nossa totalidade. Se rejeitarmos o nosso corpo, as nossas emoções ou a nossa sexualidade não estamos sendo "espiritualizados" – estamos sendo neuróticos. (Outras tradições suprimiram o Eu Consciente, ensinando seus seguidores a parar de pensar, a aceitar dogmas sem fazer perguntas, ou a meditar até que sua mente racional sabiamente desista!) Como podemos encontrar nossa totalidade – a nossa "sacralidade" – se rejeitamos alguma parte de nós mesmos?

Uma abordagem alternativa é parar de lutar e aprender a amar a nós mesmos. A época do desenvolvimento através da luta, através da separação, através do conflito já passou. Agora é hora para harmonia, para cura e para integração. É tempo de reconhecer que não há nada de "errado" conosco, nada dentro de nós que seja "mau" ou inaceitável – e que a nossa missão é integrar nossos *três eus* para reconquistar a nossa totalidade.

Segundo a sabedoria Huna (do xamanismo havaiano e de tradições afins), nossos três eus estão, cada um por si, em seu caminho de evolução. Nosso Eu Básico expandirá aos poucos sua consciência até que, em outra vida, se torne um Eu Consciente. O nosso Eu Consciente está lentamente aprendendo como ser um Eu Superior. E o nosso Eu Superior está se transformando numa superalma em sua jornada de regresso à Fonte.

Isto significa que, para nós, a principal tarefa (como Eus Conscientes) é tornarmo-nos um "bom pai" para o nosso Eu Básico, oferecendo-lhe amor incondicional, assim como o nosso Eu Superior faz conosco. Ainda que possa parecer que ele está sabotando nossos interesses, o nosso Eu Básico sempre está fazendo o melhor que pode. Ele simplesmente precisa do nosso amor, da nossa ajuda e compreensão.

Imagine que nossos três eus são três vagões de um trem. Na frente está o Eu Superior, no meio está o Eu Consciente e, na retaguarda, o Eu Básico. O Eu Superior não pode ir mais depressa, a menos que o Eu Consciente o acompanhe; e o Eu Consciente não pode acelerar, a menos que o Eu Básico vá junto. Deve haver harmonia entre os três eus, cada um puxando o eu que está "logo atrás", se for para o trem andar mais depressa.

Podemos meditar e rezar até ficarmos velhos e com os cabelos grisalhos – mas sem o nosso Eu Básico nunca encontraremos a totalidade que estamos buscando. A espiritualidade não pode ser separada da psicologia. A não ser que aprendamos a lidar com os nossos bloqueios emocionais, com os padrões da nossa infância, com as nossas crenças negativas e limitadoras, o nosso crescimento espiritual sempre será limitado. O Eu Básico não pode crescer e amadurecer se for deixado nas trevas. Ele tem de ser exposto à Luz da consciência e do amor.

À medida que aprendemos a nutrir o nosso Eu Básico – com todos os seus medos e dúvidas, seu ressentimento e culpa, suas necessidades e sentimentos de inadequação – nos expandimos rumo ao nosso Eu Superior. Este é um dos motivos pelo qual termos filhos ou cuidarmos de animais pode ser um passo tão importante em nosso crescimento. Sendo um pai amoroso podemos também aprender a amar e a proteger a nós mesmos.

Há uma história verdadeira sobre uma jovem muito ansiosa que ficou tremendo de medo durante alguns dias e se sentiu incapaz de se levantar da cama. Seu médico ficou muito preocupado e, certa manhã, acordou "vendo" um coelho marrom com focinho branco pulando sobre sua cama. Assim que seu assistente chegou, mandou-o procurar um coelho na vizinhança e que fosse parecido com esse que ele vira. O auxiliar voltou uma hora depois com o coelho! O médico colocou o coelho em sua maleta e foi visitar sua jovem paciente muito assustada. Assim que abriu a maleta, o coelho pulou para a cama da moça. "Um olhar muito terno apareceu no rosto dela e, desse momento em diante, o medo sumiu."[2] O seu Eu Superior mandou-lhe exatamente aquilo de que precisava – um Eu Básico amedrontado, vulnerável, para ela cuidar – e isso *a* levou para um estado mais elevado.

AUTO-ESTIMA E AUTOCRÍTICA

Junto com um amigo ou parceiro: pense em uma mensagem negativa que o pai ou a mãe, o professor ou um ex-amante lhe tenha passado, ou que costuma passar a você mesmo (Exemplos: "Você nunca fará nada direito", "Suas pernas têm formas esquisitas", "Você é tão egoísta!", "Você é tão covarde.") Você não precisa dizer ao amigo qual é o teor da mensagem. Agora levante um dos braços. Repita mentalmente a mensagem negativa para si mesmo, duas ou três vezes, até que de fato possa *sentir* essa mensagem.

Agora, peça a seu amigo para exercer pressão em seu braço, perto do pulso, usando dois dedos. Sua missão é resistir o mais que puder enquanto mantém a mensagem negativa em mente. Você descobrirá – surpresa, surpresa! – que você tem o braço muito fraco. (Qualquer mensagem negativa passa diretamente para o seu Eu Básico, o qual acredita em toda palavra que dissermos.)

Repita imediatamente o exercício usando uma mensagem pessoal positiva de sua escolha – é importante terminar com uma conotação positiva (por exemplo, "Gosto de todos os aspectos de mim mesmo", "Estou vibrando de amor e de luz", "Sou forte e habilidoso"). E note como você se tornará mais forte!

Em seguida troque de lugar e deixe o seu amigo fazer a experiência.

(Todo pensamento que tivermos acerca de nós mesmos – ou acerca de qualquer outra pessoa – causa um impacto imediato sobre o nosso Eu Básico. Pensamentos negativos provocam a perda da força; pensamentos positivos aumentam a sua força.)

AS DÁDIVAS DO EU BÁSICO

Quando o Eu Básico é protegido e amado, ele tem maravilhosos presentes a oferecer em troca. Ele nos enche de encanto e vivacidade. Ele nos dá a espontaneidade infantil e a alegria de viver. Ele nos torna carismáticos e bem-humorados. Ele nos dá boa saúde e vitalidade. Ele libera a nossa criatividade e a nossa inspiração.

Mas o Eu Básico é um obstáculo para o nosso lado esquerdo. Muitas crianças, por exemplo, falarão sobre as lembranças de vidas passadas, pois ainda não aprenderam que não se deve supor que *tenhamos* vidas passadas! Muitas vezes o Eu Básico faz o "impossível" porque ele não é limitado pela lógica e pela racionalidade. Ele pode nos ajudar a programar o futuro, a liberar o passado, a mudar velhos hábitos, a curar a nós mesmos e aos outros, a desenvolver habilidades paranormais, a receber orientação do nosso Eu Superior e até mesmo a "fazer milagres".

O nosso Eu Superior tem consciência de cada pedido de ajuda, apoio e orientação – porém, a regra é só *atender* quando o Eu Básico e o Eu Consciente estiverem unidos; assim, temos de aprender a integrar os nossos eus interiores e a curar a nossa Criança interior.

Analogamente, as mensagens do nosso Eu Superior nos chegam através do Eu Básico. A maioria dos meus lampejos de intuição não vem *diretamente* dos meus guias ou do meu Eu Superior, mas antes, da forma de um conhecimento corporal, de um nó nas minhas entranhas, como um pensamento ou uma idéia, ou surge como imagens visuais, "vislumbres" do futuro, acompanhados de uma onda de excitação e de entusiasmo. Em outras palavras, essas mensagens vêm *via* Eu Básico – através do corpo e das sensações físicas. A não ser que estejamos em sintonia com o nosso Eu Básico, será difícil receber orientação mais elevada.

Por outro lado, precisamos ser claros sobre a diferença entre a orientação do nosso Eu Superior e os impulsos provenientes da nossa mente subconsciente. Linda cresceu numa família em que os pais não eram felizes. Eram somente educados um com o outro. Seu pai trabalhou na monotonia do mesmo escritório durante quarenta anos. Não é de surpreender que, como adulta, Linda tivesse medo de assumir compromissos, vendo neles uma forma de prisão. Depois de trabalhar num emprego, depois de suportar a vida doméstica ou manter um relacionamento por um ou dois anos, Linda rompia bruscamente com a situação e fugia. Ela se enganava dizendo que estava "seguindo o seu coração" ao abandonar uma situação imperfeita ou quando se sentia encurralada. Linda passava de uma experiência para a seguinte, sempre se dispersando até o final obscuro de sua vida. Os outros a consideravam uma mulher forte, independente e decidida; no entanto, na realidade, estava estagnada num padrão compulsivo – fugir do compromisso e da intimidade, como resposta aos impulsos do seu Eu Básico amedrontado.

Assim, como reconhecer a diferença? Como vamos saber se um impulso provém da orientação superior ou da nossa Criança interior ferida? A resposta é que não existe um teste universal a prova de erros! Tudo isso faz parte do encanto e do desafio do fato de estarmos vivos. Cada um de nós tem de aprender através da autopercepção e da experiência pessoal. Entretanto – como orientação geral – agir segundo um impulso subconsciente sempre nos dá uma imediata sensação de alívio, seguida de uma gradativa formação do mesmo antigo mal-estar. Muitas vezes a sensação de alívio contém qualidade compulsiva, demonstra pressa e mostra uma incapacidade de trazer clareza. Essa ação pode vir acompanhada de ansiedade, tensão, sonolência, fadiga ou de uma sensação de "fechamento" e de contração. A orientação superior tende a ter uma qualidade mais aberta, mais descontraída. Ela parece expandir a consciência que temos do *eu*. Ela até pode impor medo, mas é apaixonante.

Naturalmente, mesmo se um impulso estiver surgindo do seu subconsciente, ainda assim ele deve ser levado a sério – embora não deva *necessariamente ser posto em ação*. Afinal, trata-se de uma dádiva do seu Eu Básico, revelando necessidades ou desejos não atendidos, emoções reprimidas, medos ou padrões emocionais que têm de ser entendidos e curados. Tudo o que chega até nós é nosso amigo.

COMO NOS TORNAR AMIGOS DO NOSSO EU BÁSICO

A primeira atitude essencial, se quisermos nos harmonizar com nossos *eus* interiores, é nos tornar amigos do nosso Eu Básico. Assim que se sentir amado e respeitado, o Eu Básico em geral se mostrará interessado por aprender e crescer – porém, precisamos falar a linguagem dele, assim como precisamos saber usar a linguagem de uma criança.

Há sete princípios para ter em mente:

1. Motivação

O Eu Básico é motivado pela necessidade de sobrevivência e de segurança e pelo desejo de obter prazer. Qualquer coisa que você queira criar ou modificar, pense naquilo que possa atrair o seu Eu Básico. Se quiser vender uma casa, o seu Eu Básico pode ficar com medo porque isso o faz pensar na mudança de casa quando você era pequeno, e você sabe bem o quanto se sentiu inseguro e solitário nessa ocasião. Você talvez tenha de garantir que você, o Eu Consciente, sempre estará presente, de que ele não ficará sozinho, e fazê-lo pensar em todas as razões graças às quais mudar de casa seria agradável e excitante.

Se quiser meditar regularmente, não adianta falar sobre "iluminação" com o seu Eu Básico – esse conceito é abstrato demais para ele como meta. Entretanto, ele pode gostar da idéia de ser mais criativo, mais concentrado, mais descontraído, trabalhando com amigos invisíveis ou analisando outras dimensões da realidade. Você até poderia garantir um presente para si ou mesmo umas férias, se chegar a meditar ao menos quatro vezes por semana. Esqueça a história de encarar-se como "ser espiritual". Aquilo de que você mais precisa é motivar a sua Criança interior!

Peça ao seu Eu Básico para dizer se tem algum medo ou dúvidas sobre as mudanças que deseja fazer. Você pode encontrá-lo numa viagem interior. Ou poderá perguntar: "O que você pensa sobre o fato de mudar de casa e meditar regularmente?" Faça essas perguntas em voz alta ou mentalmente – enquanto segura uma caneta ou caderno de anotações. *Usando a sua mão não-dominante* (ou seja, a esquerda, se for destro, ou vice-versa), anote tudo o que lhe vier à mente. Continue oferecendo boas razões para fazer a mudança, ou assegure-lhe que seus velhos medos devem ser descartados, até que o seu Eu Básico mostre estar disposto a aceitar o que quer realizar.

2. Emoção

Um sinal de alerta de que o Eu Básico não está em harmonia é quando pedimos ajuda, orientação, cura, sucesso ou uma oportunidade e, no entanto, não *sentimos* nada. Sem o Eu Básico nos sentimos "mortos" (morte cerebral), simplesmente passando pelas emoções. Se rezamos ou aproveitamos uma afirmação apenas do nosso Eu Consciente, estamos perdendo tempo;

bem que poderíamos ler simplesmente uma lista de compras. Quando o Eu Básico está envolvido, qualquer pedido é "sentido no coração". Há um sentimento de amor, de desejo, de entusiasmo, de excitação, de energia e de força – particularmente ao redor do coração e do plexo solar. (O plexo solar é o centro do Eu Básico. O coração simboliza o "lugar de encontro" entre o Eu Básico e o Eu Consciente.)

3. Fantasias

O Eu Básico "pensa", na maioria das vezes, usando imagens e símbolos em vez de palavras. Diferentemente do Eu Consciente, o Eu Básico não sabe distinguir entre o que é real e o que é imaginário. Ele considera como *real* tudo o que experimenta. A satisfação que daí decorre é a de podermos aperfeiçoar qualquer situação em nossa mente, vislumbrando o resultado que quisermos, e o nosso Eu Básico acreditará que de fato aconteceu. Quanto mais vívida for a nossa imaginação, maior será a força com que o nosso Eu Básico há de captar a mensagem. Se tomar consciência de que está tendo sucesso – ganhando uma corrida, terminando de escrever o seu romance, criando uma excelente escultura, recebendo uma promoção, fechando um negócio – então o seu Eu Básico vai acreditar no alcance dessas coisas, e fará tudo o que for necessário para "repetir" esse sucesso na vida real.

O Eu Básico não diferencia entre passado, presente e futuro. Ele acredita num eterno Agora. A *desvantagem* disso é que uma lembrança muito viva do passado, altamente carregada de emoção, ainda pode criar problemas, dez, vinte ou cinqüenta anos depois, como se o fato tivesse acontecido justamente ontem. No entanto, a *vantagem* é que podemos curar o passado – tal como podemos programar o futuro – dando-lhes vida através da nossa imaginação.

Certa vez, uma amiga telefonou para me contar um sonho curto mas intrigante. No sonho, ela estava na casa em que morara muitos anos atrás. O saguão estava repleto de grandes armários. Uma das portas abriu-se lentamente revelando um esqueleto. O sonho, obviamente, era uma mensagem sobre um "esqueleto em seu armário". Sugeri então que tornasse a ter o sonho em estado de vigília e fizesse algumas perguntas ao esqueleto. No dia seguinte, minha amiga ligou bastante emocionada, querendo me contar o que acontecera. O esqueleto tornara a aparecer e ela lhe perguntara o que ele estava tentando lhe dizer. Não houve resposta. Assim procurou simplificar as coisas e perguntou: "Aconteceu algo enquanto eu morei nesta casa?" O esqueleto balançou vigorosamente a cabeça. "Trata-se de algo que aconteceu quando eu era criança?" O esqueleto assentiu com a cabeça indicando concordância. "Quantos anos eu tinha?" Não houve resposta. O esqueleto somente se dispunha a responder a questões do tipo sim ou não. "Eu tinha três anos? Quatro? Cinco? Seis?" O esqueleto acenou positivamente ao ouvir *seis*. Uma súbita inspiração ocorreu à minha amiga e ela lembrou-se de um incidente que havia esquecido por vinte anos ou mais. "Foi quando um vizinho quis me violentar no banco traseiro do carro?" Sim, sim, sim! O esqueleto ficou muito agitado e começou a dançar! Então era esse o problema – mas como ela iria resolvê-lo? "Deveria eu voltar e mudar essa lembrança?" O esqueleto acenou outra vez e, dançando, voltou para dentro do guarda-louça. Sua tarefa estava cumprida. Minha amiga procurou reviver intensamente o acontecimento da infância e viu a si mesma saindo do carro sem ter sido molestada – e a lembrança foi curada.

4. Respiração profunda e relaxamento

Sempre que relaxamos, mudamos a nossa consciência de um foco restrito do Eu Consciente, e damos espaço ao Eu Básico (e ao Eu Superior) para "falarem" conosco – através das emoções, das imagens, das sensações, de lampejos intuitivos, de palavras ou de recordações. Tudo o que nos encoraje a ficar descontraídos e a respirar profundamente – dançar, praticar jardinagem, caminhar ao ar livre, fazer viagens interiores, praticar ioga – ajuda-nos a ficar em contato com o nosso Eu Básico.

O relaxamento e a respiração também nos ajudam a falar com o nosso Eu Superior. Os havaianos chamam os estrangeiros de "Haoles", que significa "sem respiração", porque observaram que os missionários cristãos oravam *sem* primeiro formar mana (força), respirando profundamente. Orações "sem respiração", segundo os havaianos, não serão eficazes, uma vez que as orações têm de extrair "força" do nosso Eu Básico.

5. Repetição

O Eu Básico é um aprendiz lento, e precisa de muitas repetições. Afirmações podem fazer "milagres" mas só se as usarmos de forma persistente e regular, até que o nosso Eu Básico, finalmente, receba a mensagem. Como é uma criatura de hábitos, o Eu Básico tende a resistir à mudança em primeiro lugar – mas assim que chega a formar um novo hábito ele normalmente se apega ao mesmo.

O Eu Consciente aprende depressa, mas seu aprendizado, muitas vezes, está restrito ao nível intelectual. Se o seu Eu Consciente estiver lendo este livro sozinho, você o lerá depressa, pretendendo voltar aos exercícios depois. Em seguida, colocará o livro de volta à estante e passará ao *próximo* livro, deixando de integrar o conhecimento adquirido em sua vida diária. Por outro lado, o seu Eu Básico leria muito mais devagar e com cuidado, escolhendo os exercícios que achasse excitantes, desejando ansiosamente *experimentar* o significado do livro. Lenta, mas seguramente, ele *absorve* o que é dito, e pode pô-lo em prática. Se o seu Eu Consciente e o seu Eu Básico lerem o livro juntos, então o seu "conhecimento" tem uma boa chance de vir a ser "sabedoria" – isto é, o conhecimento que você *vive*.

Visto que o Eu Básico parece uma criança, ele também se impressiona com a autoridade – portanto, é aconselhável ler livros ou comparecer a conferências que "confirmem" o que já sabemos, para reassegurar ao nosso Eu Básico que as nossas idéias, afinal, não são tão loucas.

6. Ação e ritual

O Eu Básico se impressiona muito mais com ações do que com pensamentos. Se você apenas *pensar* em escrever um romance, o Eu Básico provavelmente ignorará você; mas, se comprar um caderno especial ou um disquete de computador e começar a rascunhar tramas e personagens, ele se mostrará mais interessado, e começará a enviar-lhe a inspiração. Se você *pensar* sobre o desejo que tem de desfazer um antigo relacionamento, o Eu Básico apenas bocejará, visto que já ouviu tudo isso antes; mas se você jogar fora velhas fotografias e lembranças, e fizer uma "cerimônia do fogo" (veja Capítulo 4), ele saberá que você fala sério – e trará à tona as emoções não resolvidas com as quais tenha de lidar para que finalmente possa desapegar-se de algo.

Ao usar o corpo físico iniciando uma ação, construímos uma ponte entre os mundos interior e exterior – e nos tornamos receptivos à mudança. Seja o que for que você queira fazer, é de vital importância agir – mesmo que a ação seja pequena ou até mesmo simbólica – para dizer ao seu Eu Básico que você está falando sério.

Pelo mesmo motivo, é importante escrever ou falar sobre uma viagem interior, visto que esta ação significa algo concreto no mundo exterior. (Analogamente, impressiona mais rezar em voz alta, ou escrever um pedido ao Espírito, do que rezar silenciosamente.) Melhor ainda é recriar, de algum modo, uma viagem interior no mundo físico. Se o seu Eu Superior lhe der uma pena de pavão, procure uma pena de pavão "real" – ou então desenhe ou pinte essa pena. Se andar no alto de um rochedo no seu mundo interior, descubra o topo de um rochedo real aonde você possa andar.

O Eu Básico se impressiona com tudo o que cria uma forte impressão sensorial: luz, cor, música, aroma, rufar de tambores, canto, vestimentas, dança, movimento... Se você criar uma cerimônia ou um ritual, com muitos recursos sensoriais para marcar uma transição em sua vida, o seu Eu Básico saberá que está acontecendo algo importante e fará o que for necessário para ajudá-lo a fazer a mudança. (Exemplo: o *Eu Consciente* pode achar o casamento algo tolo e desnecessário, considerando-o um "ritual vazio de sentido"; no entanto, para o Eu Básico, um casamento pode ser um decisivo rito de passagem, um ato simbólico, rico em amor e compromisso, que ele leva muito a sério.)

Sempre que decidirmos mudar nossa vida, quem precisa ser convocado é o Eu Básico. Se precisar dar um "salto de fé", por que não pular uma cerca, ou uma grande pedra suficientemente alta para deixá-lo um pouco amedrontado, mas não alta demais que ofereça um perigo – com a *concentração* e *intenção* certas de que esse salto simbolizará o salto "real" que logo dará em sua vida. Ou, se quiser se ver livre de uma carga – como a culpa, o martírio ou um emprego de que não gosta – carregue um peso pesado nas costas. Ande em volta do quarto *sentindo* a carga, até que esteja mais do que preparado para largá-la – e abandoná-la.[3]

Quando o seu Eu Básico sentir uma impressão de liberdade e de emoção que vem completar esse ritual, ele ficará livre do medo da mudança. Rituais podem ter uma força surpreendente!

7. Viver com alegria

Quando vivemos em harmonia com o nosso Eu Básico, os nossos dias contam com bastante divertimento – talvez a dança, o canto, caminhadas pela floresta, jantares fora de casa, encontro de amigos, a prática da vida sexual, viagens, desenhos, pinturas, a satisfação de fazer compras, dormir tarde, observar o nascer do sol, ir ao cinema, velejar, andar de patim de rodas, brincar com as crianças, escrever poesias, dar um passeio com o cachorro, fazer um piquenique, praticar alpinismo, comer e beber alguma coisa na lanchonete...

Além disso, aproveitaremos toda oportunidade para *celebrar*: aniversários, nascimentos, festivais, sucessos, chegadas, partidas, Lua cheia e Lua nova, equinócios e solstícios – e a simples celebração da própria vida!

Vale a pena perguntar o que a "alegria" e a "celebração" significam para você, e se você está vivendo com alegria. Se não estiver vivendo na alegria, você não estará sendo um pai suficientemente bom para o seu Eu Básico. Você está confirmando a sua crença de que ele não merece ter alegria, de que a vida é trabalho duro, de que o lado prazeroso da vida é só ocasional e que tem de ser "merecido". Você está esfregando sal em suas feridas – e reforçando um padrão de crescimento através da luta.

Viver com alegria é um aspecto essencial para honrarmos o nosso Eu Básico. À medida que criarmos mais alegria em nossa vida, o nosso Eu Básico começará a se sentir digno e valioso. Seus medos e dúvidas diminuirão, as feridas da infância começarão a sarar – e seus maravilhosos talentos começarão a se desenvolver.

4
Desperte o seu sonho dançando

"Eu poderia contar-lhes as minhas aventuras – começando por esta manhã", disse Alice, com um pouco de timidez, "mas não adianta voltar para trás porque ontem eu era uma pessoa diferente."

Lewis Carroll[1]

Quando Alice desapareceu na toca do coelho, ela tinha um objetivo em mente: ela queria caçar o Coelho Branco. Ao procurar por ele, foi levada a questionar todas as suas idéias básicas sobre a realidade e a desenvolver sua coragem, compaixão e humildade. Mas com isso ela também colheu alegria! Sua meta não importava: o que importava era a viagem. O desejo de Alice – encontrar o Coelho Branco – foi apenas uma desculpa para suas aventuras no País das Maravilhas.

Todos precisamos de um Coelho Branco. Todos precisamos ter Sonhos que nos inspirem a alcançar as estrelas, a ultrapassar o nosso medo, a explorar o nosso potencial, a sermos mais do que já somos. Quando caçamos nossos Sonhos, estamos sempre crescendo e mudando, simplesmente porque o nosso desejo nos motiva a continuar tentando.

O que teria acontecido se Alice tivesse hesitado em entrar na toca do coelho, imaginando que caçar o Coelho Branco seria uma tolice ou algo impossível? O que teria acontecido se Alice imaginasse que havia algo mais importante ou mais valioso que teria de ser feito? Ou se outra pessoa talvez fosse *melhor* ao caçar Coelhos Brancos? O que teria acontecido se Alice tivesse pensado que estava sendo pouco convencional e, em vez de caçar coelhos, começasse a costurar? Ou se se declarasse satisfeita com sua vida e deixasse de lado a idéia de caçar Coelhos Brancos? Se tivesse feito isso, agora Alice estaria esquecida – e que aventura ela teria perdido! No entanto, quantas vezes damos a nós mesmos desculpas semelhantes para não seguir nossos Sonhos?

Recentemente vi um documentário bastante sugestivo na televisão sobre um homem jovem que havia desistido de seu trabalho "sensível", vendera sua casa, comprara uma biblioteca móvel dentro da qual iria viver – e que se tornou um caçador do monstro de Loch Ness. Às vezes as pessoas lhe perguntavam se estava louco. Como ele salientou, essas pessoas estavam freqüentemente trabalhando em empregos monótonos das 9 horas às 17, apenas para garantir o seu tempo de lazer – enquanto que ele estava vivendo nas praias de um belo braço de mar da Escócia, fazendo todos os dias o que sempre sonhara fazer. Quem, na verdade, estava louco? Para arrematar, ele disse: "Se você não seguir os seus Sonhos, o único perdedor será você."

Estamos aqui para aprender, para crescer e conhecer o gosto de viver. A vida é uma aventura na consciência – e nossos Coelhos Brancos oferecem um caminho encantador a nos indicar o futuro. Seguindo o nosso coração e seguindo a nossa felicidade, estamos escolhendo o crescimento através da alegria. Haverá muitos desafios ao longo do caminho – desde Chapeleiros Loucos até Falsas Tartarugas Marítimas – mas podemos encarar cada acontecimento como uma oportunidade, como uma parte da aventura que escolhemos.

Se ignorarmos nossos Coelhos Brancos, fingindo que não os vimos, ou preocupando-nos pelo fato de não sabermos em que toca de coelho devemos entrar, poderemos *acreditar* que "estamos correndo riscos" – mas, efetivamente, o contrário é que é verdadeiro. Nosso Eu Superior, que nos ama incondicionalmente, torce para que aprendamos e cresçamos – e, se nos recusarmos a crescer através da alegria, ele, a contragosto, nos enviará à luta. Doenças, sofrimento, traumas emocionais, acidentes e ferimentos são dicas para crescer; se ignorarmos a "cenoura" dos nossos Sonhos, estamos chamando o "bastão" da luta.

Naturalmente, isso não significa que todos devemos ser extraordinariamente aventureiros. Os Coelhos Brancos aparecem de várias formas – quer na abertura de um negócio, quer na formação de um filho, quer na entrega de nós mesmos a um relacionamento, quer na corrida de uma maratona. Tudo o que importa é ter um Sonho, e empenhar o coração e a alma para sair em busca desse sonho. Algumas pessoas, como Alice, têm um Coelho Branco que orienta a maior parte da sua jornada pela vida. Outras têm uma criação de coelhos que as guiam através de diferentes tocas. Não importa. O que importa realmente é ter um Sonho.

CÍRCULO DE SONHOS

Desenhe um círculo sobre uma grande folha de papel, de forma que o círculo quase atinja as suas bordas. Dentro do círculo, registre os seus Coelhos Brancos: tudo o que quer fazer, ter ou aprender nos próximos cinco ou dez anos. Exemplos: uma casa de campo, um saxofone, um computador, aprender aromaterapia, participar de um safári, aprender a jogar *didgeridoo*, casar, viajar para a China, fazer amigos íntimos, apresentar um trabalho criativo, montar o próprio negócio, escrever um romance de ficção científica, cultivar vegetais, nadar num recife de coral, aprender sobre flores silvestres... Ou talvez você tenha um único grande Sonho, algo que ficou à espreita no fundo da mente há anos, um Sonho que você mal ousa pensar como uma possibilidade! Se for esse o caso, escreva-o em grandes letras maiúsculas.

Ao redor do círculo anote os seus Sonhos *globais*. Escreva que mudanças você deseja ver nos próximos cinco ou dez anos. O que é que mais importa para você?

Sintonize-se com o Espírito antes de se deixar surpreender com o que lhe vem à mente. Ponha-se a escrever seriamente aquilo que realmente quer, e não o que pensa que *deveria* querer, ou o que está *acostumado* a querer. Seus verdadeiros Sonhos o encherão de entusiasmo. Pense grande! Pense ilimitadamente!

(Sempre uso um círculo para este exercício porque aprendemos a escrever da esquerda para a direita, de cima para baixo; ou seja, escrevemos a partir do nosso lado direito, o que você pensa de modo racional, linear. Quando escrevemos dentro de um círculo, enchendo-o confusamente ou em espiral, é mais provável que cheguemos a tocar o nosso lado esquerdo, a nossa intuição. Observe que, apesar de escrever dentro de um círculo, você ainda tende a escrever em pequenas linhas estreitas!)

Este não é um exercício para ser feito uma vez só, visto que os nossos Sonhos estão sempre mudando e crescendo. Sugiro que você prepare um círculo de Sonhos *ao menos* duas vezes por ano.

Pedi, e dar-se-vos-á;
buscai, e encontrareis;
batei, e abrir-se-vos-á.
Porque aquele que pede, recebe;
e o que busca, encontra;
e ao que bate, se abre.
Mateus, 7: 7-8

Há vinte anos, quando eu ainda estava na escola, "aconteceu" de eu ler esse trecho da Bíblia diante de uma assembléia de estudantes. À medida que eu lia, fui me expandindo a ponto de encher o saguão e tornei-me consciente das quadras esportivas, das dunas de areia próximas e do mar mais distante. Nessa época, eu me considerava budista; no entanto, esses versículos bíblicos sempre causaram um grande impacto em mim.

Pensei no significado desse trecho durante muitos anos, convencida de que ele continha o segredo místico do universo. Era óbvio que as pessoas *nem sempre* recebem aquilo que pedem, que as orações *nem sempre* são atendidas. No entanto, parece que, em geral, as *expectativas* das pessoas se cumprem. Aquelas que sempre temem o pior e se fixam em possíveis desastres parecem atrair "má sorte", ao passo que as otimistas parecem ser mais "afortunadas".

Somente quando me deparei com os livros de Seth,[2] no início dos meus vinte anos, comecei a entender. Nós criamos a nossa realidade. Todo pensamento é uma oração. "Peça e lhe será dado." Todo pensamento, toda crença, todo desejo, todo medo, toda expectativa é uma forma de "pedir" e atrai a realidade correspondente.

Uma amiga americana foi morar no centro de Londres e comprou um carro. Entretanto, o tráfego pesado e a falta de áreas de estacionamento logo fizeram com que lamentasse a sua decisão. "Eu gostaria de não ter este carro", pensou. Mal acabou de falar, aconteceu. O carro foi roubado e ela nunca mais o encontrou!

Quando comprei meu primeiro apartamento perto de Liverpool, eu estava repleta de pensamentos negativos com relação àquela área, com relação às minhas finanças e aos apartamentos ali construídos. Conseqüência dos meus pensamentos negativos: demorou anos até eu conseguir vender o apartamento e eu perdi milhares de libras, apesar de os imóveis estarem em alta. Além de tudo, o apartamento também foi assaltado!

Quando vendi uma outra casa, eu não apenas *acreditava* que criamos a nossa própria realidade: eu *sabia!* Eu não ia repetir os meus velhos erros. Naquele momento, o mercado imobiliário estava em baixa, os preços estavam oscilando e pouca coisa estava sendo vendida. No entanto, eu estava bastante determinada. Registrei meus motivos e crenças, usei a técnica do "cone de força"[3] e telefonei para os corretores. Dentro de uma semana, a casa estava vendida – e eu consegui um lucro razoável.

Os desejos exercem uma pressão muito má no caminho espiritual. Mas como podemos criar um céu na Terra sem desejos? É o desejo que nos motiva a mudar o mundo, a atingir o nosso potencial, a criar relacionamentos amorosos, a tornar-nos tudo o que podemos ser. A palavra entusiasmo vem de "en theos", significando "o Deus interior". Qualquer desejo que venha do coração é uma mensagem do nosso Eu Superior – um Coelho Branco que nos levará para onde precisamos ir.

Será que Deus/Deusa de fato *quer* que tenhamos alegria? Será que não deveríamos ser manifestamente sérios, orar e meditar o dia todo, arrepender-nos de nossos pecados e, humildemente, pedir perdão? Não, não e não! Se *você* tivesse dado vida a seres conscientes, gostaria que eles partilhassem desse presente, que se deleitassem com suas aventuras, que se torcessem de rir e de prazer? Ou você gostaria que dissessem com um semblante martirizado: "Este é um lugar terrível para ficar e eu estou sendo castigado. Mas talvez eu vá para o céu se sofrer bastante?" O Deus/Deusa é amor incondicional, alegria e criatividade – por que Ele/Ela desejaria que fôssemos miseráveis?

"Mas porventura não será egoísmo e cobiça desejar uma casa luxuosa ou um carro novo quando há tantas pessoas morrendo de fome ou sem teto?" Essa pergunta parte da premissa de que o mundo é uma realidade fixa e concreta. Mas a vida é um sonho que estamos criando, uma ilusão tridimensional. Se, de repente, você se tornar consciente de que esteve dormindo e sonhando, você diria a si mesmo: "Bem, é melhor não criar uma casa tão grande neste sonho. Afinal, algumas pessoas nem têm casa." Ou você diria: "Olha, estou sonhando! Vamos nos divertir. Que tal construir uma bela casa com gramado e uma fonte?" O mundo só é limitado pelas nossas crenças – e, à medida que superamos as nossas limitações, outros podem se inspirar a superar as deles. À medida que aprendermos a criar nossos Sonhos, poderemos ajudar os outros a fazer o mesmo. Não ajudamos ninguém se ficarmos presos aos nossos limites.

Como diz Bartholomew:

> *Se você disser que buscar dinheiro é algo bem diferente de buscar Deus, pode ser que nunca tenha nenhum dos dois... Deus é o anseio de ter um modo de viver no mundo, de modo que sintamos que estamos fazendo o que queremos fazer. Isso é Deus em ação. Deus vende livros. Deus controla computadores. Deus ensina. Deus aprende. Deus ama as crianças. Deus cria a beleza. Deus dirige caminhões. Deus ajuda os outros. Deus é. Não separe... seja o seu desejo qual for, seja qual for o rosto que assumir, é Deus.*

O único risco ao perseguir nossos Sonhos é o de podermos nos enganar achando que não seremos felizes enquanto não "chegarmos lá". O que de fato interessa é a nossa jornada e não o destino. Não estamos vivendo na Terra *para* chegar a algum outro lugar; estamos aqui para gozar a aventura de estar aqui! Quaisquer que sejam os nossos Sonhos, temos de pensar sempre que o objetivo é o próprio processo.

Se você se convenceu de que "Serei feliz quando largar este emprego / quando casar / quando terminar de escrever o meu romance / quando comprar uma máquina de lavar / quando tirar o meu diploma / quando tiver filhos / na semana que vem..." então você se esqueceu de que este momento, *exatamente agora*, é o momento de ser feliz. Se não dançarmos nossos sonhos acordados, quando iremos dançá-los?

COMO CRIAR O QUE QUEREMOS

Há um processo a executar e a completar em nove etapas na criação de tudo o que queremos na vida: sucesso profissional, mais tempo livre, uma nova carreira, paz de espírito, vender uma casa, oportunidades para viajar, ser pai, ganhar na loteria ou descobrir um parceiro para a vida. Se você levar o seu Sonho a sério, não *pense* apenas *sobre* as nove etapas. Faça um diário de cada etapa e divirta-se com o processo de aprender como criar o que você quer.

1.ª Etapa: Determine o que você quer

Ouça o seu coração e seja específico quanto ao que deseja. Por exemplo, se quiser um relacionamento amoroso, que qualidades você está buscando nesse relacionamento, ou seja, na outra pessoa? Se você quer um novo carro, quais qualidades ele deve ter? (Ser seguro, confortável, muito bonito, silencioso, econômico, usar gasolina sem aditivos ou o que mais? Qual a marca? Qual cor você prefere?) Esclarecer o que quer é o primeiro passo essencial para concentrar a sua energia.

Para a 1.ª e a 2.ª etapas uso o que chamo de "cartas-aranha" – um pequeno círculo de onde saem linhas como as pernas de uma aranha (veja p. 76). Dentro do primeiro círculo você pode escrever: "O que eu quero." No final de cada perna da aranha escreva todos os detalhes ou qualidades que lhe vierem à mente.

Preste atenção ao fato de que o seu Eu Superior está muito mais preocupado com a essência do que com a forma. Concentrar-se nas qualidades – na *essência* do que você quer – dá ao seu Eu Superior a opção de criar uma *forma* que você não levou em consideração. Vamos dar um exemplo: você pode querer casar-se; porém, se esclarecer o que de fato espera de um relacionamento – talvez companheirismo, afeição, alegria, partilha, independência, participação nas despesas –, poderá descobrir que partilhar uma casa com amigos(as) íntimos(as) seria melhor até do que casar.

Por outro lado, muitas vezes sou bastante específica sobre detalhes (pois assim fico aberta a outras possibilidades). Antes de mudar para Dorset, preparei uma longa lista de "coisas essenciais" para a minha nova casa: um chalé característico de, ao menos, duzentos anos, duas grandes salas de recepção, bancos de carvalho, lareiras, jardim com frente para o sul em uma de duas vilas. E havia mais coisas que vou omitir aqui. Quando fui procurar uma casa, apenas fiz um telefonema e a primeira propriedade oferecida era a minha casa ideal. Programar pode evitar bastante o desperdício de tempo!

Em seguida, escreva *por que* você quer determinada coisa. (Pode desenhar outro mapa-aranha para isto.) Como é que aquilo que você deseja o ajudará a aprender e a crescer, a cumprir mais o seu potencial, ou ajudá-lo a aproveitar a vida? Está perfeitamente correto desejar algo interessante *para* você – enquanto for interessante *para você*. Aprender a criar o que queremos é uma oportunidade para descobrir o que *realmente* queremos, como o oposto daquilo que "a maioria das pessoas" quer; daquilo que estamos acostumados a querer; daquilo que a nossa família espera de nós ou daquilo que se ajusta a uma imagem que queremos projetar. É bem mais fácil criar um Sonho que de fato provenha do seu coração.

Tudo o que o nosso coração quer é "espiritual" em essência – quer se trate de um vaso de planta ou de uma máquina de lavar roupas. Num grupo de estudos, um homem perguntou se era correto "programar" um carro tipo esporte. Quando lhe perguntei o que um carro assim simbolizava para ele, respondeu: liberdade, mais poder, independência, prosperidade e diversão. Em outras palavras, o carro tipo esporte era um *símbolo* exterior para essas qualidades interiores. Portanto, ele poderia desenvolver essas qualidades *sem* ter um carro esporte? Sim, naturalmente – mas estamos aqui para nos *sintonizarmos* com o mundo material, não para nos retirarmos dele. Além disso, temos de compreender que a realidade física sempre é um símbolo

Processando: exemplos de mapas-aranha

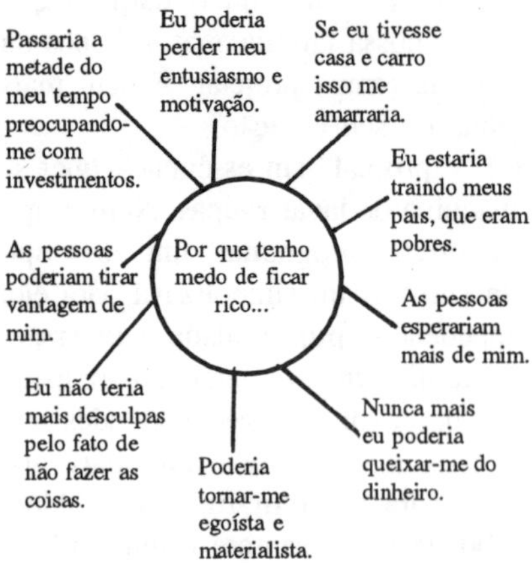

exterior do nosso mundo interior. A questão é *aprender como* criar o que queremos. Não importa levar muito a sério a "forma".

É importante ser *claro* e *persistente* sobre o que queremos. Muitas vezes falhamos em criar algo porque não estamos certos do que queremos, porque ficamos mudando de opinião, porque nos sentimos pouco à vontade em pedir. Num grupo de estudo com Emmanuel (canalizado por Pat Rodegast), estava lá uma mulher que havia sido declarada estéril. Ela perguntou se deveria simplesmente *aceitar* que ela não havia sido feita para ter filhos. Na resposta (que não se aplicaria a todas as mulheres "estéreis"), Emmanuel lhe disse que, às vezes, temos necessidade de "desenvolver a capacidade de nossos pulmões" chamando persistentemente pelo que queremos – e que isso pode ser uma lição decisiva em si mesma. (Emmanuel acrescentou que "via" duas pequenas almas fazendo suas malas!)

De modo semelhante, já encontrei, muitas vezes, clientes que querem um relacionamento compromissado e, no entanto, têm relações com homens casados ou têm seus amantes. Elas não têm certeza do que realmente querem. Visto que criamos a nossa própria realidade, a verdade é que essas pessoas "realmente" querem "ter um caso" e intimidade física, sem um compromisso dia a dia, ao menos por enquanto (ou "realmente" querem sentir emoções fortes ou sentir-se frustradas). Quando "realmente" queremos um relacionamento para valer, nós o conseguimos!

2.ª Etapa: Examine as suas crenças

Suponhamos que você queira criar X. Neste caso, o próximo passo é processar suas crenças e atitudes. Crie outro mapa-aranha e escreva no círculo: "Minha opinião sobre X é" – inclua pensamentos que lhe passam pela cabeça, o que seus pais costumam dizer, quaisquer lembranças que lhe venham à mente e mensagens que você ouve de amigos ou através dos meios de comunicação, bem como as crenças que "considera" suas. Parta em busca da surpresa e resista à tentação de "censurar" pensamentos que gostaria de não ter! O Eu Básico muitas vezes se apega às crenças muito tempo depois de o Eu Consciente ter se livrado delas.

O passo seguinte é observar a sua resistência. Sempre conseguimos o que queremos. Portanto, se você não está criando X, deve estar exercendo algum tipo de bloqueio. Você precisa deixar claro o que é que atravanca o seu caminho: crenças ou atitudes negativas, medos e dúvidas, raiva e ressentimento, culpa, sentimentos de desvalia, pena de si mesmo, desejo de punir os outros, sentir-se melhor do que os outros ou evitar responsabilidade.

No mapa-aranha seguinte escreva: "Por que não consigo ter X?" ou "O que me impede de obter X?" No final de cada perna do seu mapa-aranha escreva o que lhe vier à mente, como, por exemplo: Não posso mantê-lo. Não o mereço. Comigo os relacionamentos nunca dão certo. Estamos em período de recessão. Não tenho tido tempo. Minha infância me deixou confuso. Estou velho ou jovem demais. Não tenho talento suficiente. Já tenho responsabilidades demais. Quais são as desculpas que você apresenta a si mesmo?

Agora, prepare outro mapa-aranha e escreva no círculo: "Estou com medo de que, se conseguir X..." De novo, trace linhas partindo do círculo, e no final de cada uma, escreva o que lhe vier à mente. Surpreenda-se diante dos pensamentos que surgirem. Este é um bom modo de entender os medos que podem estar bloqueando você. (Outro mapa-aranha útil aqui é: "É melhor não ter X porque..." ou "O bom da minha situação atual é..." Por exemplo: Parece algo seguro; Posso sentir pena de mim mesmo; Vou ter ajuda dos outros; Tenho bastante tempo para ficar só.)

Agora mais um mapa-aranha: "As pessoas que têm X são..." Neste mapa escreva quaisquer pensamentos sobre as pessoas que têm um parceiro, ou um carro novo, ou o tipo de emprego que você está procurando. Muitas vezes, alimentamos crenças negativas sobre "esse tipo de pessoas", ou de alguma maneira nos vemos diferentes delas. Talvez, vendo-as absortas consigo mesmas ou trabalhando compulsivamente, ou aborrecidas, ou mais inteligentes, ou mais extrovertidas – o que nos bloqueia de obter o que queremos.

Se preferir, faça seus próprios mapas adicionais. As etapas 1 e 2 devem tomar menos do que uma hora do seu tempo. A essa altura, *se você tiver sido honesto consigo mesmo*, terá uma boa idéia de como e por que você está impedindo que aquilo que você quer se realize.

3.ª Etapa: Transforme os seus bloqueios interiores

Enquanto você preenchia o seu Círculo de Sonhos, talvez tenha notado uma voz interior criticando ou se opondo aos seus Sonhos, ou pequenas contrações de resistência no seu plexo solar. Visto que tudo o que existe manifesta amizade para com você, eu sempre imagino que esses bloqueios interiores estão tentando ajudá-lo de alguma forma. Na maioria das vezes, trata-se de aspectos do Eu Básico que estão buscando "manter-se seguros", ou que se sentem desmerecedores, ou estão lutando para cumprir roteiros e contratos prefixados. (Como o Eu Básico carrega lembranças de outras vidas, os bloqueios podem até mesmo provir de experiências traumáticas ou de votos feitos em outras vidas.) Uma vez reconhecidos e atualizados, esses bloqueios geralmente se mostram mais do que predispostos a ajudar, e esta etapa pode ser muito proveitosa.

Você pode usar a viagem interior do Capítulo 2, *Como enfrentar o Lutador*, para encontrar e transformar seus bloqueios interiores; ou você pode trabalhar diretamente com o seu Eu Básico. Habitualmente, encontro também a minha Criança interior para verificar como ela se sente acerca dos meus Sonhos. (Cuidado com a vozinha que lhe diz que pode pular esta etapa porque você já eliminou os seus bloqueios! Ela está tentando enganá-lo!)

Quando decidi atrair uma alma gêmea, fiz uma viagem interior para eliminar quaisquer bloqueios. Fui introduzida num pequeno escritório e saudada por uma secretária de cabelos negros, de óculos de aros grossos. Quando a informei sobre o meu propósito, ela consultou um fichário, passou os olhos experientes por ele e selecionou quatro fichas, duas das quais haviam sido muito manuseadas e estavam rasgadas. Ela explicou as objeções anotadas em cada ficha e disse que os reclamantes estavam dispostos a se encontrar comigo. Tudo se assemelhava bastante a um negócio.

Os primeiros que se opunham ao meu intento pertenciam a um grupo de freiras, sacerdotes, monges, iogues e eremitas, todos afirmando que eu havia feito voto de castidade. Tive de convencer a cada um deles que do amor, da intimidade e da dedicação eu poderia alcançar um crescimento espiritual e aprender a importância da sexualidade espiritualizada. Também lembrei-lhes que, *nesta* vida, eu não fizera nenhum voto de ficar solteira! Outra que tentou me impedir foi a minha musa criativa que me alertou sobre o fato de que eu sempre era menos criativa e produtiva quando me envolvia num relacionamento. Permiti mudar essa situação e pedi a ajuda da musa para encontrar um parceiro que estimulasse e apoiasse a minha criatividade. E assim por diante...

Alternativamente – ou adicionalmente – você pode se concentrar para mudar quaisquer pensamentos ou crenças negativos. Uma boa maneira de começar é usar afirmações – frases positivas que afirmam que o que você quer está se realizando, ou que atestem o contrário de quaisquer crenças ou medos negativos. (Volte a olhar para os seus mapas-aranha ou pense naquilo que os seus bloqueios interiores lhe contaram para ver o que tem de mudar.) Por exemplo:

- Agora estou atraindo um parceiro espiritual.
- O emprego perfeito agora faz parte da minha vida.
- Quanto mais dinheiro tenho, mais posso dar.
- Tudo o que eu realmente quiser eu posso conseguir.
- Este é o momento certo para eu vender a minha casa.
- Agora os meus relacionamentos são amorosos e protetores.

E assim por diante.

As afirmações devem ser curtas e objetivas. Se você usar afirmações longas, o seu Eu Básico adormecerá. Portanto, é importante escrever uma afirmação ou pronunciá-la em voz alta. Não causará tanto impacto como se você apenas pensasse nela. (Você pode anotá-la em fichas pequenas e fixá-las na porta da geladeira, no espelho, na escrivaninha, no rádio – onde quer que a possa ver muitas vezes.) Repita-a para si mesmo, *com sentimento*, tantas vezes quantas dela se lembrar.

Se você fizer uma afirmação enquanto anda no lugar, batendo a mão no joelho oposto ao da perna que se movimenta para dar o próximo "passo", isso "insere" a afirmação nos dois lados do cérebro (segundo a cinesiologia aplicada). Isso, inclusive, fará você se sentir muito tolo, o que provavelmente tornará o seu gesto mais marcante para o Eu Básico! Parece que funciona.

Naturalmente, não é bom proferir afirmações durante dez minutos por dia se você se mostrar repleto de medos e de dúvidas durante o resto do dia. O que pensamos durante 24 horas por dia é o que realmente conta. Todo pensamento é uma oração. Toda forma de pensamento é energia que é irradiada para o Universo em nosso nome. Afirmações só funcionam quando nós as usamos para modificar o nosso modo de pensar.

Se, antes de mais nada, uma afirmação parecer uma "mentira", isso só acontece porque nos identificamos com um aspecto limitado e negativo de nós mesmos. Fazer uso de afirmações nos ajuda a ressoar com aquela parte de nós que já "sabe" que a afirmação é verdadeira. Assim que fazemos essa mudança, a afirmação começa a parecer óbvia e supérflua – e a tarefa pode ser considerada acabada.

Se perceber medo ou dúvida passando pela sua mente, é importante não se criticar ou julgar, ou tentar suprimir essas realidades da mente. O pensamento brota do seu Eu Básico para ser curado. Portanto, *dê as boas-vindas* ao pensamento ("Oi, estou ouvindo você!"), envie amor e determinação para essa parte assustada ou cínica de você mesmo; diga que agora vai liberar o pensamento e, com delicadeza, substitua-o pela sua afirmação. Analogamente, se outra pessoa demonstrar medo ou dúvida, lembre-se de que eles estão refletindo o seu medo, a sua dúvida – e lide com isso da mesma maneira.

4.ª Etapa: Peça por ajuda invisível

A esta altura, você está certo do que quer e por que, e eliminou todos os bloqueios interiores. Agora está na hora de pedir ajuda ao seu Eu Superior, aos seus guias ou a outros amigos invisíveis (veja o Capítulo 7). Sintonize-se com o Espírito, e logo a seguir, mentalmente, peça o que quiser ou marque um encontro com seus amigos invisíveis numa viagem interior. Se sentir qualquer resistência em pedir o que quer ao seu Eu Superior, talvez o desejo não provenha do seu coração, ou talvez o seu Eu Básico esteja se apegando à culpa, ou a crenças limitadoras. Seja como for, você terá de refazer os seus passos até poder, livre e alegremente, pedir o que quer.

Às vezes, tudo o que temos de fazer é pedir. Quando viajei para Honolulu, fiz um pedido ao Espírito para encontrar um "bastão falante" no Havaí. (Bastão falante é o que vai passando pelos grupos, durante algum seminário, dando à pessoa que o segura o direito de falar sem ser interrompida.) Eu queria um bastão falante "feminino" – curvado, nodoso e fácil de segurar.

Procurei pelas praias do Havaí durante uma semana mais ou menos, sem ter sorte. Então, certa tarde, passei pela barraca de praia onde dormíamos – e parei, atônita. Em frente da barraca, como se tivesse sido colocado ali de propósito, estava um belo "bastão falante". (Eu não havia dito a ninguém que estava procurando por um bastão falante, e nem de longe havia visto algo semelhante no Havaí.) "Peça e lhe será dado." Agradeci ao Espírito e desde então tenho usado esse bastão nos meus seminários. Muitas pessoas falaram sobre a forte energia desse objeto.

5.ª Etapa: Programe o que você quer

Desejo, imaginação e expectativa puxam os nossos Sonhos na nossa direção. Estes são os ímãs que nos ajudam a criar o que queremos. Comece por escolher uma imagem que represente o seu Sonho. Se se tratar de um novo emprego, pode ser a de você instalado no seu novo escritório; se se tratar de um relacionamento de amor, a imagem pode ser de vocês dois andando de mãos dadas ao longo da praia ou preparando juntos um jantar; se quiser mais energia e vitalidade, a imagem pode ser a de você saltando da cama de madrugada, ou dançando até as primeiras horas da manhã... Você também pode ter várias imagens, em movimento ou paradas.

Visualize aquilo que você quer quantas vezes desejar e envolva todos os seus sentidos nisso. *Ouça* o barulho dos processadores de texto. *Cheire* a comida no fogo. *Sinta* em seus lábios o ar que vem do mar. *Sinta* a mão da pessoa amada nas suas. Torne isso real. Ao mesmo tempo, estimule fortes emoções de alegria e de desejo. Sinta o seu entusiasmo. Isso assegura que o seu Eu Básico está em harmonia com o seu Eu Consciente, que você não vai apenas "passar pelos impulsos". As emoções atuam como o pedal de um acelerador – quanto mais fortes as emoções, mais depressa você atrairá o que quer.

Apenas uma palavra de advertência: o seu desejo não pode ter conotação de desespero. Se você acredita que não pode sobreviver sem X, o seu Eu Superior provavelmente dirá, "Oh, sim, você pode!" e impedirá que X chegue até você – porque ele quer que você saiba que a sua felicidade *não* depende de ter um novo emprego, mais dinheiro ou um relacionamento íntimo. O desespero, em geral, *repele* o que queremos. Nossos desejos devem estar concentrados no nosso coração e não na necessidade de sobrevivência. É muito mais fácil manifestar um Sonho se a nossa atitude for "Eu realmente quero isto – mas, se não o conseguir também estará tudo bem. Posso ser feliz sem isso."

Não se esqueça da expectativa! Muitas vezes uso a analogia de acender uma luz. Quando a acendemos, *esperamos* que o quarto seja inundado de luz. Ao ligar a luz, não pensamos: "Oh, *espero* que esta luz funcione! Eu *quero* que funcione!" Apenas *esperamos* que funcione e, quase infalivelmente, funciona! No entanto, quando programamos nossos Sonhos, muitas vezes perdemos a fé e a confiança, e passamos, em vez disso, a "esperar". A esperança é um ímã muito mais fraco do que a expectativa.

A 5.ª Etapa também pode envolver rituais – como acender uma vela para o seu Sonho. O Eu Básico gosta de rituais e de cerimônias. Às vezes, eu seguro uma vela enquanto programo o que quero, para que a vela possa captar a energia. (Uso velas verdes para a prosperidade; velas cor-de-rosa para o amor e a cura; brancas ou amarelas para a criatividade e a inspiração. Você deve usar a cor que achar conveniente.) Então acendo a vela enquanto afirmo que, à medida que ela queima, a energia se irradiará para o universo e atrairá aquilo que estou pedindo, ou talvez algo ainda melhor. Sempre peço a ajuda do Espírito ao criar o meu Sonho – "a serviço de Todos os Nossos Amigos" ou "em nome do amor e da luz".

Se você praticar um ritual, sintonize-se com o Espírito e trate o ritual como um ato sagrado – mas também mantenha uma sensação de leveza e de alegria. Não se preocupe com o fato de estar "fazendo tudo corretamente". Enquanto o seu coração estiver no que está fazendo, está correto.

(Vez por outra, você pode pedir a uma outra pessoa para "ter uma visão" para você para ajudar a co-criar o que você quer. Diga a essa pessoa exatamente o que quer, e peça-lhe para desejar, imaginar e esperar isso para você – e/ou faça o mesmo para outros.)

6.ª Etapa: Libere o passado

Todo nascimento significa morrer para o nosso passado. Sempre que fazemos uma mudança em nossa vida, temos de liberar nossas velhas crenças, nossos antigos padrões emocionais, o nosso estilo de vida e/ou a nossa auto-imagem – e mesmo quando a mudança é positiva temos de lamentar o que aconteceu antes. (Muitas mulheres que sofrem de depressão após o parto, por exemplo, ficam se lamentando pela perda de liberdade e de independência, pela perda do seu eu anterior. Casar-se, divorciar-se ou começar um novo emprego, da mesma forma, é muitas vezes seguido de depressão durante algum tempo. A depressão, com freqüência, é uma resposta natural a uma mudança repentina de um estilo de vida – uma forma de lamentação.)

Ela ajuda a deixar bem claro *a que* é que você está renunciando, e a tomar a decisão consciente de desapegar-se do passado. Seja o que for que esteja tentando manifestar, faça uma lista do que terá de liberar. Então, avalie se as vantagens têm probabilidade de superar os custos ou se você está preparado para seguir o seu coração, sejam quais forem as conseqüências. Se for assim, procure você mesmo sentir tristeza por abandonar este estágio da sua vida. (Há alguns anos, quando fui obrigada a me mudar para Londres, compreendi que teria de vender minha casa em Devon, pela qual eu tinha grande apego. Certo dia, sentei-me no topo da escada e fiquei soluçando sem parar! No entanto, eu sabia que estava tomando a decisão correta.) Se bloquearmos a tristeza e outras emoções, isso pode nos impedir de mudar ou de criar o que desejamos, visto que a nossa energia ainda está "vazando" para o passado.

Se você está se livrando de uma situação *desagradável* – como por exemplo um emprego de que não gostava, um casamento violento, ou deixando de ocupar um pequeno quarto com apenas uma cama – é de vital importância certificar-se do que aprendeu com a experiência. Agradeça as lições aprendidas ou as forças e qualidades pessoais que desenvolveu, para que possa ir embora "de bem". (Amargura, culpa e ressentimento sempre nos amarram ao passado, o que significa que recriaremos uma situação semelhante no futuro.)

COMO LIBERAR O PASSADO

(A hora ideal para esta cerimônia do fogo é durante a Lua nova, ou durante um equinócio ou solstício, mas ela pode ser posta em prática a qualquer hora. Ela se originou nas tradições dos nativos norte-americanos.)

1. Estabeleça o que quer liberar. Talvez um relacionamento, uma casa, um comportamento do tempo de criança, o seu martírio, tristeza reprimida. Talvez você queira libertar-se de um futuro que visualizou certa vez, antes de a sua vida tomar um rumo inesperado. (Sintonize-se com o Espírito e pergunte: "O que preciso liberar?" – e então espere e ouça.) Deixe bem claro o que quer "dar à luz", o tipo de futuro que deseja criar.

2. Pegue uma vela, um ou dois pedaços de papel, uma caneta e um pote à prova de fogo – eu tenho uma caçarola especialmente para isto. Tenha também símbolo(s) de tudo aquilo de que você quer se livrar, como a fotografia de uma pessoa, uma velha gravata escolar, a chave de casa, um lenço verde para o ciúme, ou água salgada para a tristeza. Use a imaginação. Se tiver um objeto que já esteja "carregado" com a energia daquela pessoa, situação ou emoção, tanto melhor. Se não quiser queimar o objeto, ou se ele não puder ser queimado, anote aquilo de que quer se livrar num pedaço de papel. E num papel separado anote o que deseja criar.

3. Coloque a vela perto do pote à prova de fogo em cima de uma mesinha, do altar ou no chão mesmo. Você talvez queira enriquecer a atmosfera com música, incenso ou óleos. (Tradicionalmente, devemos ficar de frente para o Leste, o lugar onde o sol nasce, para esta cerimônia.) Acenda a vela e então entre em sintonia com o Espírito.

4. Chame o Espírito usando as palavras que lhe vierem à mente. Por exemplo, "Invoco os espíritos dos quatro pontos cardeais para ficarem comigo agora: os espíritos do Leste, do Oeste, do Sul e do Norte. Chamo os meus guias e outros amigos invisíveis. Invoco o Grande Espírito, Wakan-Tanka, Tudo o que É, para me ajudar a liberar o passado e dar nascimento ao futuro". Ou mais simplesmente: "Espírito, peço-lhe, esteja comigo para esta cerimônia de liberação."

5. Agora, pegue um dos símbolos que quer liberar, e fale do fundo do seu coração ao Espírito (em voz alta se for possível) sobre o que o símbolo representa, o que aprendeu com ele, e porque está pronto a liberá-lo. Então use a vela para atear fogo ao objeto (ou pedaço de papel) e queime-o no pote à prova de fogo.

Invoque o fogo para liberar e transformar os seus símbolos. "Invoco o Espírito do Fogo, e todos os meus amigos invisíveis, para me ajudarem a liberar-me do passado. Aprendi as lições, sou mais autêntico e estou pronto para continuar o meu caminho. Por favor, ajudem-me a me livrar do passado para que eu possa me encaminhar para o futuro com amor e alegria, de mãos dadas com o Espírito." (Use as palavras que considerar adequadas.)

Repita com cada símbolo, um por vez.

6. Ao liberar o passado, você criou um vazio, portanto preencha-o rapidamente com a sua visão do futuro. Pegue o pedaço de papel no qual escreveu o seu Sonho com relação ao futuro, diga ao Espírito o que deseja criar, peça pela ajuda invisível – e queime o papel no pote à prova de fogo.

7. Dê graças ao Espírito e apague a vela.

COMO LIBERAR O PASSADO (2)

Outro modo de liberar o passado é queimá-lo simbolicamente.

1. Encontre ou fabrique um objeto que simbolize o que você quer deixar para trás: talvez uma fotografia, um desenho, uma carta, uma moeda ou uma peça de roupa. (Evite tudo o que possa ser tóxico à Terra, se queimado.)

2. Vá a um lugar ao ar livre que você considere particularmente sagrado ou repleto de força. (Se for necessário dispêndio de tempo e de esforço para chegar lá, isso enfatiza a seriedade do que você está fazendo. Particularmente, eu amo a energia selvagem de Dartmoor, e tenho enterrado lá muitos objetos.) Pegue o seu objeto, um garfo ou colher de pedreiro, e algo como uma "devolução" à terra – talvez algumas ervas, ou um minúsculo cristal.

3. Tendo encontrado o seu lugar de força, sintonize-se com o Espírito e então cave um pequeno buraco na terra. Segurando o objeto simbólico, invoque os seus amigos invisíveis e fale de coração sobre o que o objeto simboliza, o que aprendeu nessa relação, nesse emprego, com esse hábito, padrão emocional ou período de sua vida, e por que quer se livrar dele. Se houver emoção a liberar, ou palavras que não foram ditas, você poderá proferi-las mentalmente, pronunciá-las aos gritos ou externá-las em meio ao choro ou ainda arremessá-las no buraco.

4. Quando estiver pronto, enterre o objeto no buraco, pisoteando a terra em cima do buraco e a terra ao redor dele. Afirme que está liberando este objeto simbólico entregando-o à terra, e peça à Mãe-Terra para aceitá-lo e transformá-lo.

5. Espalhe a sua "resolução" sobre o solo, ou a enterre no chão, dando graças enquanto faz isso. Sinta a sua nova liberdade enquanto se retira do local!

7.ª Etapa: Torne-se o seu Eu Futuro

Relaxe profundamente. Em seguida imagine que *é* o seu Eu Futuro, imagine que o seu Sonho se transformou em realidade. Observe como se sente. Então traga esses *sentimentos* para a sua vida como ela é agora, do jeito que puder. Por exemplo, se o seu Eu Futuro tem um parceiro, e se sente muito mais relaxado e confiante do que se sente agora, pense nos modos de tornar-se mais relaxado e confiante *agora* – talvez meditando regularmente ou tomando refeições bem completas de manhã, freqüentando aulas de auto-afirmação ou saindo para um passeio solitário todos os dias. Assim você atrairá um parceiro, porque está captando a energia, a freqüência vibracional ou o seu Eu Futuro. Como esse Eu Futuro tomaria um banho de chuveiro, se vestiria, iria fazer compras, comeria, teria vida social, pensaria sobre o trabalho? Tantas vezes quantas puder, tente *pensar*, *sentir* e *agir* como esse Eu Futuro.

O Eu Básico se impressiona com ações reais da vida neste mundo. Portanto, mesmo que tenha dúvidas, aja "como se" esperasse que seus Sonhos se tornem realidade. Por exemplo, se estiver vendendo a sua casa, comece a empacotar as coisas e marque a data da mudança na sua agenda. Se o seu Sonho for viajar ao redor do mundo, abra uma conta especial de poupança, compre alguns guias turísticos e comece a planejar o seu roteiro. Se estiver à procura de um parceiro arranje lugar em seu armário para as roupas dele, deixe livre uma prateleira no banheiro, mande fazer uma chave de reserva – talvez até mesmo ponha um lugar extra na sua mesa para o café da manhã! Jogue fora ou dê tudo o que não combinar com o seu "novo eu". Faça tudo o que achar necessário para convencer o seu Eu Básico de que isso vai acontecer, que a situação já está em fase de mudança.

(Algumas vezes isso acontece ao contrário. O Eu Básico pode enviar impulsos para você fazer algo, porque *ele* sabe que haverá uma mudança. Uma semana antes de eu me despedir do Health Service, eu estava limpando o meu escritório e jogando fora dúzias de documentos que não seriam mais necessários fora do Health Service. Na ocasião, eu nem tinha pensado em pedir demissão e nem imaginava o que poderia acontecer, mas foi bom o que aconteceu!)

Uma vez munido de esperança, nem é preciso dizer que você vai precisar dar alguns passos práticos tais como preparar-se para a entrevista de emprego, fazer uma revisão para os seus exames, colocar anúncio a respeito da venda de sua casa ou estabelecer contato com novas pessoas se quiser fazer novas amizades. *Podemos* fazer milagres, mas a vida ficará mais fácil se combinarmos a programação com uma abordagem prática!

8.ª Etapa: Prepare-se para receber

Pode parecer óbvio, mas há um pequeno detalhe ao tentar manifestar algo. O detalhe é o de estarmos preparados para aceitar o que se manifesta. Elspeth veio a um dos meus seminários a que dei o nome de "Como Atrair uma Alma Gêmea", e depois foi a um café em Hampstead. Quando estava sentada remoendo o seu desejo de ter uma alma gêmea, um homem atraente entrou no café – e sentou-se à mesa próxima à dela. Depois de alguns minutos, ele lhe sorriu, apontou para o jornal dobrado ao lado da xícara de café de Elspeth e perguntou: "Há algo de novo acontecendo no mundo?" Ela respondeu: "Eu não sei. Tome, fique com o meu jornal." Dito isto, ela pegou o casaco e desapareceu do café! Mais tarde, ela tomou consciência de que se tratara de uma experiência que fazia sentido, pois ela tinha a convicção de que estava aberta para encontrar alguém diferente, até chegar aquele momento de puro pânico!

Lazaris costuma dizer: "A vida é uma dádiva, e a nossa consiste em aprender como receber dádivas." Quantos de nós viram as costas às oportunidades, sentindo-se constrangidos em receber presentes ou elogios, subestimando o que já têm ou até negando que a própria vida é uma dádiva milagrosa.

Como nos sentimos indignos ou pouco merecedores, a tendência natural é tentar *ganhar* alguma coisa *trabalhando* para obtê-la em vez de procurar recebê-la de presente. No entanto, isto agora está se tornando para nós uma lição muito importante: aprender a receber. Nosso mundo precisa urgentemente da magia da dádiva.

Abrir-se para receber significa "alta magia" como o oposto de baixa magia ou magia complacente. (A "alta magia" é delineada nas etapas de 1 a 7, já expostas.) É a magia da Deusa a despertar. Entretanto, não se trata de um atalho para criar o que queremos. A *etapa seguinte*, a da baixa magia, oferece-nos possibilidades ainda mais maravilhosas, ou finalmente, eliminar os bloqueios que construímos *depois* de termos completado as etapas anteriores.

ABRIR-SE PARA RECEBER

(Esta é uma técnica eficaz que aprendi com Lazaris.[5]) Primeiro, decida o que está disposto a receber – talvez um trabalho de que goste, mais amor, ajuda para resolver um relacionamento difícil, liberar a sua autopiedade, um contato mais íntimo com o seu Eu Superior ou então decida se quer se "abrir para receber" benefícios em geral.

Relaxe profundamente e a seguir procure ou estabeleça contato com o seu guia (ou com o seu Eu Superior). (Veja Capítulo 7.) Pergunte ao seu guia como *começar* e como *terminar* este processo. O seu guia pode sugerir, por exemplo, que você se prepare tomando um banho de chuveiro e, logo depois, acendendo uma vela, e que termine plantando seis grãos de pimenta do reino no jardim, ou sair para passear ao luar.

Quando estiver pronto, prepare-se do modo que o seu guia sugeriu. Então relaxe profundamente e imagine que está num lugar tranqüilo ao ar livre. Use todos os seus sentidos para tomar consciência de si, ali, nesse lugar. Feito isso, descubra um modo de descer ao mundo subterrâneo, bem fundo no chão, talvez entrando por um túnel, uma caverna, num tronco de árvore ou procurando as águas de uma fonte! Observe as nesgas de luz carmesim no ponto de entrada para o Submundo.

Ao emergir na paisagem do Submundo, você será saudado pelo seu Eu Superior – que o levará para um lugar mágico. Diga ao seu Eu Superior o que quer receber. Então, simplesmente, deixe que aconteça. Você pode ou não estar consciente do que está acontecendo, mas não tem de *fazer nada*. Isso pode levar cinco minutos ou uma hora, mais ou menos.

Passado este tempo, saia da meditação, *sabendo* que você estava aberto para receber – e faça tudo o que o seu guia sugeriu para terminar o processo.

9.ª Etapa: Desapegue-se – e confie no processo da vida

Quando nos esforçamos para manifestar alguma coisa, habitualmente chega um dado momento em que o processo e a programação parecem completar-se. É o período de tempo em que a energia se retrai, momento em que parece desnecessário ou repetitivo continuar. (Pode levar apenas meia hora para alcançar este estágio ou algumas semanas. Talvez você tenha de se esforçar para passar por todas as oito etapas acima, ou apenas escolher duas ou três.) Neste ponto, desapegue-se e deixe tudo para a parte de trás de sua mente e prossiga com a sua vida.

Este estágio final de "desapego" parece ser decisivo. Ele libera a energia que armazenamos e permite que essa energia se manifeste como e quando quiser. Trata-se de um salto de fé, de confiança no processo da vida. O que você quer pode chegar mas não na *forma* que você espera, ou *exatamente* quando você imagina. Porém, se tiver completado o processo, o que você quiser *virá*, a menos que o seu Eu Superior tenha uma razão mais forte para bloqueá-lo.

Como não podemos ver o quadro da nossa vida na sua totalidade, há ocasiões em que precisamos ter confiança e nos submeter. Isso não significa que devamos ser passivos ou apáticos. Isto simplesmente significa que devemos saber que o que quer que aconteça é perfeito para o nosso crescimento. A metafísica não é um modo de predizer ou de controlar o futuro, nem de manipular as outras pessoas. É um meio prático de aprender, através da experiência, sobre a natureza mágica da nossa realidade.

É isso! Esse é o processo em nove etapas para criar aquilo que você quer. Se completar essas etapas, a essência do que você quer *virá* até você.

Naturalmente, muitas vezes passamos por essas etapas sem ter consciência do fato. Trata-se de um processo natural. Se você recordar uma época em que criou algo que queria – talvez a oferta de um emprego – pode ter passado por todas as etapas acima mencionadas sem perceber. Esforçar-se através das etapas significa "tornar mais lento" o processo da criação da realidade, de modo que possamos vê-la com mais nitidez.

Nem sempre é necessário passar por todas as nove etapas. Se você quer criar um ponto de repouso, por exemplo, em geral um passo é suficiente, bastando visualizá-lo e esperar por ele; ou, simplesmente, basta pedir e dizer: "Muito obrigado." Muitas vezes, trabalhamos muito mais do que precisamos!

Outra abordagem em uma etapa para manifestar algo é sentir-se grato pelo que se tem. Dar graças pode significar atrair mais da mesma coisa – quer se trate de amigos, de trabalho, de tempo de lazer, de boa saúde ou de prosperidade. (Na língua do Havaí, "abençoar algo" também significa "dar forças à".) A gratidão, portanto, é uma alternativa sadia para sentir-se culpado. Lembro-me de Bob Geldof, fundador da Band Aid. Perguntaram-lhe se se sentia culpado ao ver milhões de pessoas morrendo de fome na Etiópia e no Sudão: "Não," ele disse, "somente grato."

Assim que você tiver criado o seu Sonho – o emprego, a casa, a alma gêmea, o dinheiro, o bastão falante – *comemore!* Congratule-se, agradeça ao

Espírito, e aproveite! Então, passe algum tempo olhando para o modo *como* você criou aquilo. Você passou pelas nove etapas? Que etapa achou mais difícil? Consegue lembrar-se de uma hora em que o processo pareceu não funcionar? Se isso aconteceu, o que fez de diferente *nesse* momento? Aprenda tudo o que puder com o seu sucesso. Em seguida escolha outro Coelho Branco para caçar – e use o seu conhecimento para vencer esse novo desafio.

É importante ter Sonhos além do Sonho que você está focalizando. Por exemplo, se você está se dedicando a ver publicado o seu romance, e se convenceu de que, quando conseguir isso, será feliz e ficará contente pelo resto da vida, é provável que o seu livro nunca seja publicado – porque parte de você tem medo de vir a parar de crescer. É provável que a vida fique sem sentido e sem significado, ou que você venha a morrer. Este é um dos motivos pelos quais as pessoas muitas vezes "se prendem" a um problema durante toda a sua vida, muito tempo depois de terem resolvido todos os outros.

Se não temos problemas, não precisamos ter Sonhos – e à medida que nos aproximamos da realização desses Sonhos, temos de ter novos Sonhos; e, além de nossos Sonhos pessoais, precisamos ter Sonhos *globais*, para cuja realização nos esforçaremos da mesma maneira. O segredo da felicidade está em apreciar o processo, cheirando o perfume das rosas que estão no caminho, sabendo que a nossa viagem é o nosso destino.

Há a história do monge que se dedicou à busca de Deus. Ele orava e meditava durante longas horas todos os dias. Decorou textos, fez jejum até quase morrer de fome, tornou-se um eremita. Afinal, ele tentou de tudo. Certo dia, ao andar pela floresta, ele passou por uma cabana. Uma voz interior lhe disse que Deus estava dentro dela. Tudo o que tinha de fazer era entrar e sua busca estaria terminada. O monge ficou do lado de fora da cabana por um tempo bem longo. Em seguida virou-se – e, pé ante pé, ele foi embora...

Todos precisamos de um Coelho Branco para caçar.

5
Tudo o que existe é nosso amigo

O amor é como o sol quente a brilhar sobre a neve; ele derrete e desfaz quaisquer barreiras, qualquer tipo de sofrimento. Como o gelo, seus medos viram água e evaporam.

Orin[1]

Certa manhã, quando me sentei para meditar, eu me vi num grande deserto, na companhia de um Urso marrom. O Urso apontou para os quatro pontos cardeais e eu entendi que tínhamos trabalho sério a fazer! Meus planos para o dia foram postos de lado, e fui levada numa jornada épica interior durante as seis horas seguintes. Repetidas vezes me vi diante de bestas e dragões assustadores, soldados armados, grossas teias de aranha, pedras arredondadas que ameaçavam me achatar, fogo que ameaçava tragar-me, e muitos outros desafios.

Quando o final da jornada estava próximo, o Urso me disse que a partir daquele momento eu estava pronta a enfrentar o meu inimigo mais terrível. Preparei-me, imaginando o que me esperava – e cuidadosamente, espiei por entre os muros de pedra cinzenta do castelo. Então vi o meu inimigo – e um arrepio me correu pela espinha. Sentada em um banco de madeira, tranqüilamente lendo um livro, eu vi *a mim mesma!*

Como criamos a nossa realidade, o único "inimigo" que temos somos nós mesmos. Como todos sabemos, a vida nem sempre é doçura e luz – quer pessoal quer globalmente –, mas isso não acontece porque somos visceralmente confusos, nem porque Deus destinou isto para nós, nem porque a vida, supostamente, deve ser difícil. Isso acontece porque não estamos em harmonia com nós mesmos, porque nos recusamos a amar e a aceitar partes da nossa personalidade.

Ao aprender a amar a nós mesmos, ao enlaçar todos os aspectos de nós mesmos num abraço caloroso, podemos diluir todos os monstros interiores que destroem a nossa paz de espírito ou nos impedem de realizar nossos Sonhos: nosso medo e nossas dúvidas, nosso ressentimento, nossa culpa, a pena que temos de nós mesmos, a importância que damos a nós mesmos, nossa insegurança, nosso apego ao passado, a necessidade de aprovação, todos os nossos problemas secretos e programas ocultos. E se estivermos em harmonia com nós mesmos, estaremos em harmonia com os outros e com o nosso mundo.

Nossos monstros estão sempre tentando nos ajudar à sua maneira. Tudo o que existe é nosso amigo. Alguns de nossos *eus* interiores têm apenas três ou quatro anos de idade e não sabem como lidar com a vida de adulto. Contudo, *estão* agindo da melhor maneira possível. Se deixarmos de lutar contra eles, se deixarmos de nos esconder deles, ou de nos identificar com eles e, se em vez disso, nos tornarmos amigos deles, esses nossos "inimigos" – interiores e exteriores – podem ser magicamente transformados em nossos aliados.

EM BUSCA DE AMOR E DE APROVAÇÃO

Para uma criança pequena, a necessidade de aprovação é tão importante quanto a necessidade de comida e de proteção. Afinal, se os nossos pais e os outros adultos não nos aprovarem, poderemos ser ignorados, violentados ou mesmo abandonados. (E se uma criança é maltratada, ela geralmente acredita que a culpa é dela mesma, e que somente se aprender a ser "boa" a violência cessará.) É assim que aprendemos a nos conformar, a destruir partes de nós mesmos para sermos "bonzinhos", a fim de que os "Adultos" gostem de nós.

O problema é que quando chegamos aos 20, aos 30, aos 40 ou aos 50 anos, muitos de nós *ainda* estão se comportando como se os outros adultos fossem Gente Grande. Nesse caso, ainda estamos fazendo um esforço para ser "bons" e continuamos inventando maneiras de buscar amor e aprovação com o que aprendemos na infância – como se o mundo pudesse parar de girar se nos atrevêssemos a ser honestos, se ousássemos ser verdadeiros, seguindo o nosso coração.

Primeiro e acima de tudo, quase todos aprendemos a suprimir, a negar e a distorcer as emoções. Elas são o modo de o nosso Eu Básico criar equilíbrio interior e harmonia em resposta à vida de todos os dias. A tristeza é a resposta natural à dor, à perda e ao luto. A raiva é a resposta saudável à injustiça ou à falta de respeito. O medo é uma resposta natural à ameaça e ao perigo. As emoções só se transformam em "monstros" quando são *reprimidas*.

Infelizmente algumas pessoas têm usado a filosofia da Nova Era como desculpa para negar as assim chamadas emoções "negativas" – para negar sua tristeza, mágoa, raiva, medo, solidão, vulnerabilidade, desapontamento e anseios – sob o pretexto de serem positivas ou de "buscarem o lado ensolarado da rua". Mas, assim que optamos por ser humanos, lidando com toda sorte de emoções, a profundidade e a intensidade das emoções se transformaram em parte do contrato. Temos de aprender a dar as boas-vindas e a respeitar *todas* as nossas emoções para nos tornarmos uma totalidade.

A e-moção é energia-em-movimento e foi projetada para fluir através de nós, *levando-nos* a fazer seja o que for que tenhamos de fazer: chorar, gritar, correr, rir, pular de alegria. Nossas emoções nos ajudam a manter o equilíbrio. Se você vir uma criança chorando, vai observar que os olhos dela se encherão rapidamente de lágrimas: ela soluça – então, de um momento para outro, ela sorri e sai correndo outra vez. As emoções passam por ela, ela as expressa e elas se vão. É assim que tem de ser. Isso é emoção sadia em ação.

Infelizmente a maioria de nós aprende na primeira infância que nossas emoções têm de ser abafadas. Não é "bonito" ficar com raiva. É uma infantilidade chorar. É covardia sentir medo. Se formos barulhentos e alegres, isso significa aborrecimento. "Seja bonzinho!" é o aviso constante. Assim, lentamente, aprendemos a ser "bons", em vez de sermos nós mesmos. Tudo porque queremos ser amados.

Quando ficamos adultos, quase todos nos tornamos peritos em esconder nossas emoções. Ficamos tensos, respiramos superficialmente, usamos drogas, trabalhamos demais e adquirimos outros vícios. Em vez de deixar que as emoções fluam, para restaurar o equilíbrio do corpo, elas se transformam em energia bloqueada criando uma série de problemas. Quando as emoções são abafadas, distorcidas, disfarçadas ou escondidas de uma forma ou de outra, a energia é transformada em monstros interiores – desde a depressão até a autopiedade, desde o medo paralisante até a autojustificação, da doença física ao vício.

RAIVA REPRIMIDA

Falemos da raiva, por exemplo. Ela está destinada a ser um agente do auto-respeito e da auto-afirmação, uma força construtiva para a mudança pessoal e global. Trata-se de uma energia maravilhosa e forte se deixarem que ela flua. Ela nos motiva a agir. Mas, se resistirmos à raiva – dizendo a nós mesmos que ela não é bonita nem espiritual, ou que não temos o direito de ficar com raiva, então a emoção pode se transformar em fogo sem chamas que, silenciosamente, vai se instalando por horas, semanas ou anos.

A raiva reprimida – como qualquer emoção – tem de vir à tona mais cedo ou mais tarde. Temos de *sentir* a nossa raiva. Caso contrário, ela se transforma num monstro. Os sinais mais evidentes da raiva reprimida são a depressão e/ou a ansiedade, a pena de nós mesmos, a culpa e o ressentimento, a vergonha, a apatia e a inércia, o sarcasmo e a irritabilidade, a luta e o martírio, a dependência de drogas, do álcool, do trabalho, do sexo, da comida, etc.; os acidentes (muitas vezes como expressão de raiva voltada contra si mesmo), o câncer, a artrite e outras doenças (veja Capítulo 6), a entrega a paixões ou à violência e à agressão. (A violência *não* é pura e simplesmente uma expressão da raiva, mas um sintoma de raiva e medo reprimidos que eventualmente explodiu.) Visto que o mundo é um espelho, notar quaisquer desses sinais nas pessoas à nossa volta pode indicar raiva reprimida!

Uma técnica para liberar a raiva é escrever uma carta muito zangada, incontida à(s) pessoa(s) envolvida(s) – e, em seguida, queimá-la ou jogá-la no vaso sanitário. (Resista à tentação de enviá-la pelo correio!) Ou soque um travesseiro ou um saco de pancadas, respire profundamente, e simplesmente finja que está zangado até que a e-moção comece a surgir e adquira vida própria. Ou vá fazer *jogging* e grite – interiormente se houver pessoas ao redor – no ritmo, a cada passo: "Eu odeio você!" – ou "Como ousou?" – ou seja lá o que for que a sua Criança interior queira gritar.

Não tente perdoar alguém que o feriu, ou entender por que você provocou um fato traumático, enquanto não lidar *primeiro* com a sua raiva, com a sua mágoa e outras emoções. Sempre cuide do seu Eu Básico antes de "subir ao nível" do seu Eu Superior. Caso contrário você será o causador de mais fatos que trarão essas emoções à tona.

A raiva não tem de ser racional, não tem de ser razoável. As emoções simplesmente *existem*. Ao sentir a sua raiva, você está respeitando a sua Criança interior, o seu Eu Básico. Você está reconquistando parte da sua totalidade. Se você apenas *pensar*: "Não há nenhum mal em sentir raiva" – o seu Eu Básico provavelmente não levará você a sério, mas, ao empreender uma *ação* física – escrever cartas, socar travesseiros –, você dá uma mensagem clara ao seu Eu Básico de que agora está certo sentir raiva, de que as regras mudaram.

Você também pode encontrar a sua Criança interior na meditação e permitir que ela expresse a raiva da maneira que ela quiser. (Minha Criança interior gosta de quebrar porcelana; portanto, às vezes, eu lhe reservo algumas mesas longas cobertas de toalhas brancas repletas da *melhor* porcelana para ela quebrar! Algumas vezes ela prefere estourar balões de gás.) Se a sua Criança interior quiser bater na pessoa que a feriu, até isso é aceitável no mundo interior – *se a sua intenção for expressar a sua raiva e não magoar a outra pessoa*. O que conta é sempre a sua intenção. Se você está com medo de explodir ao começar a socar uma almofada, uma viagem interior pode ser um modo seguro de liberar a sua raiva.

Pode ser apropriado manifestar sua raiva diante da pessoa que o deixou zangado. Nesse caso, procure fazer um trabalho limpo. "A raiva pura" é simplesmente uma expressão de como nos sentimos. ("Estou muito zangado e ferido porque você me criticou na frente dos meus amigos.") A raiva "suja" tende a ser deliberadamente dolorosa e manipuladora, contaminada pela necessidade de envergonhar e de punir. Em geral, concentra-se na outra pessoa em vez de se concentrar em seus próprios sentimentos. ("Você sempre é tão crítico e negativo. Qual é o seu problema? Por que está tão determinado a destruir a confiança que eu tenho em mim mesmo?") Isto deixa a outra pessoa na defensiva e é pouco provável que ela resolva o assunto.

Se a sua *intenção* for a de ferir, será aconselhável esperar até esfriar a raiva antes de dizer alguma coisa. Será que a sua raiva de fato está dirigida para aquela pessoa, ou você está nutrindo ressentimentos do passado? Ou as emoções estão refletindo um aspecto desagradável de você mesmo? Respeitar as nossas emoções significa reconhecê-las, assumir a responsabilidade por elas e *então* decidir que rumo tomar. Não significa arremessá-las contra quem quer que esteja na linha de fogo! Afinal, ninguém pode nos obrigar a *sentir* uma emoção.

O MEDO COMO UM MONSTRINHO OU DUENDE

Se um rinoceronte furioso, ou um caminhão de dez toneladas estiver vindo na nossa direção é normal sentir medo. O medo é a nossa resposta natural ao perigo; ele estimula a adrenalina de forma que podemos nos movimentar rapidamente e escapar à ameaça. Até aqui, tudo bem. O medo é simplesmente um estado de alta energia – um estado de excitação que nos prepara para a ação, ou nos impede de assumir riscos.

Sempre que nos deparamos com a possibilidade de crescimento e de mudança sentimos medo, porque estamos enfrentando o desconhecido. Pesquisas mostram que as pessoas têm melhor desempenho quando estão moderadamente ansiosas – o medo, a excitação tiram o melhor de dentro de nós. O medo não é o problema. O importante é o que fazemos com o nosso medo.

Pediram a Nancy que fizesse uma palestra sobre seu assunto preferido. Enquanto espera para falar, o coração dela bate forte, a boca está um pouco seca e ela sente borboletas se debatendo no seu estômago. Estaria nervosa? "Não", diz ela, sorrindo. "Estou estimulada." Barbara dá uma palestra no mesmo evento. O coração dela pulsa fortemente, a boca está um pouco seca e ela sente borboletas agitando-se no seu estômago. "Está nervosa?" "Sim, estou petrificada," ela se queixa. "Não sei se vou conseguir fazer a palestra. Nunca, nunca mais farei isto outra vez!" Fisiologicamente, a resposta delas é a mesma – mas Nancy *interpreta* sua emoção como estímulo, e a usa para motivar-se, ao passo que Barbara interpreta o *mesmo* sentimento como terror, bloqueia a energia e fica paralisada.

Quando optamos por crescer através da alegria, temos de aprender a gostar do medo! Crescer através da alegria, perseguir nossos Sonhos significa enfrentar constantemente novos desafios, novas oportunidades, novas situações. Significa mergulhar fundo, em vez de ficar chapinhando ao longo da praia. Significa enfrentar o medo. O problema é se escolhemos *rotulá-lo* como medo, o que pode nos paralisar, ou se o consideramos como o "zumbido" da excitação, o que nos leva a agir. Se inspirarmos profundamente e *fluirmos com* a energia do medo ou da excitação, o medo sempre nos dá forças e capacidade.

O medo vem da nossa ilusão de separatividade. Ele vem do fato de esquecermos que nós criamos a nossa própria realidade. Quando temos presente a lembrança – sabendo que criamos tudo, sabendo que somos amados, sabendo que a única verdadeira realidade é o amor – como poderemos sentir medo?

Em uma viagem interior, surgiu uma leoa vinda da montanha e me disse que o medo estava bloqueando o meu progresso. Ela foi me conduzindo em uma perigosa jornada ao longo do precipício, descendo pelas profundezas de uma garganta e através de rápidas corredeiras. Ela me perguntou se eu estava com medo. "Não," respondi. "Sempre me sinto segura no mundo interior." A leoa então, retrucou: "Então, por que sente medo no mundo exterior que você também cria do mesmo modo?" – Esta observação marcava um ponto a favor dela.

Um meio de apaziguar o medo é fazer algo que nos apavora, como andar sobre o fogo, saltar de pára-quedas, falar em público, matar uma aranha, aprender a dirigir um carro, dizer a alguém que você o ama ou pedir uma promoção. É surpreendente como isso dá uma sensação de liberdade.

Outra maneira de lidar com o medo é imaginar o pior que lhe possa acontecer. O que poderia acontecer de pior? Do que tem realmente medo? Imagine a situação em tons tão vivos quanto puder – então (a coisa mais importante) *visualize-se lidando com a situação* e vencendo. Aconteça o que acontecer, nós a criamos – e podemos enfrentá-la. Entretanto, muitas vezes sentimos necessidade de convencer o nosso Eu Básico. Se fizermos isso, não teremos necessidade de criar o cenário de medo em nossa "vida real".

O medo é como um ímã, portanto, aquilo com que nos preocupamos acerca do futuro está sendo atraído por nós. Todo pensamento é uma oração! Assim, é importante reconhecer e liberar nossas preocupações e medos. Se eu notar uma preocupação adejando sobre a minha mente, eu a assopro para as minhas mãos como se estivesse segurando um pássaro assustado. Em seguida, entro em sintonia com o Espírito, inalo confiança e otimismo e sopro essas forças para minhas mãos para curar e transformar o medo. Ou, então, eu simplesmente coloco uma cruz vermelha cortando a imagem mental – e sorrio placidamente para convencer o meu Eu Básico de que o medo é infundado. Lançar a luz da percepção sobre nossos medos muitas vezes é tudo o que é necessário para desfazer as sombras.

VERGONHA E CULPA

Outro monstrinho que deve ser enfrentado é o fato de sentir-nos envergonhados ou culpados – o que muitas vezes nos impede de perseguir nossos Sonhos. Sem que você saiba, o seu Eu Básico pode disfarçar a culpa por ter roubado um pirulito da confeitaria há trinta anos, e assim, deliberadamente, ele impede que você tenha dinheiro para gastar, ou que monte o seu próprio negócio. Ou ele pode estar envergonhado simplesmente por estar vivo, pois certa vez ouviu dizer que a sua mãe quase morreu durante o parto; isso pode causar-lhe crises de asma, porque você reluta em respirar.

O Eu Básico não pode raciocinar como adulto. Por isso, os sentimentos de vergonha e de culpa que ele tem podem ser persistentes, irracionais e muitas vezes puritanos. Muitos adultos se sentem "culpados" por terem férias, por tomarem um sorvete, por praticarem sexo, por dizerem não a um pedido, por serem bem-humorados, por saírem a passeio, por não meditarem regularmente, por fazerem uma pausa para o lanche, por irem dormir tarde, e mil outros atos inócuos, simplesmente porque estão se apegando à vergonha e à culpa provenientes da infância e que se estenderam até a vida adulta.

A culpa, muitas vezes, é um ressentimento mascarado. Quando nos sentimos zangados, mas achamos que não temos o "direito" de nos sentir assim, a raiva, não raro, se transforma em culpa. (Frank Lake[2] usa a feliz expressão "complicar as coisas" para descrever a tendência de agir de acordo com o que consideramos ser nosso dever ou nossa obrigação em vez de seguirmos nosso coração.) Neste caso, lidar com a culpa significa reconhecer e liberar a raiva.

COMO LIBERAR A CULPA E A VERGONHA

Relaxe profundamente e imagine-se em um lugar dominado pela paz e em plena natureza; peça para o seu Eu Básico acompanhar você para mostrar-lhe lembranças que o deixam envergonhado ou o façam sentir-se culpado. Reafirme-lhe que não importa o que ele lhe mostrar; você só lhe enviará amor e perdão. Em seguida, sente-se e espere pacientemente...

As respostas podem surgir como lembranças, imagens, pensamentos, sentimentos, sensações ou símbolos. Seja o que for que apareça, sinta amor pelo Eu Básico. Se acontecimentos muito especiais lhe vierem à mente, você, quem sabe, pode oferecer uma nova perspectiva amorosa para o seu Eu Básico. Mostre ao seu Eu Básico como você estava ferido, assustado, com ciúmes, ou como era jovem na ocasião. Por outro lado, você pode até transformar outra vez a culpa em raiva. Você também pode deixar bem claro para o seu Eu Básico que é normal cometer erros, e mostre-lhe quais as lições que aprendeu com a situação então existente. Você também pode convencer o seu Eu Básico de que não há nada do que se culpar, visto que ele não causou mal algum, ou faça-o entender que ele é amado simplesmente por existir. (Eventualmente, o Eu Básico pode querer que façamos algumas correções caso tivermos magoado alguém, mas na maioria das vezes ele se contenta em ser perdoado.)

Pergunte se há algo mais a ser liberado, até que cada lembrança tenha sido esclarecida, até o dia de hoje. (Talvez isso requeira duas ou mais sessões.)

Agora, junto com o seu Eu Básico, vá em busca de uma fonte – uma fonte mágica feita de cristal, com a água caindo em cascatas. É a Fonte da Graça. À medida que entrar nessa fonte reluzente com o seu Eu Básico, mergulhando em suas águas, você será liberado do passado, perdoando a si mesmo e aos outros. Saberá que está destinado a estar neste planeta, e saberá que é amado. Banhe-se na Fonte da Graça até de fato *sentir* essa mudança emocional. Então, volte suavemente ao presente.

DÚVIDA E CONFUSÃO

A dúvida tem um lado positivo e um negativo. Do lado negativo, a dúvida pode estar disfarçada de medo. Ela pode vir a ser uma desculpa para não mudar a nossa vida ou as nossas crenças. ("Não mudarei enquanto tiver dúvidas sobre se tudo o que estou fazendo está correto." "Eu não acreditarei nisso, a não ser que você consiga prová-lo para mim.") A dúvida pode ser uma maneira de apegar-se ao passado.

O lado positivo da dúvida é que ela nos faz pensar. Se alguém disser a você que há pessoas que estão canalizando uma baleia azul de Antares; que outras pessoas somente o traíram porque você abusara delas em outra vida; que Deus tem horror ao controle da natalidade ou à homossexualidade, convém ser cético! A dúvida pode impedir que sejamos ingênuos. Por outro lado, se alguém que parece sensível e inteligente lhe contar que as fadas e os elfos existem, talvez seja oportuno duvidar do seu próprio "bom senso" e manter uma mente aberta.

A dúvida pode nos ajudar a fazer uma pausa, a consultar nossa sabedoria interior e a integrar nosso intelecto e intuição. Ela nos ajuda a propor novas questões, a rever nossas velhas crenças e atitudes e a desafiar o dogma. (Penso sempre em Germaine Greer. Ela disse que sempre tenta confundir seus alunos, pois quando eles ficam confusos, começam a pensar.) Nossas crenças sempre precisam ser flexíveis e abertas à mudança. Nada está escrito em tábuas de pedra. Finalmente, até mesmo a crença de que criamos a nossa própria realidade um dia será ultrapassada por uma verdade ainda mais elevada.

Durante os meus anos como psicóloga clínica, lembro de alcançar pontos de grande clareza acerca do meu trabalho. Mas, novos clientes chegavam e com eles surgiam novas idéias e eu, novamente, via-me arrastada pela confusão. Pouco a pouco, à medida que eu conseguia formar cada vez mais dessas espirais, cheguei a bendizer esses períodos de paradoxo e de confusão criativa – que continuam até hoje.

Um dos meus mestres espirituais, DaBen,[3] chega a dizer que a confusão é um estado espiritual muito elevado. Afinal, é um sinal de que velhas estruturas estão sendo desafiadas, que a certeza anterior deu lugar à dúvida. Desse abalo, algo novo está propenso a nascer.

PRETENSÃO

Outro monstrinho interior é a pretensão – que é apenas um meio distorcido de pedir amor. O Ego gosta de se inflar, de se ver como diferente ou "especial" a fim de lidar com sentimentos de desvalorização e manter os outros a uma distância razoável. O Ego é como uma criança que usa os sapatos dos pais, tentando se sentir Gente Grande, mas percebendo intimamente que se trata de uma farsa. (Sentir-se "especial" é diferente de ter um sentimento de orgulho pessoal sadio.)

Nos círculos espirituais, a pretensão pode assumir a forma de afetação ou zelo sobre o crescimento espiritual, ou de ver nossos serviços como indispensáveis, ou até mesmo acreditar que estamos destinados a salvar o planeta! Em viagens interiores, as pessoas, às vezes, encontram personagens caricatos. Já percebi que, muitas vezes, isso é uma mensagem para que elas "se tornem mais despreocupadas" e parem de se levar tão a sério.

Um sintoma comum da pretensão é estar "ocupado demais" e não encontrar tempo para relaxar e se divertir. (Haverá algo *realmente mais* importante para fazer do que brincar com um filho, acariciar o seu cachorro ou contemplar o pôr-do-sol?) Estar muito ocupado freqüentemente significa o mesmo que perfeccionismo: achar que você, a sua vida ou o seu trabalho devam ser "perfeitos". O perfeccionismo não é uma virtude. É um modo de buscar aprovação, de tentar sentir-se "melhor do que os outros", para desafiar a vergonha e o demérito pessoais. É um caminho de crescimento através da luta. Visto que os perfeccionistas nunca estão satisfeitos, eles nunca estão em paz consigo mesmos, nunca são capazes de amar a si mesmos e nunca serão capazes de aceitar os outros como eles são.

O outro lado da moeda é a falsa humildade – o que eu chamo de "síndrome do verme miserável". ("Oh, não, eu possivelmente não poderia..." "Por que ele quer perder tempo *comigo*?" "Não sou, nem de longe, tão talentoso quanto os outros.") Muitos de nós nos preocupamos em não nos tornarmos arrogantes ou egoístas. Entretanto, a falsa humildade é outra forma de vaidade e de egocentrismo – e impede muitas pessoas de realizarem sua meta de vida. Muitas vezes, trata-se de uma boa desculpa para ficar seguro evitando novos desafios, ou para ficar preso na vergonha da nossa autopiedade.

Outro sinal da pretensão é tornar complicadas ou difíceis as coisas simples. Nosso Ego gosta da idéia de incontáveis anos de psicanálise, rituais mágicos complexos ou religiosos, jargão incompreensível e psicogíria – para não falar de uma luta árdua! O Ego está sempre tentando com valentia impressionar (numa desajeitada tentativa de proteger e de curar a Criança interior). Esse é o esforço do Ego para se sentir melhor do que as outras pessoas.

Um excelente remédio para a pretensão – quer nos sintamos "mais do que" ou "menos do que" os outros – é aprender que é bom rir de nós mesmos, é injetar um sentimento de alegria em tudo o que fizermos. Sempre que me surpreendo sendo séria demais, pomposa, perfeccionista, compulsiva pelo trabalho, ou brincando de "verme miserável", simplesmente começo a gargalhar de mim mesma. Sempre funciona!

VÍTIMAS E MÁRTIRES

Quando somos muito jovens, muitas vezes achamos arriscado expressar sentimentos como mágoa e raiva. Afinal, Gente Grande provavelmente não aprovaria isso – e então o que aconteceria? Um jeito comum de lidar com eles é converter esses sentimentos em pena de si mesmo e em correção pessoal. ("Não é justo! Tentei tanto e ninguém gosta de mim!") Quando ficamos adultos, esse padrão, muitas vezes, se transforma num modo habitual de estar no mundo. Aprendemos a jogar os perigosos jogos da vítima ou do mártir.

As vítimas desperdiçam sua força por culpar os outros, o passado, o governo, as circunstâncias, o destino, ou a má sorte pelo que acontece em sua vida. Tristemente, muitas vítimas criam um desastre após o outro. Isso porque este é o único modo que conhecem de pedir amor e apoio e de liberar sua dor, sua raiva. Sempre que sentimos pena de nós mesmos – como adultos na sociedade ocidental – ou sempre que nos queixamos de que isso "só acontece conosco", e que não podemos controlar as circunstâncias, estamos brincando de vítima.

O martírio é uma versão mais sofisticada da vitimização – a versão adolescente de um brinquedo infantil – mas é tão pernicioso quanto o outro. Ao mesmo tempo que as vítimas tendem a se lamentar, os mártires sofrem um bocado! Sempre que nos sentimos, *ainda que supostamente,* assoberbados pelas responsabilidades, injustiçados, desesperançados, incompreendidos ou desconsiderados, estamos brincando de mártir. ("Tenho tanto o que fazer, mas, seja como for, darei um jeito." "Não, estou muito bem, não se preocupe comigo!") O mártir honesto dentro de nós acha que é sinal de santidade lutar. Muitas vezes ele nega que algo esteja errado, é muito defensivo e tende a provocar mal-estar nos outros. Os mártires raramente aceitam ajuda e apoio, visto que não querem demonstrar gratidão para com ninguém. ("Obrigado, mas eu já tentei fazer isso", "Não, eu posso dar um jeito!") Enquanto as vítimas tendem a se concentrar no passado, os mártires vivem para um futuro dourado que sempre está além do seu alcance.

Tom foi declarado inadimplente três vezes e, recentemente, perdeu sua casa ("Acho que eu sou é azarado!"), mas está sempre disposto a ajudar os outros. Ele atrai "almas penadas" que precisam de ajuda; prazerosamente empresta-lhes dinheiro que não pode gastar – e raramente o recebe de volta. Tom fica preso ao triângulo "vítima-salvador-perseguidor". Ele ajuda os outros numa tentativa de elevar a sua baixa auto-estima, ao mesmo tempo que se "mantém seguro" por conservar-se a distância – e, em vez disso, torna-se um mártir/salvador. (Se não amamos a nós mesmos e se não nos sentimos fortalecidos, como poderemos amar e fortalecer os outros?)

Há uma linha tênue entre ajudar alguém e tirar-lhe a força, reforçando o seu papel de vítima; e sempre que nos sentimos "melhor do que" ou "pior do que" a outra pessoa, não podemos ajudá-la realmente. Quanto mais tentarmos "salvar" alguém, paradoxalmente mais *bloqueamos* a mudança; e, com demasiada facilidade, trocamos de papel e nos tornamos o perseguidor, à medida que o ressentimento surge em ambos os lados.

A vítima do martírio é especialmente um tipo comum entre os profissionais de aconselhamento e as donas de casa, cuja vida gravita em torno das necessidades dos outros, embora todos tenham uma tendência para este papel. E, por trás de tudo isso, há uma criança magoada e zangada – com medo da intimidade, ainda que esteja ansiando por amor.

O APEGO AO PASSADO

O único risco de entrar em contato com emoções refreadas é que isso pode se tornar um vício. Depois de reprimir a raiva ou a tristeza durante anos, aprender a socar travesseiros, a gritar ou chorar, de fato faz bem. Faz-nos sentir vivos – quase como o "pico" ao usar uma droga. É então que vamos buscar cada vez mais traumas do passado (ou explorar os mesmos traumas vezes seguidas), porque estamos envolvidos. Podemos transformar-nos em neuróticos profissionais, "elaborando o passado" como uma vocação para a vida toda, e construir nossas amizades com base na participação de problemas e da miséria.

Infelizmente, mergulhar nas trevas não nos deixa necessariamente mais próximos da luz – e pode ser uma forma disfarçada de autopiedade. Nós conseguimos aquilo em que nos concentramos. Portanto, se nos concentrarmos unicamente em problemas (e no passado), em vez de nos concentrarmos em soluções (e no futuro), só atrairemos mais problemas, já que estamos recriando constantemente o nosso passado. Assim, colocamo-nos na condição de criar novas lembranças traumáticas para "elaborar".

Entre os Alcoólicos Anônimos, fala-se de sentar-se sobre o "pote de piedade" – repleto de justo ressentimento. Não tenho dúvida de que conheci pessoas que choraram ou se enraiveceram durante anos, sem de fato mudar, porque elas não estão liberando sofrimento, tristeza e raiva genuínos – e aprendendo com isso – porém estão estagnadas com pena de si mesmas.

Toda a vantagem de liberar nossas emoções e desalojar nossos "grilos" é o fato de darmos adeus ao passado e estarmos totalmente presentes no aqui-e-agora. Os nativos norte-americanos falam em "apagar a história pessoal" a fim de libertar-nos – ou seja, eliminar tudo o que nos ligue ao passado. Se valorizarmos o passado – culpando a nossa infância, nossos pais ou culpando o que aconteceu ontem ou há dez anos pelos nossos sentimentos de hoje ou pela situação atual – é então que nós nos condenamos a repetir os velhos padrões vezes seguidas.

Vale a pena lembrar que todos os nossos monstrinhos nada mais são do que expressões confusas de necessidades básicas da nossa infância: a necessidade de segurança e a necessidade de amor. Todo problema é a tentativa de uma solução. Reprimimos a nossa raiva, nossa tristeza porque ansiamos por amor. O medo nos torna imobilizados. Chegamos a apegar-nos ao passado porque queremos nos sentir seguros. Tornamo-nos trabalhadores compulsivos porque estamos tentando "colher" amor e respeito e não sentimos que merecemos amor simplesmente porque existimos. Enchemo-nos de vanglória porque este é um meio de manter a distância os nossos medos, anseios e a raiva de nós mesmos. À medida que nos conscientizamos de nossos "grilos" internos, temos de ser compreensivos com nós mesmos – lembrando-nos de que é o amor-próprio que cura e transforma, e não a autocrítica.

Sejam quais forem os nossos "grilos", o primeiro passo é o de tornar-nos conscientes deles e reconhecê-los como nossos. Isso pode exigir uma grande dose de coragem e de honestidade, visto que é muito mais fácil enganar a nós mesmos dizendo que estamos nos saindo muito bem; que "não sentimos mais ansiedade ou depressão do que a média das pessoas"; que "podemos parar de beber, de comer demais, ou comer de menos, a qualquer momento", ou que trabalhamos dia e noite porque "gostamos disso". Não podemos amar e curar os nossos "grilos" se fingirmos que eles não existem! Antes de mais nada diga "alô" aos seus "grilos".

O segundo passo é transformar outra vez cada "grilo" em sua saudável forma original (se necessário, com a ajuda de um bom conselheiro ou terapeuta). Registremos alguns exemplos:

- Se você está deprimido, de que é que tem raiva? Que perda ou mudança você está lamentando? De que forma você está bloqueando o seu crescimento e a sua mudança?
- Se se sentir ansioso, de que emoções está fugindo? Como pode usar essas emoções de forma positiva? Como pode fazer mudanças em sua vida? Se transformar a sua ansiedade em excitação, a que o conduzirá esta última? Que mudanças você tem medo de fazer ou que decisões tem receio de tomar? Como você pode amar e agradar a sua medrosa Criança interior?

- Se você é um trabalhador compulsivo, quem está tentando impressionar? O amor de quem você quer? O que está evitando, ao dedicar tanto tempo ao trabalho? O que você acha que pode acontecer se relaxar e se procurar desapegar-se das coisas?
- Se sente pena de si mesmo, transforme a pena em raiva outra vez, e deixe a energia fluir. Use a emoção para tomar conta da sua vida, em vez de esperar que alguém venha salvá-lo, ou em vez de ficar se lamentando do passado, ou em vez de viver só de devaneios com relação ao futuro.
- Se você tem uma fome incontrolável, não se engane achando que o seu problema tem que ver com a comida e com o peso. Olhe para os problemas *reais*: a brecha entre o seu eu social e o seu eu privado; a sua crença de que o seu Eu Básico é indigno de amor; a sua incapacidade de manifestar de uma vez a raiva, ou de afirmar as próprias necessidades; o seu medo da intimidade e o anseio por ser amado.

Sempre que se sentir mal, irritado, aborrecido, deprimido ou apático, ou sempre que notar algum "grilo" à espreita, a abordagem mais simples é "enfrentar a situação". Pare de se distrair com ocupações, guloseimas, televisão ou pessoas – e pare de se criticar por ter "grilos". Em vez disso, sente-se tranqüilamente para refletir.

Imagine irradiações saindo de você mesmo, ao mesmo tempo que se concentra em seu coração e no campo do plexo solar. (Lembro-me de que, quando adolescente, usei as expressões "Grande Eu" e "Pequeno Eu" para descrever esta experiência de expandir a percepção na direção do nosso Eu Superior, ao mesmo tempo que permanece a consciência do Eu Básico. Algumas vezes imaginei que o meu Grande Eu estava sentado na Lua, olhando para baixo, para o meu Pequeno Eu – o que, em geral, ajudava a enquadrar a vida numa certa perspectiva.) O ponto mais importante aqui é parar de se *identificar* com uma emoção ou pensamento ("Estou desesperado," "Eu estou assustado") e, em vez disso, ampliar o horizonte da nossa consciência ("Parte de mim sente desespero," "Minha Criança interior está com medo"). Dessa maneira, não nos sentiremos mais oprimidos ou descontrolados.

Uma vez que você consiga penetrar no seu "Grande Eu", poderá pedir ao seu Eu Básico que diga qual é o problema real. Então, espere com paciência. A raiva, a tristeza, a mágoa, o ciúme, a solidão ou outros sentimentos podem fervilhar na superfície. O mesmo pode ocorrer com lembranças, sensações corporais ou necessidades e desejos suprimidos. Seja o que for que venha à tona, dê-lhe as *boas-vindas*. Se amarmos e respeitarmos qualquer emoção, permitindo que sua energia flua profundamente através de nós, ela quase imediatamente começa a mudar. *Suprimir* emoções é que provoca sofrimento.

As trevas têm de ser vistas,
não como uma ameaça,
mas como uma oportunidade
de amar.

Emmanuel[4]

ASSUMINDO A NOSSA SOMBRA

Sempre que sentimos que alguma parte de nós mesmos é inaceitável, ela fica escondida bem no nosso interior – para ressurgir apenas de forma disfarçada anos mais tarde. Seja qual for a forma que tomar, nosso lado de Sombra finalmente voltará para nos assustar. Enquanto isso, ele pode se transformar em "grilos" que podem vir como a depressão ou a dúvida a respeito de nós mesmos, e ressurgir como doenças, "acidentes" ou traumas, ou aparecer como um "espelho" no mundo exterior – tudo como uma maneira de chamar a nossa atenção.

Se você está rodeado de gente mal-humorada no trabalho, na família ou na vida social – talvez esteja reprimindo a sua raiva. Se o seu chefe vive criticando você, talvez você tenha algum problema não-resolvido com alguém revestido de autoridade que não o apoiou, e o seu chefe solicitamente está chamando a sua atenção para o fato. Se você está aborrecido com os amigos ou colegas que representam o papel de vítimas – sempre se queixando, sempre com pena de si mesmos e sempre culpando os outros – pense: por acaso você também já não caiu nessa e está fazendo o papel de vítima? Será que você não está sendo o melhor amigo da vítima, um mártir?

O mundo exterior é um espelho do mundo interior. Portanto, tudo o que vemos "lá fora" reflete o nosso eu interior. Nossos inimigos sempre são os nossos mestres, que caminham na nossa direção, pois eles podem nos ajudar a reconquistar a nossa integridade, a reconhecer e a curar nossos "grilos".

Costumo ter um adesivo dos *Friends of the Earth* (Amigos da Terra) colado no meu carro. Certo dia, encontrei uma nota rabiscada na janela do lado do motorista. O texto, naquela caligrafia ruim, dizia: "De quem você está zombando? Você não pode ser 'verde' e guiar um carro!" Imediatamente, enchi-me de raiva e de culpa, resmungando em voz baixa sobre todo o trabalho que havia feito para os *Friends of the Earth*, e imaginando que tipo de justiceiro "mais verde do que os verdes" podia ter feito uma coisa dessas. Meu mártir havia sido cativado! Bem depressa, compreendi, com uma sensação de desagrado, que a outra pessoa devia ser um espelho – e que, se eu fosse honesta, *estava* sendo um pouco "santa demais" em minha vida naquela ocasião. Foi por isso que o meu carro atraiu aquela nota!

Tudo o que nos aborrece, irrita ou desagrada em outra pessoa, com certeza é um aspecto da nossa Sombra – e, um passo de vital importância na harmonização com o nosso lado de Sombra é reconhecer a Criança interior assustada, dependente e vulnerável escondida por trás do que manifesta. Quase todos os comportamentos "difíceis" – da arrogância ao egoísmo, da fanfarronice à tendência de ter pena de si mesmo, do perfeccionismo à subserviência – são um modo distorcido de pedir amor e aprovação, no intuito de proteger a Criança interior, ajudando-a a sentir-se "suficientemente boa" ou a expressar os seus sentimentos. Assim que possamos ver através desse disfarce, reconhecendo o que está acontecendo, torna-se muito mais fácil aceitar o comportamento – em nós mesmos ou nas outras pessoas – e assim, quase sempre, o padrão muda.

O jogo da vida, às vezes, é visto como uma batalha entre as forças do bem e do mal. No entanto, a única batalha acontece entre o amor e o medo. Não há pessoas más – há somente pessoas com uma Criança interior ferida, que vive com medo e isolada, e que tenta *forçar os outros a partilhar* de sua dor para que possam sentir como ela se sente mal. A única "treva" é o medo e a ignorância – e, se lançarmos a Luz do amor, da consciência e da sabedoria sobre a nossa treva, tudo o que resta é Luz. À medida que aprendemos a amar e a aceitar todos os aspectos de nós mesmos, não temos mais de projetar "inimigos" para o mundo exterior.

Naturalmente, outras pessoas também podem espelhar aspectos *positivos* da nossa sombra. Natalie veio me ver porque faltava-lhe confiança em si mesma. Parte do problema era ela ter dois filhos crescidos: um deles era muito inteligente e de vasta cultura, e o outro igualmente inteligente e um estudioso exemplar. Diante deles, Natalie sentia-se ingênua e tola. Eu lhe disse que o mundo é um espelho e que seus filhos estavam refletindo aspectos do seu lado de Sombra – a sua sabedoria, a sua inteligência –, exatamente o que ela estava negando.

Se nos lembrarmos de que o mundo é um espelho, é impossível cair em *qualquer um* desses dois extremos: ser críticos e preconceituosos *ou* idealizar os outros, já que sabemos que *cada um* é um aspecto da nossa totalidade. Somos todos uma Unidade. Ficamos todos pasmos com o nosso reflexo!

PARA ASSUMIR A SUA SOMBRA

Relaxe profundamente e imagine que está sozinho em casa. A noite é escura, sem luar, e você tem apenas uma vela para iluminar o seu caminho. Use todos os seus sentidos para se ver ali e comece a observar as coisas. Dentro da casa você descobrirá todos os seus *eus* de Sombra – as partes de você mesmo que escondeu durante anos, e que precisa reintegrar à sua personalidade.

Primeiro, reúna toda a sua coragem e desça ao porão (que simboliza a infância, o passado distante). À bruxuleante luz da vela, procure os *eus* da Sombra – que podem surgir de qualquer forma, desde um fantasma até um duende, de um mago até uma pomba, de um soldado até uma criança aleijada, de um vampiro até uma vovó de contos de fada. (Você pode saber ou não o que cada um representa.) Saúde cada *eu* da Sombra de modo amigável, dizendo que veio para levá-lo para a Luz. Continue a busca, até ter certeza de que vasculhou todo o porão; em seguida, peça aos seus *eus* da Sombra para subirem ao andar térreo e siga-os até lá.

Repita o mesmo processo no andar térreo (que simboliza a sua vida atual e a vida adulta) saudando os *eus* da Sombra que estavam guardados. Faça buscas cuidadosas em estantes, armários, cantos escuros – em todo lugar.

Agora peça a *todos* os seus *eus* da Sombra para subirem ao sótão (que simboliza o seu futuro e o seu Eu Superior). Quando tiver certeza de que todos subiram, siga-os. O sótão tem grandes janelas e está inundado de luz. Forme um círculo com seus muitos *eus* e dê-lhes as boas-vindas por estarem na sua consciência. Dance e celebre a sua recém-encontrada totalidade! Então volte calmamente para o quarto.

(Esta viagem interior é baseada em um sonho que tive várias vezes, durante anos, sobre uma casa assombrada. Quando, por fim, tomei coragem de reentrar na casa num sonho desperto, e encontrei os meus *eus* da Sombra, a experiência foi forte e tocante. Desde então, tenho usado a viagem em muitos seminários.)

CONTRATOS PSÍQUICOS

Outro tipo de "grilo" é o "contrato psíquico" – um acordo feito há muito tempo em nível subconsciente com o fim de granjear amor e proteção (sobretudo dos pais). Contratos psíquicos, muitas vezes, são assinados quando se tem três anos de idade, e podem ser muito irracionais – porém, uma subcláusula de cada contrato é que nos *esquecemos* de que assinamos o nosso nome com sangue, e é por isso que nos mantemos fiéis a ele, sem ter consciência do fato.

Exemplos de um contrato psíquico podem ser: "Prometo que nunca farei um casamento feliz, visto que você e papai não foram felizes." "Prometo que não terei uma carreira bem-sucedida *e* um casamento feliz, visto que você sacrificou a sua carreira por minha causa." "Prometo que nunca deixarei você." "Prometo que a minha vida sempre será de luta, como a sua." "Prometo que nunca ficarei zangado." "Prometo ter sucesso somente em coisas que você aprova." "Prometo que eu nunca crescerei de verdade." É desnecessário dizer que esses contratos ou promessas podem ter um efeito devastador sobre a nossa vida adulta.

No nível da alma, um contrato psíquico sempre é nosso amigo. Ele oferece uma oportunidade para aprender uma lição importante – assim como a diferença entre o amor e o martírio, como a busca pela aprovação pode bloquear o nosso crescimento ou a necessidade de assumir responsabilidade por nós mesmos. Muitos de nossos relacionamentos – com os pais, com amigos, com amantes, com colegas ou com nossos vizinhos – estão apoiados por um "contrato psíquico", o que pode tornar-se o tema central do relacionamento. Por exemplo, uma pessoa pode concordar em ser o "perseguidor" e a outra "a vítima", ou um casal pode representar dramas acerca de confiança e traição, ou assuntos de interdependência ou liberdade e responsabilidade.

(Naturalmente, contratos psíquicos são apenas uma fonte das dificuldades de relacionamento. Outra fonte comum são as *crenças* limitadoras ou negativas tais como: "Ninguém vai gostar de mim de verdade." "Se alguém me amar, ele sempre saberá automaticamente do que preciso e como me sinto." "As pessoas nunca ficam zangadas quando o relacionamento é bom." "Se houver um problema, sempre é culpa dele ou dela." "Se eu me tornar muito íntimo de alguém, eles morrerão ou me abandonarão." "Todos os homens são iguais ao meu pai / todas as mulheres são iguais à minha mãe." – e assim por diante.)

O padrão de Carole era de sempre escolher homens que não estavam dispostos a se comprometer. Ela agora havia se apaixonado por um homem com quem esperava casar, mas ele parecia estar fugindo – e Carole estava determinada a entender e resolver essa situação. Em uma viagem interior, Carole pediu por um símbolo para o seu relacionamento, e se viu perto de uma cachoeira. Um belo globo dourado surgiu girando da água que corria rapidamente, e ela o apanhou com uma sensação de encanto. Compreendeu então que estava segurando o globo tão apertadamente que ele não conseguia mais girar, e sua beleza esfuziante se tornou opaca. Assim, ela o soltou outra vez e o deixou voar. A mensagem era clara: desapegue-se e confie.

Há um ditado zen que diz: "Agarre segurando com leveza, solte apertando." Quanto mais nos apegarmos a um relacionamento ou a um objeto, mais provável será que o percamos. Temos de aprender a receber com as mãos abertas, deixando cada pessoa e tudo livre para entrar ou *sair* da nossa vida – sabendo que tudo o que acontecer está perfeito. (Num relacionamento íntimo, isso proporciona um ar de confiança e de autoconfiança que, em geral, atrai a outra pessoa!)

Outro comportamento comum é desperdiçar nossa força insistindo que é a *outra pessoa* que tem de mudar... Na tradição de Sêneca, sempre que alguém aponta o dedo acusadoramente, três dedos apontam de volta – é você que tem de mudar! (Olívia costumava desprezar o marido por ele ser "fraco e dependente"; mas quando ele a abandonou, ela viu-se obrigada a enfrentar suas próprias necessidades de dependência. Ela compreendeu que estava rejeitando a sua Criança interior há anos e a projetara sobre o marido.)

Assim que um parceiro aprendeu a lição – talvez a honestidade e a franqueza, o respeito próprio, a desistência de ter pena de si mesmo, o aprendizado de ser íntimo, a assunção da responsabilidade, o desapego, a maneira de lidar com a raiva de forma construtiva, é então que o contrato se dissolve. (Para um contrato ter efeito é preciso que haja duas pessoas.) Neste ponto, o relacionamento pode terminar, ou mudar para um novo nível de intimidade e comprometimento.

Em qualquer relacionamento pessoal, nossa verdadeira tarefa é aprender a amar: como amar e respeitar a nós mesmos, e como amar e respeitar a outra pessoa. Muitas vezes estagnamos porque temos medo de machucar os outros se mudarmos – talvez ao aprender a manifestar raiva, ao ficar mais independentes ou ao terminar o relacionamento. Habitualmente, a verdade é que estamos com medo.

A lei espiritual diz que sempre que optamos por crescer, sempre que seguimos o nosso coração, está acontecendo a melhor opção para quem estiver envolvido. Se você decidir desfazer um casamento que não está funcionando mais, por exemplo, ele não está funcionando para nenhum dos dois (e nem para os filhos) – mesmo que o seu cônjuge proteste em caráter pessoal, e lhe peça para ficar. Se você decidir mudar de emprego, a despeito de o seu chefe atual ou dos colegas afirmarem que "precisam" de você, você está dando *a eles* a oportunidade de crescer e de mudar. Em qualquer situação em geral há uma pessoa mais disposta a crescer, mais disposta a assumir um risco. O problema fundamental é se estamos agindo levados pelo medo ou pelo ressentimento, e talvez obedecendo a padrões e contratos subconscientes. Por outro lado, também é possível que estejamos ouvindo o nosso coração.

COMO DESCOBRIR SEUS CONTRATOS PSÍQUICOS

Relaxe profundamente e imagine que está numa praia deserta. Use todos os seus sentidos para avivar a cena. Contemple o oceano, ouça as ondas arrebentando na praia, sinta a textura da areia, experimente o ar com sabor de sal que vem do mar.

Agora descubra um jeito de descer para o centro da terra. Talvez você encontre uma abertura na praia que o leve para baixo através de uma escada sinuosa feita de arenito. Quem sabe você poderá entrar em uma caverna e descobrir uma passagem que dê acesso às profundezas da terra. Também pode ser possível que você mergulhe nas ondas e nade até o fundo do mar. Use a imaginação e descubra um modo de descer até as camadas inferiores do submundo.

Assim que emergir na paisagem do mundo inferior (ou na paisagem do mar), procure um lugar de encontro adequado – onde se sinta seguro e confortável. Agora diga *três vezes seguidas* para você mesmo(a): "Estou pronto a relembrar e a liberar meus contratos psíquicos." Então mentalmente peça à sua mãe e ao seu pai interiores para o acompanharem. (Eles podem chegar juntos ou separados, e podem ou não parecer-se com os seus pais verdadeiros.) Pergunte a cada um por vez: "Fiz um contrato psíquico com você que ainda está causando efeito?" Eles lhe responderão sim ou não. Se a resposta for sim, pergunte se eles lhe revelarão qual foi. Se a resposta for não, comece a adivinhar qual poderia ter sido o teor desse contrato. Ao analisar sua conduta, provavelmente você poderá fazer algumas adivinhações perspicazes ou pedir a ajuda do seu guia. Continue tentando até sua mãe e seu pai interiores confirmarem os contratos que você fez.

O passo seguinte é esclarecer as lições que você precisa aprender, de forma que não tenha de aprender essas lições de outras maneiras. (Novamente, você pode querer chamar o seu guia ou o seu Eu Superior para o ajudar.) Como você saberá que aprendeu essas lições? Como se sentirá, pensará ou agirá diferentemente como resultado?

Agora, se quiser encerrar o(s) contrato(s), fale com seus pais interiores sobre o porquê de ter feito o contrato. Faça-os ver que você só tinha três anos de idade e que esse foi o seu jeito de buscar amor e aprovação. Fale-lhes sobre o impacto negativo que o contrato está exercendo sobre a sua vida – e veja se eles podem liberar você.

Eles podem argumentar que o contrato está protegendo você de desapontamentos e do fracasso, ou do perigo das relações íntimas. Se for assim, reafirme-lhes que você pode lidar com as conseqüências da rescisão do contrato.

Assim que eles concordarem, peça aos seus pais interiores para lhe entregarem o(s) contrato(s) escrito(s) em um rolo de pergaminho e assinado por você. Pegue cada contrato, leia-o e, em seguida, rasgue-o em pedacinhos. Segure os pedaços em suas mãos e certifique-se de que o contrato acabou. De repente, o vento começa a soprar e o contrato sai voando como pó que desaparece no ar. Agradeça à sua mãe e ao seu pai interiores pela ajuda. E então, calmamente, volte para o seu quarto. (Se quiser, anote o seu contrato num pedaço de papel e, então, queime-o em meio a um ritual.)

Tenha fé em si mesmo, pois você é um ser de Luz;
Tenha fé no universo, pois ele é amoroso e abundante;
E tudo o que acontece é perfeito para você alcançar o
seu crescimento.

Celeste[5]

Todo acontecimento é uma oportunidade que criamos para aprender e crescer. Se aprendemos a lição e agimos de acordo, a situação mudará. Se não aprendemos a lição, ou não aprendemos a lição certa, a situação se repetirá em diferentes cenários até que o façamos – não porque estamos nos intimidando ou punindo, mas porque queremos aprender e crescer.

O crescimento tende a acontecer em espirais. Enfrentamos um desafio num nível, parecemos resolvê-lo, ele torna a aparecer num nível mais elevado, e assim por diante. Podemos dar um salto quântico no crescimento – talvez devido a uma introvisão repentina, uma viagem interior, uma experiência mística, um seminário, um livro inspirador. Então, em questão de horas, de dias ou semanas, pode *parecer* que estamos voltando para o lugar onde começamos. É hora do processo mais lento de *integração*: nova introvisão, sabedoria ou experiência em nossa vida cotidiana, em níveis cada vez mais profundos.

As lições que escolhemos podem ser sobre a mudança de nossas crenças, a ruptura de contratos psíquicos, o confronto com nossos medos ou o aprendizado da expressão construtiva da raiva, o desenvolvimento de confiança e fé, a assunção de responsabilidade, o fato de sermos honestos com nós mesmos, a cura da nossa Criança interior, a aceitação da nossa Sombra, a disponibilidade para receber ou equilibrar nossa energia masculina e feminina, ou seja lá o que for.

Quando, finalmente, estivermos prontos para liberar um velho padrão, algumas vezes ele ressurgirá na superfície, ainda mais forte do que antes – como uma oportunidade de apoio para confirmar que *realmente* aprendemos a lição! Da mesma maneira, se tomarmos a decisão de mudar, todos os tipos de medos e dúvidas não-resolvidos voltam à tona. Neste ponto, muitas vezes aparece o que Bartholomew[6] chama de "comitê de desencorajamento" – amigos, família e outros que aconselham a ter mais cuidado. São eles que ficam aborrecidos, que franzem as sobrancelhas ou desfazem nossos planos. Temos de lembrar que todos são nossos amigos, e que apenas estão refletindo os nossos próprios medos e dúvidas. Nossa tarefa é agradecer-lhes silenciosamente pelo fato de serem "espelhos". Em seguida, devemos seguir nossos corações.

DANDO OUVIDOS A MURMÚRIOS

O mundo não está cheio de fatos ocasionais, sem significado. Todo aspecto da nossa realidade física é rico em significado e importância – até mesmo as notícias nacionais e internacionais que "costumamos" ouvir por acaso, ou trechos de conversação. E mais, se aprendermos a "ouvir os murmúrios", então o nosso Eu Superior não tem por que ficar gritando conosco. Ele não terá de enviar as mesmas mensagens em formas mais altas, mais óbvias (e mais perturbadoras), tais como doenças, acidentes e outros traumas.[7]

Assim que aprendemos a ver o mundo exterior como um *símbolo* – como um sonho que criamos – nós verdadeiramente adotamos a magia de viver. Uma nódoa no chão da cozinha pode ser, por exemplo, um "murmúrio" sobre tristeza ou sofrimento não-resolvidos; uma multa por alta velocidade pode ser um lembrete para "tornar mais lento" o nosso passo na vida. Um *ticket* de estacionamento pode ser um aviso sobre o apego ao passado, ou por "ficar um tempo excessivamente longo em um lugar". Coisas podres e secas no celeiro podem ser uma mensagem sobre negócios inacabados da infância que estão "nos roendo". Derrapar com o carro numa poça d'água pode simbolizar "deslizar sobre a superfície de nossas emoções". O fogo pode representar o *desejo* conflitante e o *medo* da mudança – junto com a crença de que o crescimento tem de ser traumático. (Observe o incêndio no castelo de Windsor no dia do aniversário de casamento da Rainha, depois de um ano de extraordinário "crescimento através da luta" para a Família Real!)

A sabedoria sufi fala em necessidade de "bater incessantemente à porta de Deus" – mas, na minha opinião, Deus/Deusa batem incessantemente à *nossa* porta, basta que tenhamos ouvidos para ouvir e olhos para ver. Todo acontecimento, toda situação, todo desafio, toda oportunidade, toda emoção, todo desejo, todo medo, toda pessoa que encontramos, cada palavra que ouvimos está perfeitamente destinada para nos ajudar a aprender e a crescer. Tudo é nosso amigo. Tudo está destinado a nos ajudar no nosso caminho para Casa.

Não temos de aprender da forma mais difícil. Não estamos destinados a lutar com nós mesmos ou com os outros. Podemos aprender com alegria, amor, riso e facilidade. Uma partida ocasional de tênis, por exemplo, pode oferecer lições sobre equilíbrio, confiança, autoconfiança, o fato de ficar no presente momento em harmonia com o nosso Eu Básico, disciplina, cooperação e pensamento positivo. Alternativamente, podemos optar por aprender essas *mesmas* lições enfrentando lutas e dificuldades em nossa vida.

Isso não significa que devamos nos deixar abater se criamos "problemas" – nem nos devemos sentir superiores e convencidos quando a vida vai bem! Uma das armadilhas da metafísica é a crença de que a vida tem de ser sempre perfeita, já que criamos tudo. *Se fôssemos perfeitos, não estaríamos aqui!* A realidade é que a vida, muitas vezes, é confusa, deixa-nos perplexos, e é repleta de surpresas, tanto que às vezes nos sentimos tristes, zangados ou dominados pelo medo, visto que nem sempre criamos o que desejamos – e, mais ainda, *tudo isso está absolutamente correto!*

6
A linguagem do corpo

O corpo tem o seu próprio espírito!

Deepak Chopra[4]

Uma amiga minha e eu demos um jeito de nos encontrar em uma loja no norte de Londres. Quando nos sentamos a uma mesa, Marie gemeu de dor, e eu lhe perguntei o que estava errado. Ela me disse que seu joelho esquerdo estava muito inchado. "Você está zangada com a sua mãe?", perguntei, com um leve acento de ironia. Ela olhou para mim, surpresa, e perguntou como eu sabia. Aparentemente, a mãe dela havia telefonado dois dias antes, oferecendo-se para ficar por duas semanas com Marie e, como de costume, ela se sentira incapaz de dizer não – um comportamento igual àquele da infância. Em algumas horas, seu joelho começara a inchar... Muitas vezes o joelho retém as assim chamadas emoções "negativas", tais como mágoa e ressentimento, especialmente da infância: o lado esquerdo do corpo é o lado "feminino", ou a mãe; e inflamação, com freqüência, significa o "calor" da raiva. Assim, fiz uma adivinhação consciente de que Marie estava zangada com a mãe.

O corpo sempre é nosso amigo. Se ele fica doente, ou se manifesta sintomas físicos, está tentando nos dizer alguma coisa. Nosso trabalho é descobrir qual é a mensagem, e agir. Então os sintomas tendem a desaparecer – em geral, imediatamente.

Infelizmente, o modelo biomédico – a visão científica ocidental da doença – através de uma lavagem cerebral nos levou a ver as doenças e as moléstias como um acontecimento casual, sem significado. Somos abatidos pela "gripe", ou somos "vítimas" do câncer ou das doenças cardíacas – como se fôssemos os ocupantes infelizes de uma máquina falível e imprevisível. Se você tiver uma dor de cabeça, tome uma aspirina e o problema estará resolvido! Se seu apêndice se inflamar, extraia-o e... problema resolvido! Os sintomas não passam de um sinal de que o seu corpo "não está funcionando bem". Segundo este modelo, não há necessidade de fazer a pergunta-chave do *porquê* você adoeceu, ou o que a doença poderia significar, ou como o seu corpo pode estar tentando ajudá-lo. Você simplesmente remove os sintomas – usando drogas, cirurgia ou radiação. E fim da história.

Segundo o modelo biomédico, a doença é apenas uma experiência desagradável e infeliz, que pode ser remediada com "produtos químicos" e especialistas. Certamente, a doença não é uma oportunidade espontânea para aprender e crescer. Como conseqüência, grande parte do nosso sofrimento é desperdiçada, porque "não recebemos a mensagem". Apesar do grande aumento de gastos nos cuidados com a saúde, nossa saúde não está melhorando.

Não é que o modelo médico esteja "errado", mas sim a sua visão é que é muito limitada. Queremos, de fato, descobrir a cura da AIDS, por exemplo, destinando bilhões de libras para a pesquisa microbiológica? Ou acaso a resposta estará muito mais em examinar nossas atitudes negativas relacionadas com a sexualidade, enfrentando nosso medo, culpa, vergonha e preconceito, aprendendo a amar e a cuidar uns dos outros como seres humanos, sejam quais forem as nossas "diferenças" – e tornando-nos mais conscientes do impacto da mente sobre o sistema imunológico?

O corpo não é uma máquina, nem mesmo um feixe de elementos bioquímicos, mas um sistema consciente de energia. E mais: nós o criamos! Estranho como possa parecer, *nós criamos* o corpo físico, momento a momento, com a força da nossa consciência. A consciência cria qualquer coisa. O corpo é apenas uma forma de pensamento altamente energizada. Portanto, nenhuma doença ou sintoma pode ser gratuito ou insignificante. Ela é uma resposta direta ao seu eu interior, um espelho do seu estado de espírito. O corpo responde a cada aspecto seu. E se você aprender a ouvir o que o corpo lhe sussurra, ele nunca terá necessidade de gritar com você.

Nos anos em que trabalhei como psicoterapeuta, notei repetidas vezes os vínculos entre os estados emocionais das pessoas e os sintomas físicos – como se o corpo estivesse falando na "sua própria língua", refletindo as crenças, medos, sentimentos e desejos não-manifestos das pessoas. O reumatismo e a artrite parecem referir-se à amargura e ao ressentimento, a uma forte tendência à autocrítica, além de referir-se a uma abordagem inflexível à vida. Pessoas com dores lombares muitas vezes são perfeccionistas e mártires, ocupando-se sempre com os outros, embora se sintam sobrecarregadas e secretamente insatisfeitas. Os míopes muitas vezes carecem do senso de direção – eles "não olham suficientemente longe e para a frente", ou observam só o que está em primeiro plano. Pessoas com problema de erupção cutânea muitas vezes estão reprimindo a tristeza ou o luto. As que têm problemas cardíacos têm importantes bloqueios quanto a dar e a receber amor, ou "fecharam o coração". Muitas outras têm mostrado tipos semelhantes de personalidade e de doenças.

Quando conheci Jennifer, eu a vi como uma típica *"personalidade sujeita ao câncer"*. Ela tinha quarenta e dois anos, era casada e tinha dois filhos. Pouco tempo antes, fizera um tratamento que detectou um câncer no seio. Ela me foi apresentada pela sua médica, preocupada, mas disposta a ajudar, já que Jennifer queria entender *por que* tinha desenvolvido um câncer, na esperança de evitar qualquer recaída.

Ela era a mais velha de três filhas, e lembrava-se da mãe como estando "sempre ocupada", limpando a casa, cozinhando, arrumando. Desde pequena, Jennifer estava encarregada de cuidar das irmãs menores. Ela cresceu sempre se esforçando para agradar à mãe, mas Jennifer cometia suas faltas. Certa vez, a mãe a impediu de tomar parte numa apresentação de balé porque, afinal, ela tinha de trabalhar como babá das irmãs. O pai ficava ausente, no mar, por longos períodos, e Jennifer se sentia completamente só.

Aos dezessete anos, conheceu Robert e se casou com ele. Durante os quinze anos seguintes, dedicou-se de corpo e alma ao marido e aos filhos. Foi exatamente quando planejava começar uma carreira que a mãe teve um grave derrame cerebral. Durante os seis anos seguintes, Jennifer se dedicou à mãe incapaz e incontinente. Depois, num período de seis meses em que Jennifer freqüentou a universidade, a mãe teve outro derrame e morreu. Menos de um ano depois, Jennifer notou um caroço no seio...

A pesquisa, aos poucos, foi elaborando um perfil da "personalidade com tendência ao câncer": uma infância repleta de frustrações, isolamento, desespero, tendência a agradar os outros à custa das próprias necessidades e uma incapacidade de expressar a raiva e a tristeza.[2] Então ocorre um fato que estimula a doença, normalmente a perda de um papel importante ou de um relacionamento. O câncer, muitas vezes, é diagnosticado no espaço de dois anos. A "mensagem" do corpo é para que aprendamos a reconhecer as nossas necessidades, respeitar nossas emoções e descobrir um novo significado e sentido na vida. As pessoas que optam por fazer isso têm suas vidas transformadas. Algumas "optam" por ficar doentes, ou por morrer, e, a bem da verdade, a morte não é um "fracasso", mas apenas uma transição escolhida conscientemente.

Estudos de pessoas com "personalidade múltipla" mostraram que uma personalidade pode ser diabética, enquanto outra – ocupando o mesmo corpo – não o é. Isto obviamente confirma a idéia de que não é o corpo físico que carrega a doença, mas a personalidade. O corpo apenas espelha a personalidade.

POR QUE FICAMOS DOENTES?

Nosso estado natural é de saúde e vitalidade esfuziantes. Sempre que o nosso corpo está abaixo do que é considerado saudável, significa que existe um bloqueio ou um desequilíbrio no nosso sistema de energia. Isso significa que não estamos amando ou cuidando suficientemente de nós. Estamos bloqueando nossas emoções ou necessidades, apegando-nos a crenças negativas ou limitadoras, ou demonstramos medo de pedir aquilo que queremos.

Com freqüência, má saúde é sinal de emoções reprimidas. Afinal, se nos recusamos a sentir raiva, mágoa, tristeza ou medo, para onde esses sentimentos podem ir? Eles são armazenados no nosso corpo, junto com os pensamentos ou experiências que estimularam esses sentimentos. Isso impede a energia de fluir livremente em certa parte do corpo, e, finalmente, provoca os sintomas e a doença, de tal modo que (tomara!) a nossa atenção seja direcionada para os assuntos não-resolvidos.

A doença e a moléstia também podem ser uma resposta a ofensas e atitudes negativas. Sempre que você pensa ou fala, o seu corpo está ouvindo e, como uma criança confiante e inocente, ele *acredita* em você. Portanto, se você pensar, "Este emprego será a minha morte", "Ele é um calo no meu pé", "Estou certo de que vou ficar com enxaqueca", ou "Eu sempre pego qualquer micróbio que esteja voando por aí", você pode ter a certeza de que o seu Eu Básico está prestando toda a atenção com resultados predizíveis!

Ficar doente também pode ser um modo de, indiretamente, conseguir o que se quer. As vantagens de ficar doente podem ser óbvias: talvez alguns dias na cama, grandes doses de amor e atenção, um modo de evitar compromissos e obrigações indesejáveis, ou ter tempo disponível para relaxar. Algumas vantagens são menos óbvias, tais como castigar sua família ou o parceiro, poder exagerar na pena de si mesmo, ou ter uma desculpa pronta para o fracasso. Alguns de nós aprendemos a ficar doentes sempre que queremos atenção ou compaixão, sempre que temos de enfrentar uma avaliação, sempre que precisamos de um descanso ou sempre que estamos zangados. Quaisquer que sejam os benefícios decorrentes da doença, é vital reconhecer os seus padrões, de forma que você possa pedir diretamente o que quer, dar férias a si mesmo, enfrentar os seus medos, externar os seus sentimentos, aprender a dizer não ou seja lá o que a sua doença está fazendo em favor de você.

Ao trabalhar como jornalista *free-lance* quando eu tinha vinte e poucos anos, eu costumava ficar doente sempre que precisava de uma folga. Considerando que eu estava sempre preocupada com dinheiro, não raro eu trabalhava sete dias por semana. Ficar doente foi o único modo que descobri para conseguir uma folga. Depois de muito tempo, aprendi a reconhecer os primeiros "sinais de alarme" de que eu precisava de um descanso – em geral, o início de uma dor de garganta –, e pedia uma licença.

Finalmente, ficar doente (ou sofrer um "acidente") pode ser um modo de o nosso Eu Superior se assegurar de que a nossa vida vai mudar de rumo. Conheci inúmeros clientes que evitaram a mudança e o crescimento com tenaz determinação durante anos – até que o Eu Superior tomasse a decisão de que o único modo de "despertá-los" seria uma doença grave ou um acidente. Isto nem sempre funciona, e se trata da última opção, mas são muitas as pessoas que podem dizer honestamente que ficar com câncer ou quase morrer em um acidente de trânsito foi uma verdadeira bênção disfarçada, fazendo suas vidas voltar-se para uma direção diferente, nova, ou ensinando-lhes valiosas lições.

Algumas pessoas têm experiências traumáticas *apesar de* aprenderem e crescerem ostensivamente. Isto acontece habitualmente porque, bem no fundo, elas acreditam que o crescimento, na maioria das vezes, vem através do sofrimento. Vale a pena constatar que a doença e os acidentes nunca – *nunca* – são um "castigo de Deus", nem uma dívida cármica inevitável. Deus é amor incondicional e não faz julgamentos, pois sabe que estamos sempre fazendo o melhor que podemos. Deus aceita amorosamente quaisquer erros que cheguemos a cometer na nossa caminhada para o Lar. *Nós* é que fazemos os julgamentos. *Nós* nos apegamos à culpa. *Nós* escolhemos o nosso carma – algumas vezes punindo a nós mesmos pelos erros cometidos em outras vidas (não compreendendo que todas as vidas são simultâneas, e que podemos mudar o passado ou simplesmente optar por aprender a lição!). E algumas vezes nós *nos castigamos* com doenças e acidentes, visto que ainda não aprendemos a amar incondicionalmente.

OS SETE CHAKRAS

A boa saúde e a vitalidade dependem de a *energia fluir livremente* pelo corpo. Isso significa permitir que as nossas emoções fluam; permitir que as nossas idéias fluam; permitir que as experiências também fluam; permitir que a vida flua através de nós – dando as boas-vindas ao crescimento e à mudan-

Tabela de Chakras

Chakra	*Centro*	*Glândula endócrina*	*Aspectos emocionais*
1.º Chakra	Base da espinha	Glândula supra-renal	Segurança e sobrevivência; dinheiro e posses; sensação de pertencer.
2.º Chakra	Sacro (exatamente abaixo do umbigo)	Gônadas	Prazer e sexualidade; ansiedade ou culpa quanto a estes aspectos.
3.º Chakra	Plexo solar	Pâncreas	Repressão das emoções – especialmente da raiva, do ressentimento, da mágoa, do ciúme, da tristeza e do medo; mas também alegria, felicidade, entusiasmo, amor, auto-estima.
4.º Chakra	Coração	Timo	Dar e receber amor. Amor-próprio.
5.º Chakra	Garganta	Tireóide	Comunicação, expressão própria. Também conhecido como o "centro profissional" (visto que o nosso trabalho é como nos expressamos no mundo).
6.º Chakra	Testa (fronte)	Pituitária	Intuição.
7.º Chakra	Coroa	Pineal	Nosso ponto de passagem espiritual.

ça, e vivendo o momento em vez de apegar-nos ao passado. Significa aprender a dar e a receber amor, e a confiar no processo da vida.

O corpo tem sete chakras principais, ou centros de energia, que estão colocados ao longo da espinha – desde o cóccix até a cabeça. Cada chakra está associado a uma camada do campo áurico, que é o sistema energético de muitas camadas que cerca e interpenetra o corpo físico. Os chakras também estão relacionados com temas emocionais específicos e com certas partes do corpo. Os rins, por exemplo, são órgãos do segundo chakra, ligados ao prazer e à sexualidade. Se você está com medo da própria sexualidade, se sente culpa por ter prazer, ou se desconfia da felicidade porque acha que ela não pode durar, sua energia vital ficará bloqueada perto do seu segundo chakra, e o seu corpo poderá expressar os seus medos através de um problema renal.

ABERTURA DOS CHAKRAS

A abertura dos chakras aumenta o fluxo energético no corpo e ao redor dele, e por isso melhora a nossa saúde física, mental e emocional.

Um modo simples mas eficaz de energizar e equilibrar os chakras é o que aprendi com Lazaris.[3] Imagine que cada um dos chakras gira e se torna maior, começando com o primeiro. (Deixe os chakras girarem na direção que lhe parecer correta; em geral, eles giram em direções alternadas.) Ao mesmo tempo, imagine uma explosão de luz colorida da cor apropriada. (As cores vão do vermelho (1.º) ao violeta (7.º), como um arco-íris.)

1.º: Contraia o esfíncter anal e mantenha a contração por breve tempo; em seguida, relaxe. (VERMELHO TOMATE)
2.º: Curve os dedos dos pés; depois, relaxe. (LARANJA)
3.º: Encolha o estômago; em seguida, relaxe. (AMARELO GIRASSOL)
4.º: Dê algumas pancadinhas na glândula timo, na parte superior do peito. Sorria! (VERDE MUSGO)
5.º: Engula. (AZUL CELESTE)

6.º: Feche os olhos e olhe para cima. (AZUL PROFUNDO – ÍNDIGO)

7.º: Imagine uma luz VIOLETA, BRANCA ou DOURADA (ou uma mistura dessas cores) ao redor da sua cabeça.

Este exercício tem apenas a duração de um minuto. Eu o tenho feito quando subo ou desço de elevador ou quando estou esperando nos semáforos. (Não há necessidade de, em seguida, fechar os seus chakras, apesar das freqüentes histórias assustadoras sobre o "risco de deixá-los abertos".) Pratique o exercício regularmente para obter melhores resultados – pelo menos uma vez por semana.

Se quiser contar com a energia de um chakra, feche os olhos e concentre-se nessa parte do seu corpo. Movimente a sua consciência para "dentro" do chakra. Então, imagine que está se banhando na cor desse chakra. (Se a cor correta não lhe parecer "apropriada", confie na sua intuição.)

- 1.º chakra – para firmar-se na realidade, ou sentir-se seguro e protegido;
- 2.º chakra – para o prazer e a sexualidade;
- 3.º chakra – para deixar que suas emoções fluam, para ser energizado;
- 4.º chakra – sentir amor e compaixão;
- 5.º chakra – para comunicação e expressão própria;
- 6.º chakra – para a intuição;
- 7.º chakra – para expandir a consciência e obter perspectiva espiritual.

A LINGUAGEM DO CORPO

O que significa para você ter uma dor de cabeça, torcer um tornozelo ou ter a pele seca, enrugada? Bem, cada pessoa é única, com sua linguagem corporal única – e só *você* pode saber o que os seus sintomas ou doenças significam. Entretanto, os padrões e tópicos mencionados abaixo são bastante comuns para serem usados como *ponto de partida* quando você quiser pensar em "linguagem corporal". *Tenha em mente que esta lista mais se assemelha a um dicionário onírico – útil como um guia inicial para possibilidades, mas não deve ser levado demasiadamente a sério!* O melhor guia para o que a *sua* doença significa é a sua intuição.

Da cabeça aos pés

Dor de cabeça

Conflito ou indecisão – muitas vezes querendo fazer uma coisa, embora sinta que "deva" fazer outra.

Enxaqueca

Conflito, ressentimento reprimido, perfeccionismo.

Olhos

O que você não quer ver? Miopia – não olhar o suficiente para a frente, não ver as coisas em seus diversos ângulos; hipermetropia – viver no futuro, ignorar detalhes; astigmatismo – distorcer a sua realidade; glaucoma – sentir-se sob pressão; suprimir todas as emoções.

Ouvidos/surdez

O que você não quer ouvir? Não ouvir a orientação interior.

Dor no pescoço

Quem ou o que representa "torcicolo"? Inflexibilidade, indecisão.

Garganta

Não se expressar verbalmente; resistência à mudança ou a começar o "trabalho da sua vida".

Dor nos ombros

Quais são os fardos que está carregando? Você está carregando as responsabilidades ou preocupações dos "outros" às suas custas? Está disposto a relaxar ou a buscar ajuda e apoio?

Seios

Maternidade, proteção, feminilidade.

Coração

Bloqueios no que se refere a dar e receber amor, ou no que se refere a sentir a alegria de viver; "perda do coração".

Pulmões/asma

Sentir-se sufocado, superprotegido; lágrimas reprimidas; sentimentos de não ter "direito de respirar"; sentimentos de inferioridade; bloqueios relativos a dar e a receber; ambivalência quanto ao fato de estar aqui.

Pâncreas

Onde armazenamos nossos sentimentos.

Fígado

Onde processamos e onde fazemos a seleção dos nossos sentimentos. (O álcool – que ataca o fígado – pode ser usado como um meio de evitar olhar para os nossos sentimentos; porém, a um custo muito alto.)

Estômago/vômitos

Algo que você não consegue engolir; no caso de você considerar novas idéia(s) ou experiência(s) que não "consegue digerir".

Úlceras

Medo; ser "controlado"; perfeccionismo; sentimento de nada merecer.

Mãos

Estão ligadas à ação de dar (mão direita) e receber (mão esquerda); elas têm que ver com o apego, com o desapego, com o inter-relacionamento.

Cotovelos

Mágoa ou ressentimento reprimido; inflexibilidade.

Dores nas costas

Sentir-se ferido, sem proteção; ressentimento reprimido, pena de si mesmo; tentar ser perfeito; levar-se demasiado a sério.

Quadris

Raiva persistente.

Diarréia

Não querer ser protegido; recusar-se a "engolir algo"; fugir de algo.

Prisão de ventre

Apego ao passado; retenção de emoções; recusa a relaxar; falta de confiança.

Incontinência

Sentir-se descontrolado.

Doença venérea

Culpa atribuída à sexualidade.

Cistite

Sentir-se "usado" (principalmente pelo parceiro).

Lesão do cóccix

Preocupações quanto à sobrevivência e à segurança – por exemplo, preocupações financeiras, medo da morte, ou medo de que "não é possível sobreviver" sem o seu parceiro, a sua casa ou o seu trabalho.

Pernas

Nossa mobilidade; a disposição de nos movimentarmos para a frente.

Joelhos

Teimosia, inflexibilidade; mágoa/ressentimento da infância.

Tornozelos

Ligados ao prazer e à sexualidade (2.º chakra).

Pés

Estabelecer-se em terra firme; segurança e sobrevivência (1.º chakra); "o melhor passo adiante" – caminhar para o futuro.

Lado esquerdo

Ligação com o lado "feminino" do eu, e com a mãe.

Lado direito

Ligação com o lado "masculino" do eu, e com o pai.

Condições gerais

Acidentes

Não existem acidentes! Habitualmente, eles acontecem devido à raiva voltada contra si mesmo; necessidade de "parar" ou de mudar de direção; necessidade de compaixão e de apoio.

Alergias

Ver o mundo como uma ameaça; falta de confiança; não fazer valer o próprio poder.

Mal de Alzheimer

Fechar-se para o mundo; fugir do mundo; fugir das emoções.

Artrite/reumatismo

Ressentimento, amargura; autocrítica; olhar a vida de maneira inflexível.

Distúrbios sangüíneos

Ligados aos "parentes de sangue" (ou seja, a quem você define como a sua família); problemas emocionais ou conflitos nesses relacionamentos.

Pressão sangüínea – alta

Raiva e ressentimentos reprimidos, no que se refere a membros da família (ou seja, parceiro, parentes).

Pressão sangüínea – baixa

Desistência; falta de comprometimento com o fato de estar no mundo.

Fraturas

Um osso fraturado sugere que a sua "estrutura de apoio" básica está ameaçada – talvez a sua família, a sua carreira, as suas finanças ou a sua auto-imagem; ou você está tentando se livrar, mas lhe parece perigoso. (Repare: o que é que o seu osso quebrado o impediu de fazer? O que é que ele fez você adiar? As chaves do mistério estão naquilo que você tem medo de fazer.)

Câncer

Tristeza profunda e ressentimento reprimido; sentir-se desesperançado/desamparado; falta de sentido ou de ideal na vida; medo; algo que o "está corroendo". (Observe a localização do câncer para obter mais chaves para a compreensão desse caso.)

Resfriado comum

Autopiedade; lágrimas reprimidas; necessidade de descanso; confusão ou incerteza; liberação de toxinas.

Febre

Raiva reprimida.

Hipoglicemia

A tentativa de ser perfeito; exigir demais de si mesmo ou dos outros.

Deficiência do sistema imunológico

Falta de confiança em si mesmo; sensação de desamparo e de defensividade; preso na armadilha da pena de si mesmo; anseio por amor.

Inflamação

Raiva reprimida.

Edema (retenção de líquidos)

Não conseguir se desapegar do passado; sentir necessidade de proteção.

Síndrome pré-menstrual

Mal-estar por ser mulher; falta de confiança no fluxo natural da vida; não assumir o próprio poder.

Problemas no seio nasal

Lágrimas reprimidas/mágoa; irritação com alguém.

Problemas cutâneos

Ligação com a auto-imagem, com o modo como você se apresenta ao mundo. Inflamação da pele: vermelhidão, bolhas, queimaduras – raiva reprimida; erupções de exsudação da pele – tristeza reprimida; pele seca e áspera – supressão das emoções, ser racional demais; pele rachada – problemas de adolescência (isto é, identidade pessoal, medo de perder o controle, conflitos devidos à sexualidade e ao inter-relacionamento; aceitação de si mesmo).

Rigidez

Ser inflexível, incapacidade de ceder nas suas idéias.

Batidas

Recusar-se a confiar no processo da vida, recusar-se a fluir com a correnteza; ignorar a espiritualidade.

Topada

Observe o seu modo de andar; demonstre que você vive com os pés no chão.

O QUE SIGNIFICA A SUA DOENÇA?

Sejam quais forem os seus sintomas ou doenças, há seis passos a dar para decifrar a mensagem do seu corpo e saber que medidas tomar. Sente-se com um caderno de anotações e uma caneta, para que o seu Eu Básico saiba que você está levando isso a sério.

Não *culpe* a si mesmo por ficar doente. Não se condene por isso. Apenas assuma a responsabilidade pela sua doença, confiando que há uma boa razão para ela – e dê as boas-vindas a essa oportunidade de aprender e crescer. (Por outro lado, evite destacar a doença como um processo de aprendizado, pois você pode criar a tendência para ficar doente!)

Em primeiro lugar, decifre a "linguagem do seu corpo". Que metáforas o seu corpo está usando? A que chakra a parte lesada está associada? O que o seu corpo está expressando de modo simbólico? Quais questões na sua vida atual podem estar ligados a isso? Examine exaustivamente todas as possibilidades e veja qual "se afina" melhor com você.

Em segundo lugar, quais são as vantagens de você ter determinada doença? Seja honesto consigo mesmo. Ela está lhe oferecendo alguns dias para relaxar, está lhe dando o amor e o apoio de entes queridos ou é uma desculpa para fugir de uma obrigação indesejável ou de uma decisão difícil? Porventura será uma desculpa para o fracasso, um modo de castigar alguém ou uma oportunidade para sentir pena de si mesmo? Poderá ser um modo de dizer *não*? Se for isso, como poderá conseguir essas vantagens de um modo mais positivo e sadio?

Em terceiro lugar, quais são as necessidades não atendidas ou as emoções reprimidas que você tem ignorado? Que emoção a sua Criança interior está tentando expressar? Tristeza? Ressentimento? Medo? Mágoa? Amor? Para quais necessidades não atendidas o seu Eu Básico está tentando atrair a sua atenção? A necessidade de calor humano e de afeição? A necessidade de ar puro e de exercício? A necessidade de comer mais saladas e frutas frescas? A necessidade de uma válvula de escape criativa? A necessidade de se sentir útil? A necessidade de ser reconhecido? A necessidade de mais desafios? A necessidade de mais diversão e descontração? De que modo(s) você está deixando de amar e de proteger a si mesmo?

Em quarto lugar, quais são as crenças ou atitudes negativas que estimularam o desenvolvimento dessa doença? Como você programou o seu corpo para ficar doente? Suposições: "Sempre fico resfriado no inverno"; "No momento, todos estão acamados com gripe"; "Há um histórico de doença cardíaca na minha família"; "Sempre me sinto mal depois de comer comida chinesa"; "À medida que você envelhece, você não pode esperar ter saúde perfeita." Crenças como essas são muito mais perigosas do que micróbios e viroses!

No século XIX, um médico engoliu todo um frasco de bacilos ativos da cólera para demonstrar – com êxito – que um corpo saudável não sucumbirá à infecção e à doença. Micróbios e vírus não nos tornam doentes – *nós*, sim! Os fatores fisiológicos podem ter e têm impacto, mas por si mesmos não são suficientes para provocar as doenças.

Na Inglaterra, o seguro particular de saúde é um modo excelente de programar-se para ficar doente. Afinal, você está dizendo ao seu Eu Básico, "Não confio em mim mesmo para continuar em forma e sadio." "Espero que em determinado momento eu fique doente", e o seu corpo se disporá a cooperar com essa idéia. Você também pode se convencer de que não está desperdiçando dinheiro; portanto, é provável que precise de hospitalização cara, de cirurgia ou de cuidados a longo prazo por algum motivo. Dessa maneira, estará valorizando o seu dinheiro! O seguro de saúde foi instituído com base no medo e no alheamento do seu Eu Básico. Seria muito mais fácil e mais barato mudar nossas crenças: encarar o nosso corpo como um amigo e decidir ficar saudável! (Infelizmente, certa "educação para a saúde" dissemina o medo e as crenças negativas, e assim contribui para a doença e o mal-estar.)

Primeiro, pergunte a si mesmo *como* terá de agir. Que lição tem de aprender e como pode provar que já a aprendeu? Entender a mensagem do corpo é perda de tempo, a menos que você se *decida a agir*! Pode parecer óbvio, mas sei quantas vezes recebi uma mensagem clara (como "Passe mais tempo ao ar livre," "Beba mais água," ou "Procure um passatempo novo ligado à arte") e demorei um ano ou mais antes de fazer alguma coisa, apesar dos contínuos lembretes.

Finalmente, concentre-se na saúde em vez de se concentrar na doença; visualize-se gozando de perfeita saúde. Nós conseguimos aquilo em que nos concentramos. Quanto mais pensarmos em doenças e sintomas, mais provável será que os criemos. Acima de tudo, tome a *decisão* de ficar bom, de se sentir bem.

(*Nota:* As crianças e os animais de estimação são muito sensíveis às energias que os cercam, e muitas vezes ficam doentes em resposta à tensão e aos conflitos que existem na casa. Portanto, se o seu cão vomitar ou ficar com agorafobia, vale a pena perguntar se ele não está refletindo os problemas do dono. Entretanto, se um filho morrer de leucemia, isso *não* significa que você deva torcer as mãos por culpa, visto que o seu filho criou essa realidade também. Como alma, o seu filho tinha um contrato de morrer jovem – e você tinha um contrato anímico de passar pela perda de um filho. O mesmo é verdadeiro quando um filho nasce defeituoso. Não há culpa: vocês simplesmente escolheram um ao outro.)

COMO ENFRENTAR A DOENÇA

Relaxe profundamente. Em seguida, imagine que está numa floresta. A noite é de luar e as árvores desenham suas silhuetas contra a luz prateada. Abra os olhos interiores e contemple a floresta a seu redor. Ouça o pio da coruja e sinta o sussurrar da brisa. Então, comece a procurar um caminho que se aprofunde pela floresta e comece a trilhá-lo, pulando sobre troncos de árvores caídas, tirando galhos baixos do caminho, ouvindo o rangido de seus passos sobre as folhas no chão.

No coração da floresta há uma clareira gramada, brilhantemente iluminada pelo luar. Você fica no centro da clareira e espera. Mentalmente, peça que a sua doença (passada ou presente) venha até você. Ela pode assumir a forma de uma pessoa, de uma outra criatura ou de um objeto; ou você, talvez, sinta simplesmente uma presença. Espere até que a sua doença lhe faça companhia na clareira.

Quando ela chegar, saúde-a como se fosse um amigo. Diga-lhe que está feliz por vê-la, uma vez que quer aprender com ela. Diga-lhe que você sabe que ela tem (ou teve) uma mensagem importante para lhe dar e que está ansioso por entendê-la. Pergunte à sua doença o que ela veio lhe ensinar. Espere pacientemente pela resposta – esta pode vir em palavras que você ouve ou em pensamentos, imagens, símbolos ou lembranças. Certifique-se quanto ao saber com clareza que atitude você tem de tomar – e pergunte se a doença irá deixá-lo se você fizer o que tem de ser feito. Se ela responder que não, o que mais terá de fazer? (Saiba que todas as respostas estão dentro de você. Você criou a doença, sabe o que ela significa e sabe como curá-la.

Simplesmente, terá de consultar a sua própria sabedoria.) Lembre-se de agradecer à sua doença pela mensagem que ela lhe der.

Finalmente, peça que o seu guia o acompanhe e solicite-lhe a cura. Seu guia pode curá-lo diretamente ou poderá trabalhar com a sua doença. Peça para que a cura continue durante os próximos dias, semanas, meses, se for necessário – e agradeça ao seu guia. Visualize-se gozando de saúde. *Sinta* o corpo vibrar de saúde e vitalidade. Então volte calmamente para o quarto em que está.

CURAR A SI MESMO E AOS OUTROS

Outro modo de lidar com a doença é pedir ao seu subconsciente, ao seu Eu Básico, por um símbolo da doença e, então, mudar esse símbolo para outro que lhe pareça mais positivo, sadio e harmonioso. Um ponto importante é que as imagens que usar sejam positivas e amigáveis. Se criar a imagem de um campo de batalha, em que o seu sistema imunológico valentemente ataca uma horda de bactérias invasoras – os cavaleiros brancos contra os bandidos – estará reforçando a idéia de que o corpo tem de "combater" a doença, e terá de fazê-lo na forma de uma batalha. Em vez disso, você pode imaginar os cavaleiros brancos pegando as bactérias pequenas, fracas e confusas pela mão, mostrando-lhes polidamente a porta de saída presumindo que haviam se perdido no caminho. Facilite as coisas!

Quando tive *tinnitus* (zumbido nos ouvidos), resolvi lidar com o sintoma desta maneira. Em uma viagem interior, vi a mim mesma num deserto diante de uma longa fila de monges de mantos cor de açafrão que, solenemente e todos em uníssono, tocavam os sinos. Eles faziam um ruído terrível! Aproximei-me dos monges, reverenciei cada um deles e lhes ofereci uma pena de pavão em troca do sino. Passei por toda a fila de monges substituindo os sinos por penas, e deixei-os balançando as suas penas de pavão em uníssono – num beatífico silêncio! O zumbido em meus ouvidos melhorou bastante.

Você também pode dar mensagens ao seu Eu Básico através de afirmações e de rituais. Os médicos, em geral, usam ambas as técnicas. Eles fazem uma afirmação para você, assim, por exemplo: "Tenho certeza de que você concordará que essas pílulas dão resultado," ou "Dentro de poucos dias o problema se resolverá por si". E eles podem seguir um ritual, como, por exemplo, entregando-lhe uma receita, examinando-o ou fazendo uma cirurgia. As pessoas que têm uma confiança infantil nos médicos, geralmente acham que uma pílula ou poção medicinal faz milagres, confirmando a sua crença nas maravilhas da medicina moderna!

Em um estudo sobre o tratamento por choque elétrico – um tratamento horroroso para a depressão, no qual o cérebro das pessoas é eletrocutado suavemente – descobriu-se que uma máquina de choque não estivera funcionando há meses, e, no entanto, o resultado fora o mesmo de sempre! Foi o ritual que "funcionou", e não o choque elétrico. (Quanto da moderna cirurgia "funciona" pelo mesmo motivo? Passar por uma cirurgia, por certo, é uma mensagem forte e traumática para o seu Eu Básico.)

As crianças reagem particularmente bem a rituais simples como "dar um beijinho para sarar", visto que ainda não aprenderam que não se deve esperar que a magia funcione! Há alguns anos, visitei um amigo que estava às voltas com problemas conjugais. Sua filhinha tinha uma dor de ouvido terrível. Perguntei a ela com que se parecia essa dor de ouvido. Ela me disse que era um inseto redondo, preto, com olhos vermelhos. Pus as mãos em forma de concha sobre seu ouvido e disse: "Peça para que o inseto vá embora e procure outro lugar para morar, porque *este* é seu." (Eu sabia que essa dor de ouvido era causada pelo sofrimento de ter de ouvir as brigas dos pais. A mãe estava apaixonada por outro homem – representado pelo inseto invasor.) Eu bati palmas quando o "inseto" saiu do ouvido dela, levei-o para a porta dos fundos e deixei que ele "voasse, voasse..." Com isso, a dor de ouvido desapareceu.

Naturalmente, sempre que usamos técnicas ou terapias holísticas de cura, é importante "compreender a mensagem"; do contrário, os sintomas voltarão, ou você terá de receber a mensagem de outra forma. Se usarmos, digamos, a acupuntura ou a homeopatia para eliminar sintomas, sem perguntar a nós mesmos o que *provocou* o problema, ou como o corpo está tentando nos ajudar, isso será o equivalente "holístico" de tomar uma aspirina ou um tranqüilizante.

No Havaí, aprendi um método simples, mas eficaz de cura Huna conhecido como "kahi" (unicidade). Pode ser usado com crianças e adultos, ou até mesmo como técnica de autocura. Tudo de que você precisa se lembrar é dos pontos de energia do seu corpo e de três passos a dar para bem usar essa técnica.

Os pontos de força são: alto da cabeça, testa, peito, nuca, umbigo, elevação púbica, base da espinha, ombros, quadris, palma das mãos e sola dos pés. Estes são fáceis de lembrar, visto que correspondem aos sete principais chakras, mais os "ângulos" do tronco (quadris, ombros) e as extremidades (palma das mãos e sola dos pés).

Os três passos do "kahi" são:

1. Energize-se – ou seja, faça a própria energia fluir bem. Um método eficiente é esfregar as mãos rapidamente. (Isso tem a vantagem de aquecer as mãos antes de você tocar no seu paciente.)
2. Ponha uma de suas mãos sobre a área afetada (isto é, o lugar do mal-estar) e a outra mão num ponto de força distante, mas fácil de atingir. (Por exemplo, se se trata de uma criança com o joelho esfolado, ponha uma mão no joelho, e a outra, talvez, na testa ou no ombro da criança.)
3. Concentre-se em suas mãos e respire normalmente. *Não tente* enviar energia, *nem tente* fazer outra coisa qualquer. Continue assim durante um minuto ou dois. (Se o seu paciente não sentir nenhuma mudança dentro de vinte segundos, tente outro ponto de energia.)

   A cura ocorre simplesmente porque você está completando um circuito de energia, de tal forma que esta começa a fluir através da área afetada outra vez. Se a energia fluir normalmente, não haverá sintomas. Tente. Isto funciona!

CURA A DISTÂNCIA

A mesma técnica pode ser usada para curar a distância. Pegue um objeto que simbolize a pessoa na sua mão esquerda (talvez o nome dela numa tira de papel), e um símbolo da energia ou qualidade que deseja enviar na sua mão direita (talvez um cristal de quartzo para cura generalizada), ou escreva o nome do símbolo numa tira de papel. Em seguida, concentre-se em suas mãos, respirando normalmente, por um minuto ou dois.

Quando estudei meditação no Nepal, um amigo meu subiu a montanha de madrugada para a sua sessão regular da manhã. Sentia-se cansado e esgotado, e estava se questionando sobre o fato de se submeter a esse sacrifício extenuante. De repente, ele ficou ereto como se tivesse recebido uma injeção de energia. Olhou surpreso em volta e viu, a umas cem jardas de distância, um lama tibetano, que se curvou profundamente na sua direção, com um largo sorriso no rosto. (Uns dias antes, meu amigo observara o mesmo lama desmaterializando-se parcialmente enquanto tocava um sino.)

Toda energia, toda consciência está interligada; portanto, a cura a distância não representa problema – a não ser que a sua mente racional acredite que sim. Recentemente, almocei com uma amiga num clube da cidade, onde fomos servidas por uma garçonete lenta e tensa. Sentadas no jardim para tomar cerveja, decidimos enviar-lhe energia, para que a usasse da forma que desejasse. Imaginei um facho de luz entrando pelo meu chakra da coroa vindo de cima (portanto, eu estava contatando a Fonte Universal); em seguida irradiei raios de amor e de luz do meu chakra do coração e da testa. Senti que ela estava muito mais absorvendo a luz do que rejeitando-a. Quando levamos nossos pratos e copos à copa, ficamos deslumbradas ao vê-la sorrindo para os clientes, como se fosse uma outra pessoa! Coincidência? Não temos como saber – mas é surpreendente como, com freqüência, enviar amor e luz parece ser tão eficaz.

ENVIE AMOR E LUZ

Sintonize-se com o Espírito. Imagine uma ponte de luz provinda do seu coração e envolvendo a outra pessoa numa bolha de luz. (Não é preciso saber onde a pessoa está.) Concentre-se no seu coração e diga quaisquer palavras que lhe pareçam adequadas, assim como: "Por favor, aceite esta luz e use-a da maneira que quiser; use-a para autocura, para liberar o passado, para entrar numa união mais íntima com o seu Eu Superior." Procure sentir se a luz "está indo de encontro" ou está sendo aceita, e observe se isso corresponde a alguma mudança aparente na pessoa. (Obviamente, não se deve usar isso para tentar mudar alguém para nosso próprio benefício. Sempre deixe claro que a pessoa pode ou não usar a luz, como preferir.)

PARA MUDAR NOSSO DNA

Uma das mais surpreendentes possibilidades de cura é a de mudar nossa estrutura genética. À medida que a Nova Era se aproxima, o DNA da humanidade está passando por profundas mudanças por todo o mundo. Pode parecer estranho, mas cada vez mais pessoas acreditam que é possível reprogramar o nosso DNA, ou pedir pela ajuda invisível ao fazê-lo.

Recentemente, atendi a uma mulher que havia feito uma longa viagem para fazer uma consulta. Eu a vira há dois meses, e desde então a vida dela havia melhorado tanto que ela não sabia por que tinha de voltar à consulta. Enquanto conversávamos, ela mencionou uma condição genética que havia herdado da mãe. De repente, percebi por que ela veio me ver. "O seu guia quer mudar a estrutura do seu DNA," foi o que eu disse. Por certo, o guia dela queria aproveitar a oportunidade para curá-la da doença hereditária, e a informou de que dentro de seis meses ela notaria uma grande melhora.

Nos três últimos anos estou trabalhando cada vez mais com a estrutura do DNA – às vezes sem tomar muita consciência disso; mudamos nossas crenças, atitudes, desejos ou padrões emocionais, a mudança é bem mais intensa e duradoura se pedirmos que seja absorvida pelo nosso DNA, visto que este delineia a impressão para o nosso futuro. Simplesmente, peça que aconteça, e o processo se iniciará. O nosso DNA não é uma impressão fixa, mas dinâmica e sempre em mutação.

Seja o que for que queiramos mudar na nossa saúde, no nosso corpo, ou na nossa vida, simplesmente temos de pedir – e esperar pela orientação. Nós mal começamos a vislumbrar o potencial da nossa consciência humana!

PARA MUDAR O SEU DNA

1. Relaxe profundamente e imagine que está respirando na luz branca – enchendo seus pulmões e o peito de luz. Lentamente, a luz enche o seu corpo – pernas, braços, ombros, pescoço e cabeça. À medida que inspira, a luz se irradia além da sua pele, envolvendo-o numa bolha de luz branca. Deixe essa bolha de luz se estabilizar quando atingir determinado tamanho.

Pense na condição física ou emocional que quer curar. Imagine que em algum lugar, a distância, está a energia do DNA saudável que pode substituir o seu. Veja ou sinta essa energia e procure atraí-la para si. Imagine a energia se aproximando, cobrindo a bolha de luz branca que o envolve. Continue a atrair a energia para o seu corpo, e veja ou sinta-a infiltrando-se na sua bolha de luz. Sinta-a entrar no corpo, e peça-lhe para entrar no DNA das suas células. Tome o tempo necessário para absorver a energia. Relaxe e aproveite.

Por fim, mentalmente, pergunte se precisa fazer algo para ajudar no processo de cura. (Por exemplo, quando trabalhava na cura do meu astigmatismo hereditário, fui orientada a relaxar os pequenos músculos situados atrás dos olhos sempre que me lembrasse deles. Vale a pena lembrar que muitas doenças "hereditárias" não são transmitidas geneticamente, mas através dos padrões emocionais e comportamentais aprendidos com os nossos pais.)

2. Alternativamente, você pode pedir que o seu guia o ajude. Encontre-o nos planos interiores, e peça pela cura do seu DNA. Seu guia poderá cercá-lo de luz, segurar suas mãos enquanto a energia é enviada ou tocar no seu corpo.

(Repita cada prática quantas vezes achar necessário, até sentir que a cura foi completada.)

Finalmente, lembre-se de que nós *co-criamos* a nossa realidade. Somos indivíduos, mas não estamos separados. O fato de *você* não estar com AIDS não significa que não se trate de um problema *seu*. É um problema *nosso*. Nós co-criamos a AIDS como um tema global e ela traz implicações para cada pessoa que tenha consciência. Vale a pena perguntar a si mesmo o que a AIDS, ou uma moléstia cardíaca, ou o câncer significam para você. Por que você os criou no seu mundo? Que questões surgem a partir daí? Que oportunidades lhe oferecem para aprender e crescer?

7
Os nossos amigos invisíveis

Alguns de nós que não precisam mais existir como seres humanos continuam existindo no domínio da nossa consciência para nos guiar e ensinar. Encontram-nos como amigos. Seja-lhes dado participar da sua vida.

Emmanuel[1]

Nas primeiras horas da madrugada, uma mulher jovem, chamada Sophie, chegou à rodoviária no centro de Los Angeles. Era sua primeira visita à cidade e Sophie estava ansiosa por conhecer a cidade antes da sua entrevista à procura de emprego. Aventurou-se pelas ruas escuras e, não demorou muito, se perdeu. Além disso, ela teve consciência da presença de três homens espreitando-a nas sombras e seguindo-a. Subitamente, Sophie percebeu que corria perigo de vida e, silenciosamente, rezou, pedindo ajuda. Foi nesse momento que ela notou a proximidade de outro homem, alto, vestindo *jeans* e carregando uma marmita, andando na sua direção. Instintivamente, correu para ele pedindo ajuda, e ficou atônita com a beleza do rosto desse homem. "Venha, eu a levarei para um lugar seguro," disse ele. Quando voltaram à rodoviária, ela lhe agradeceu de todo o coração e despediu-se. "Adeusinho, Sophie," respondeu ele tranqüilamente. Ela entrou na estação. Foi então que "algo a tocou". Sophie! Como o estranho sabia o seu nome? Ela não se apresentara. Saiu correndo atrás dele, mas a rua estava vazia.[2]

Há inúmeras histórias como essa. Usualmente, os anjos são vistos como criaturas míticas que pertencem a tempos bíblicos, e que, de certa forma, parecem fora de lugar em estações de ônibus e arranha-céus. No entanto, quando alguém corre perigo, um anjo da guarda pode vir para salvá-lo, muitas vezes como uma imperativa "voz interior", mas algumas vezes em forma humana, quer peçamos ou não pela sua ajuda.

Não estamos sozinhos na nossa caminhada pela Terra. Não somos abandonados assim que descemos pelo canal do nascimento. Ao contrário, somos protegidos, amados, observados e guiados durante toda a jornada da nossa vida e podemos solicitar essa ajuda invisível a qualquer hora. Estamos cercados de ajudantes amorosos. Se enfrentamos acidentes, ferimentos ou morte prematura, invariavelmente isso se deve, em parte, ao destino que escolhemos.

Se pedirmos ajuda, entretanto, não devemos esperar por vozes retumbantes do céu ou por criaturas com grandes asas adejantes! Há uma fábula sobre uma mulher cuja casa estava em perigo quando as margens do rio ruíram. Todas as casas daquela área foram evacuadas, mas quando um policial chegou à porta da casa dela, a mulher disse: "Não, eu não irei. Deus me salvará." As águas começaram a subir e ela se viu obrigada a se mudar para o andar superior da casa. Um homem passou num barco a remo, oferecendo-se para levá-la a um lugar seguro. "Obrigado", disse ela: "Deus me salvará." Não demorou muito e ela teve de subir para o telhado da casa, com a água batendo em suas pernas. Um helicóptero passou e jogou um cabo para ela, mas ela o mandou embora. "Deus me salvará", ela gritou. A mulher foi arrastada pela correnteza e se afogou. Quando chegou ao céu, estava bastante aborrecida com Deus. "Por que não me salvou?", perguntou. Deus respondeu que Ele lhe enviara um policial, um barco a remo e um helicóptero. O que mais ela esperava?

Os anjos só se *materializarão* quando essa for a melhor opção possível, e mesmo então, eles procuram disfarçar-se em seres humanos. Muitas vezes a ajuda invisível chega de modo aparentemente comum: um súbito lampejo de inspiração, uma voz interior, um encontro "oportuno", a sugestão de um amigo, uma inesperada mudança de planos... Muitos dos acontecimentos "comuns" da nossa vida cotidiana são orquestrados pelos anjos, pelos nossos guias e por outros Seres de Luz.

Felizmente não temos de criar uma situação de risco de vida para entrar em contato com os nossos amigos invisíveis. Podemos falar com eles a qualquer hora. Eles estão à distância de um pensamento – e estão mais do que dispostos a nos ajudar. (Afinal, sempre que os nossos guias nos ajudam, eles aprendem e crescem. É um relacionamento mútuo.)

Algumas tradições espirituais sugerem que há um grande abismo, desabitado, entre os seres humanos e Deus/Deusa. Para mim, isso nunca fez sentido. Se a vida é um contínuo processo de evolução, se estamos sempre aprendendo, crescendo e mudando, por certo esse processo continua em outras dimensões da realidade. Com certeza, há inúmeros "obstáculos" entre a vida na Terra e a Fonte da Criação.

Tendo ouvido o testemunho de muitos médiuns internacionais durante os quinze últimos anos, não tenho dúvidas de que podemos nos comunicar com os "mortos" – mas está igualmente claro que a morte é apenas mais um passo ao longo do caminho. Não nos tornamos inteiramente sábios e amorosos só porque estamos "mortos"! Na verdade, muitos dos que estão no plano astral estão confusos ou estagnados; estão vagando sem rumo e podem beneficiar-se da nossa sabedoria e orientação. Mas, além do plano astral, há uma miríade de outras realidades – reinos multidimensionais de amor, de luz e prazer.

Nos últimos anos, a mediunidade foi ficando ultrapassada na medida em que crescia o número de pessoas que se voltaram para a canalização. (Embora as pessoas usem as palavras de modos diferentes, minha definição é que a mediunidade envolve a comunicação com pessoas "mortas" no plano astral da realidade – através da telepatia, da escrita automática ou do transe mediúnico. A canalização toca os planos mais elevados da realidade – a quinta dimensão e além – dando-nos acesso a seres sábios e amorosos que completaram suas vidas físicas ou que nunca tiveram vida física. Muitos desses guias vieram ajudar-nos a fazer a transição para a Nova Era.)

À medida que ficamos mais atentos, mais conscientes, estamos mudando para freqüências mais elevadas e nos tornamos capazes de entrar em sintonia com dimensões superiores da realidade. Quando fazemos isso, podemos entrar em contato com os nossos amigos invisíveis de muitas dimensões diferentes – de espíritos da natureza a arcanjos, de guias pessoais à Deusa. Assim podemos aprender a trabalhar juntos.

No passado, demorava-se anos para ser treinado como canal. (Muitas pessoas chegaram a acreditar que isso era assim mesmo.) Mas os tempos estão mudando rapidamente, e a consciência humana está se expandindo, ultrapassando as limitações do espaço-tempo. Inúmeras pessoas – até aquelas que não têm experiência de meditação – passaram a canalizar um guia de alto nível com apenas um seminário de fim de semana, ou usando livros e fitas de vídeo. À medida que cada vez mais pessoas se tornam canais, tanto mais fácil se torna para outras seguir-lhes as pegadas.

Embora muitas pessoas tenham o dom de serem canais, presumo que canalizar seja uma habilidade natural. Sempre que nos sentimos guiados, inspirados, ou agimos por impulso, estamos agindo como canais, e muitos músicos, compositores, artistas, escritores, poetas, agentes de cura e terapeutas são canais sem terem consciência desse fato. Ao aprender a estabelecer contato com os nossos amigos invisíveis *diretamente*, podemos acelerar nosso crescimento, não só por causa da ajuda e orientação que eles oferecem, mas porque o próprio processo de canalização eleva e expande a nossa consciência.

Naturalmente muitas pessoas ainda acham a idéia da canalização estranha ou assustadora. Sem dúvida, demorou muitos anos até que eu me sentisse bem com a idéia, mas vale a pena lembrar que muitas pessoas tiveram medo do telefone quando ele foi inventado. (A idéia de uma "voz desencarnada" vinda de dentro de um aparelho era demais para elas.) Nos anos 90, podemos nos comunicar com os outros através do telefone, do fax, do computador, dos satélites, da televisão e do rádio, que são todos meios de comunicação inimagináveis há cem anos. A canalização é uma extensão mais ampla da nossa habilidade de comunicação, não com a vastidão do planeta, mas com seres em outras dimensões da realidade. Trata-se de um modo de "pegar no telefone" para falar com os nossos amigos invisíveis.

Há pessoas que têm medo de esbarrar em seres que possam querer "possuí-las" ou lhes dar falsa orientação. Entretanto, a Lei é a de que os semelhantes atraem os semelhantes. Se você está em estado de equilíbrio e se dispõe a, de maneira amorosa, estabelecer contato com o seu Eu Superior ou com um guia, é simplesmente impossível você atrair seres menos evoluídos. (Se fizer isso, saberá imediatamente que um guia superior traz sentimentos prazerosos de amor, de calor humano, de humor e de expansão. Se tiver alguma dúvida, peça a seu Eu Superior para ficar perto de você.) Se um guia tentar lhe dizer o que fazer, ou o criticar ou o enfraquecer de alguma forma, sugiro que você peça um guia mais elevado. Este é o planeta do livre-arbítrio, e um verdadeiro guia nunca tomará as decisões por você, mesmo que você lhe peça para fazer isso! Também é importante considerar que os guias são amigos sábios, mas *não* são pais substitutos, *nem* são oniscientes, *nem* são perfeitos! São seres conscientes que também estão percorrendo o caminho da evolução.

A maioria das pessoas parece ter três ou quatro guias, cada um com uma função diferente. Primeiro, há o "espírito guardião", que em muitos casos é um parente desencarnado (no meu caso, uma bisavó). Há também, pelo menos um espírito "sábio", muitas vezes de uma cultura milenar – como um monge budista ou um índio norte-americano. (Eu tenho um guia xamã chamado Ikulu.) Em terceiro lugar, há um ou mais guias superiores, seres de Luz de dimensões superiores, que podem tomar a forma humana quando os encontramos nos planos interiores, ou podem aparecer como pura luz.

Deixe-me enfatizar outra vez que os guias, anjos e fontes canalizadas são *seres conscientes em outras dimensões*. Para nós, é fácil deixar de ver este fato milagroso, e rejeitar os guias considerando-os uma idéia confortável, uma técnica útil, um aspecto do subconsciente, ou "mera imaginação", em vez de vê-los como uma realidade maravilhosa. Meus maiores mestres nesta vida têm sido – e continuam a ser – os guias de outras dimensões, e nunca paro de sentir encanto e gratidão pela sua presença.

Se você está interessado em canalizar diretamente um guia – ou seja, permitir que um guia entre na sua aura e fale ou escreva através de você – recomendo bastante o livro de Sanaya Roman e Duane Packer, *Opening to Channel* (H. J. Kramer, 1987), que não só dá instruções passo a passo, mas lida com todos os inevitáveis medos, dúvidas e perguntas. Usando o material que apresentam, aprendi a canalizar o meu guia, Celeste.

Contudo, para a maioria das pessoas, uma viagem interior é a maneira mais fácil e aceitável de entrar em contato com seu guia (ou guias). Cada vez que repetir isso, o elo entre vocês se fortalece e o contato entre vocês fica mais fácil. Com o tempo, você aprenderá a distinguir as diferentes "vozes" do(s) seu(s) guia(s), ou a identificar o modo de eles transmitirem mensagens através de você. (Uma mulher que conheço tem um guia que deixou mensagens em sua secretária eletrônica. Mas, na maioria das vezes, a orientação vem como uma voz ou impulso interior!)

ENCONTRE SEU GUIA

Relaxe profundamente, depois imagine que está numa praia. Atrás de você há uma floresta e, na sua frente, o oceano. Sinta os seus pés afundando na areia morna, e lentamente, abra os olhos interiores. Observe as ondas do mar e a cor da areia. Veja que horas são. Olhe para as árvores atrás de você. Abra os ouvidos interiores, ouvindo o estrépito das ondas batendo na praia, o grito das gaivotas, o murmúrio das árvores. Cheire o ar marinho e saboreie o sal. Use todos os sentidos interiores para se ver lá...

Agora vá procurar um lugar mágico, um lugar onde encontrará o seu guia. Pode ser um buraco na areia, uma caverna de cristal, ou uma clareira na floresta, ou um círculo de pedras. Pode ser um templo aquático subterrâneo abaixo das ondas do mar. Ou pode ser uma nuvem no céu. Vá para onde o seu coração o levar.

Nesse lugar mágico, peça mentalmente para um dos seus guias vir fazer-lhe companhia. Espere pacientemente até que veja ou sinta alguém juntar-se a você. O seu guia poderá assumir uma forma humana ou angélica, ou aparecer diante de você como luz ou cor; ou você pode simplesmente sentir uma presença ou perceber um brilho quente.

Dê as boas-vindas ao seu guia e pergunte qual o nome dele. (Você poderá ouvir o nome, vê-lo ou simplesmente "saber qual é". Algumas vezes o primeiro nome que ouvir pode mudar, mas você saberá quando for o correto. Pode ser um nome simples, como Jane ou Sam.) Talvez você queira saber se o seu guia já viveu alguma vez na Terra, ou se vocês se conheciam antes. Talvez você queira pedir orientação sobre os próximos passos da sua jornada, ou as qualidades e habilidades que está desenvolvendo no presente. Ou talvez você peça ajuda para manifestar um Sonho, desapegar-se do passado, curar a sua Criança interior ou qualquer outra coisa que desejar.

Deixe que esse contato seja *real*. Lembre-se dos milagres dos nossos amigos invisíveis – e sinta-se grato pelo seu guia. Agradeça e abrace o seu guia antes de se despedir. Volte ao lugar da praia onde começou a sua viagem. Então, lenta e suavemente, volte a si no seu quarto.

COMO INVOCAR O SEU GUIA

Em primeiro lugar, escolha um assunto atual ou uma decisão sobre a qual gostaria de receber uma orientação. Relaxe e sintonize-se com o Espírito. Em seguida, mentalmente, chame o seu guia pelo nome ou peça que se apresente o "guia mais elevado". Por exemplo, "Eu chamo a minha guia, Leila, para me ajudar neste assunto. Estou envolta em Luz e afirmo que só Leila pode entrar na minha aura." Feito o pedido, sente-se e espere, imaginando que o seu guia se aproxima. Se você permitir, o seu guia entrará suavemente na sua aura. (Talvez você de repente sinta calor, tenha arrepios, tenha uma sensação de expansão ou de amor. Em geral, os guias são bastante cuidadosos para não assustá-lo, o que faria você duvidar da presença deles ou pensar que está "imaginando coisas".)

Assim que se certificar de que o seu guia está presente, se você estiver concentrado poderá demorar um minuto ou dois, pense sobre o assunto a ser discutido ou sobre a decisão a ser tomada. Com o seu guia envolvendo a sua aura, você terá uma visão mais ampla do problema. Os pensamentos que lhe vierem à mente parecerão seus, mas estarão isentos de medo, de dúvida, de esforço ou de orgulho. (Quanto mais você invocar os seus guias, mais fácil se tornará entrar em sintonia com a sabedoria deles.)

ALGUMAS PALAVRAS SOBRE OS FANTASMAS

Quando eu tinha dez anos, minha família se mudou para uma grande casa em estilo vitoriano que era assombrada pelo fantasma de uma jovem mulher. Enquanto eu estudava piano, muitas vezes eu "a" sentia atrás de mim, e ouvia o estalar da crinolina quando ela se virava para ir embora; ou ela ficava como uma presença sombria no alto da escada. Em certa ocasião, a casa ficou eletrificada pela presença dela; outras vezes, "ela" ficava ausente durante dias ou semanas.

Embora fosse uma experiência aterrorizante para uma criança crescer numa casa mal-assombrada, para mim ela foi de valor inestimável. Ajudou-me a sentir as sutis mudanças de energia e a me tornar receptiva à informação mediúnica – e estimulou o meu apaixonado interesse pela parapsicologia e pelo misticismo. Quando tinha dezenove anos, eu era uma esperta caça-fantasmas, visitando todos os lugares mal-assombrados que podia encontrar. Muitas vezes fui convidada pelos amigos para "examinar" suas casas.

Naturalmente muitos dos assim chamados fantasmas não passam de velhos moinhos d'água rangedores, alicerces pouco firmes, reflexos em uma janela ou sons do rádio do vizinho. É conveniente imaginar que qualquer visão estranha ou som tem uma fonte natural, a menos que outras explicações tenham sido esgotadas *e* que haja uma mudança perceptível na energia.

Alguns fantasmas são fenômenos psicocinéticos (mente-acima-da-matéria) – batidas e estalos típicos, ruído de passos, porcelanas e enfeites que caem, portas que se abrem e fecham, fogos ou lampejos de luz inexplicáveis.

Nesse caso, a ação usualmente se centraliza ao redor do adolescente infeliz ou psiquicamente dotado que cria o *poltergeist* sem ter consciência de estar fazendo isso. Outras assombrações são o resultado de emoções intensas presas num lugar, mais como uma falha numa fita magnética. Um incidente traumático pode ser repetido várias vezes seguidas – junto com visões, sons ou cheiros. Não há o envolvimento de um ser consciente; é como se um gravador ou vídeo repetissem o acontecido.

Entretanto, alguns fantasmas *são* seres conscientes – pessoas que morreram mas ainda não perceberam isso, ou que não conseguem se desapegar da Terra e continuar a jornada, talvez porque amavam sua vida, ou sempre resistiram à mudança, ou porque tinham "negócios inacabados" a resolver. A maioria é amigável, apenas um pouco confusa. Podem ou não ter consciência de nós.

Outros fantasmas são pessoas que conhecemos e amamos, aparecendo para dizer alô ou para nos transmitir uma mensagem. Podemos "sentir" sua presença devido a uma súbita sensação de que não estamos sós, uma inexplicável lufada de ar, a batida mais forte do relógio ou a exalação de um perfume estranho. Se você suspeitar de que alguém está por perto, apenas faça mentalmente uma saudação e dê-lhe as boas-vindas. Se você souber quem é, fale com ele ou pergunte se há alguma mensagem que ele queira lhe transmitir. (Recebi muitas mensagens úteis para outras pessoas desta maneira – com freqüência, de pessoas que eu mal conhecia, mas que obviamente estavam conscientes de que eu reconheceria sua presença e as escutaria.)

No dia do aniversário de um ente querido que morreu, deixe um cartão de aniversário sobre a cornija da lareira. Se você lhe enviar uma mensagem de amor, por certo ele ou ela virão. Por outro lado, dê-lhes permissão para irem embora. Algumas almas ficam presas porque o sofrimento continuado dos entes queridos os "retêm" perto da Terra.

Há também os fantasmas vivos. Uma das minhas histórias prediletas sobre fantasmas é a de uma mulher norte-americana que durante anos sonhou regularmente com uma casa. Certo dia, ficou espantada ao passar pela casa na "vida real", tal como a percebera nos sonhos – e a tal casa estava à venda. A mulher bateu à porta, mas a proprietária deu uma olhadela e bateu-lhe a porta na cara assim que a viu. Nossa personagem descobriu que a casa era mal-assombrada – e que *ela* era o fantasma!

Finalmente, algumas aparições são o resultado de uma deformação do tempo – como se passado, presente e futuro tivessem se misturado. Quando há essa "fusão" no tempo, às vezes você poderá perceber pessoas, ter emoções ou presenciar acontecimentos que estão acontecendo "agora" em outra dimensão temporal na sua casa. (Todo o tempo é "realmente" simultâneo.) Analogamente, os moradores passados ou futuros da sua casa podem ter consciência da sua existência: pode ser que você também seja um fantasma!

Quando me mudei para um adorável chalé do século XVII em Dorset, a atmosfera estava pesada de presenças invisíveis. Era como se as barreiras entre as dimensões de tempo fossem finas como papel, e os vários habitantes do chalé – do passado, do presente e do futuro – de algum modo estivessem esbarrando uns nos outros. Minha cunhada viu "fantasmas" na cozinha.

Pouco depois de me mudar para lá, realizei uma cerimônia de bênção em cada aposento, com velas e pequenas tigelas de água. Em primeiro lugar, invoquei o Espírito, pedindo aos meus guias e a outros amigos invisíveis para me acompanharem. Então acendi a primeira vela, afirmando que somente Luz, amor e alegria habitariam em cada aposento, e que a Luz se espalharia através do tempo, elevando todos os que viveram ou passaram pela casa – no passado, no presente e no futuro. A vela acesa era como um símbolo da Luz. Em seguida, peguei a tigela com água e espargi água em cada canto da casa, afirmando que todo medo, raiva, mágoa ou tristeza que estavam sendo "retidos" pelo quarto agora seriam liberados. Pedi que a tigela de água absorvesse toda negatividade ou emoção não-resolvida durante a noite. Terminei a cerimônia com uma pequena bênção havaiana. Repeti a cerimônia em cada aposento, com uma nova vela e outra tigela de água.

Na manhã seguinte, recolhi as tigelas de água. Algumas estavam límpidas, outras embaçadas ou repletas de bolhinhas, enquanto outras pareciam turvas. Esvaziei todas as tigelas numa parte não cultivada do jardim, pedindo à Mãe-Terra para curar e transformar qualquer energia absorvida durante a noite, e disse que a casa agora só poderia conter amor e luz.

Terminada a cerimônia, sentei-me para tomar café e, de repente, me senti extremamente mal. Uma onda de tristeza, de sofrimento e de náuseas apoderou-se de mim e alguma coisa me atraía para o andar de cima, para um pequeno quarto de vestir anexo ao quarto principal. Eu já sabia que uma criança morrera ali anos antes. Tornei a abençoar o quarto. Alguns minutos depois, senti algo como uma corrente de tristeza e de sofrimento passando por mim e entrando na terra através dos meus pés. A emoção estava sendo "fixada na terra" – e eu era o canal!

Algumas semanas depois, um amigo veio passar o final de semana comigo. Durante o jantar, ele falou de um casal conhecido dele cujo filho pequeno havia morrido. Enquanto relatava os fatos, ele deu mostras de inquietação. De repente, ouviu-se um alto estrondo vindo do andar de cima. Imediatamente fomos ver, mas não pudemos achar explicação para o ruído. Entretanto, nós dois sentimos uma atmosfera "pesada" no "quarto das crianças", e decidimos improvisar um ritual.

Sintonizando-nos, concordamos num ponto: havia dois "problemas": um homem velho do século XVIII, que precisava de ajuda para ir embora, e a tristeza não-superada do casal que havia perdido o filho. Usando velas, flores, uma Bíblia e tendo no coração um grande desejo de ajudar, criamos uma amorosa cerimônia de liberação. Para encerrar, meu amigo "sentiu" um abraço de gratidão de um homem muito velho.

UM RITUAL DE BÊNÇÃOS

(Para abençoar uma casa nova, ou para afastar energias "negativas" ou aparições:) Junte todos os objetos que lhe parecerem apropriados: talvez velas, água, flores, textos sagrados ou poesia, incenso, cristais. Faça uma cerimônia simples, e fale de coração. Comece por se sintonizar com o Espírito, invocando a ajuda invisível que lhe parecer adequada – Deus/Deusa, Cristo, os seus guias, animais de força, espíritos dos quatro pontos cardeais, santos, anjos ou quem quer que seja.

Crie o seu próprio ritual. Nada vai sair "errado", pois o que vai contar são as intenções do seu coração e não as palavras que você vai proferir. Exemplo: você pode acender uma vela e levá-la aos quatro cantos de cada aposento: "Que haja Luz onde havia trevas. Que haja amor onde havia medo. Que haja alegria no lugar da tristeza. Que haja risos no lugar das lágrimas!" Então, deixe a vela queimando.

Talvez você queira "programar" um cristal de quartzo para absorver todas as energias "negativas" durante o mês seguinte. Limpe o cristal durante a noite (com sal grosso e água da fonte), reprogramando-o em seguida para aumentar a luz e a alegria dentro da casa.

Talvez você possa pedir ao Espírito para ajudar uma alma perdida a liberar o passado e prosseguir seu caminho, enviando à pessoa o seu amor e orientando-a a caminhar rumo à Luz. (Fazer esse "trabalho de resgate" é maravilhosamente compensador. No entanto, se você sentir qualquer sinal de medo ou de dúvida, é aconselhável trabalhar com amigos ou em grupo. Mesmo que um espírito pareça mau ou desagradável, eu sempre imagino que ele está preso, com medo, perdido e confuso, ou é apenas infantil e brincalhão; às vezes, trata-se de "um ponto carregado" de emoção não-liberada. Não acredito em espíritos maus. Como Seth disse, os que acreditarem no mal, criarão o mal.)

COMO COMUNICAR-SE COM OS DEVAS

Há alguns anos, eu estava caminhando em Dartmoor quando comecei a sentir os espíritos da natureza ao meu redor, dançando e fazendo festa. Sua presença era quase palpável, e eu podia "ouvir" seu riso cascateante. Sentei-me numa pedra e perguntei se poderia vê-los. Uma risonha voz interior disse: "Pare de olhar com os olhos. Olhe com o coração." Tentei "ver" de outros modos, sem sucesso naquela ocasião, mas o conselho foi bom. Para podermos ver, ouvir ou sentir com os sentidos interiores, temos de aprender a olhar, a ouvir e a tocar de maneira nova, mais sensível.

Ainda quero ver uma criaturinha com grandes asas – como as que já desejei ter certa vez! – mas aprendi a confiar nos meus sentidos interiores. Qualquer dia destes, poderei "ver" um grande ser angelical (como uma luz oval colorida) perto de alguém, dançando nas luzes de sua aura, a luz bruxuleante das fadas pelo canto dos meus olhos ou outros sinais de presença dévica. Mas suspeito que quase todos sentem os devas a seu modo. A única diferença é confiar nessas impressões, ou considerá-las como imaginação ou um truque da luz.

O reino dévico – os elfos, os gnomos, as fadas, as sílfides, as ondinas, as salamandras, os anjos, as musas, os arcanjos e assim por diante – fazem parte do folclore de todas as culturas, de várias formas. Uma explicação simples para essa universalidade é o fato de existirem! Os devas são como uma ponte entre o espírito e a matéria. São os devas, por exemplo, que têm a fórmula para uma bolota transformar-se num carvalho, assegurando que ela não se transforme num salgueiro ou num crisântemo. Um deva aprendiz talvez seja responsável por uma única pétala de rosa, enquanto um deva mais evoluído pode tomar conta de toda uma floresta, de toda uma espécie animal ou de toda uma cidade.

Há devas que se dedicam à cura, devas que se dedicam a rituais, devas que tomam conta da paisagem, devas inspiracionais, devas guardiães, etc. Os devas não pertencem ao reino humano. Embora trabalhem cooperativamente conosco, eles têm o seu próprio caminho de evolução. (Na tradição havaiana, diz-se que um Eu Consciente tem de servir como aprendiz, como um espírito da natureza, antes de se transformar em um Eu Superior.)

Em sânscrito, deva significa "o que brilha", e quando "vemos" ou captamos os devas, muitas vezes eles aparecem como centelhas de luz, brilhantes formas de energia ou vagas formas luminosas. Com mais freqüência, nós apenas temos uma "impressão" de sua presença, que não pode ser definida nos termos de nossos cinco sentidos convencionais.

Se você quer "ver" espíritos da natureza tais como as fadas, a sugestão habitual é andar pela floresta ou por outra paisagem ao ar livre, e prestar atenção à sua visão periférica. Observe as pequenas luzes brilhantes! Ou sente-se tranqüilamente numa área ajardinada ou florestal e olhe calmamente. Desfocalize levemente os olhos, de modo que não fique olhando "para" o cenário, mas "através dele", focalizando os espaços *entre* as plantas e as árvores. Novamente, preste atenção também à sua visão periférica. (Aprender a ver auras e ser naturalmente sensível à energia, onde quer que ela esteja, também ajuda nesse processo de "sintonização" com os seus sentidos mais sutis.)

A comunicação com os devas requer sintonização com o Espírito – ficar calmo, amoroso e expansivo – e, então, fazer o uso das palavras que lhe parecerem apropriadas para "abrir o canal". Quando morei do outro lado da Highgate Wood em Londres, muitas vezes eu me sentava no meu ponto de observação pessoal num tronco caído de árvore, e me sintonizava com o Espírito das árvores, dos esquilos ou dos outros devas. Em seguida, ficava à espera, tornando-me receptiva para que a "mensagem" me alcançasse. (Normalmente, sinto uma expansão psíquica – e as palavras chegam num fluxo suave mas muito forte.)

Num dia frio de inverno, fiz a eterna pergunta "Quem sou eu?" – e depois fiquei esperando. Uma folha se agitou atraindo o meu olhar, e quando virei a cabeça para olhar, um esquilo pulou para uma árvore próxima, sua silhueta destacando-se contra um enorme sol de inverno, cor de laranja. Nesse momento, uma voz disse: "Eu sou a folha que se agita na brisa. Eu sou o esquilo que salta ao redor da árvore. Eu sou a árvore, majestosa e tranqüila. Eu sou o pôr-do-sol no inverno. Eu sou o avião a jato que passa no céu fazendo ruído. Eu sou a voz que fala e aquela que ouve."

Desde essa ocasião, e depois que visitei Findhorn (a comunidade espiritual na Escócia), e que trabalhei nos seus famosos jardins, eu nem sequer sonharia em transplantar uma árvore, planta ou arbusto – ou até mesmo em regar as rosas – sem antes me sintonizar rapidamente com o reino dévico pedindo pela sua ajuda. ("Alô, devas das rosas. Vou regar as rosas agora; portanto, me ajude a fazê-lo da melhor forma possível, para que elas possam florescer e ser belas. Obrigada pela ajuda.") Também podemos pedir inspiração aos devas antes de criar a paisagem de um jardim – embora sejamos *livres* para ignorar os seus desejos se optarmos por fazer isso e seguir o nosso caminho. Ou podemos nos sintonizar com o Espírito para ajudar uma planta de casa ou do jardim e perguntar de que ela precisa para recuperar o equilíbrio. (Tudo o que nos impede de trilhar o caminho é a falta de fé na nossa habilidade psíquica.)

Analogamente, se a sua casa for invadida por formigas, ou o seu jardim por toupeiras, você pode sintonizar-se com o Espírito da Formiga ou da Toupeira, e pedir-lhes para irem embora. Parece loucura, mas isso funciona! Naturalmente não funcionará se você lhes ordenar "que saiam da sua propriedade". A sintonização só funciona através do poder do amor. Com gentileza, explique à Formiga ou à Toupeira que, embora as formigas ou as toupeiras tenham tanto direito de viver neste lugar quanto você, você ficaria muitíssimo grato se elas se mudassem para um campo próximo, para um terreno desabitado, ou ficassem no jardim em vez de se instalarem na casa. Ouça pacientemente a resposta (em imagens, palavras ou sentimentos). A Formiga ou a Toupeira podem ter outra sugestão a fazer, ou se comprometerem a solucionar o problema em troca de lhes providenciar comida e abrigo. Seja o que for que você "ouvir", tenha confiança.

Como sempre, deixe-se surpreender. Quando me mudei para o campo, minha gata logo trouxe para casa um monte de ratos, ratos silvestres, musaranhos e pássaros, que ficava caçando no estúdio, batendo neles, com as patas, com grande alegria. Por isso, comecei a pedir desculpas ao Espírito de cada animal. Entretanto, certo dia, quando me sintonizei com o Espírito do Musaranho (no momento em que a minha gata estava devorando um musaranho gordo e suculento no jardim), a resposta convencional que ouvi não foi a que esperava. "Não desperdice a sua tristeza com a criatura que passou para o Espírito. Quando um animal caça outro, ambos assinaram o contrato. A presa está disposta a mudar sua forma, e se expande além de si mesma, à medida que se funde com o Espírito do caçador. Só da sua limitada perspectiva humana é que crueldade e sofrimento estão implícitos. Como humana, você se apega tenazmente à sua forma! O reino animal sabe quando chegou a hora de prosseguir. Tudo está em equilíbrio. É feito um acordo, a consciência existe na forma – e o ato é praticado. Não chore por causa disso." Essa conversa não me fez parar de salvar qualquer presa que ainda estivesse viva, sempre que pudesse, mas essas palavras me ajudaram a aceitar as caçadas de Gemma com muito mais equanimidade.

ANIMAIS DE FORÇA

Outra forma de amigo invisível é o animal de força. Os animais de força são a consciência arquetípica de toda uma espécie. Para qualquer pessoa que se sinta superior ao reino animal (e a maioria de nós aprendeu a se sentir dessa maneira), trabalhar com animais de força pode ser uma experiência humilhante, fazendo-nos lembrar da sabedoria da natureza e das forças das criaturas, nossas companheiras. Os xamãs de todas as culturas e tradições convocam a força dos animais para conseguir poder, proteção, equilíbrio, sentidos bem apurados, vigor e orientação intuitiva.

Os animais de força têm a fama de se transformar em animais de "carne e osso" – muitas vezes comportando-se de modo nada comum – apenas para nos lembrar que a vida é um sonho! Em uma viagem interior, inesperadamente me vi diante de um abutre, que em seguida se transformou no animal de força que eu havia invocado: o peru. Algumas semanas depois, eu caminhava com um amigo em Mount Tamilpais, a montanha sagrada perto de San Francisco, quando uma ave de rapina girou em torno da minha cabeça. Um pouco assustada, perguntei ao meu amigo de que tipo de ave se tratava. "É um abutre-peru," ele disse, para minha surpresa e alegria. Em outra ocasião, um cabrito montês surgiu na estrada quando subíamos por uma passagem sinuosa nas Montanhas Rochosas canadenses. Ele bloqueou nosso caminho por algum tempo e "posou" para fotografias. O cabrito montês era o meu principal animal de força naquela época.

Em um seminário xamânico que dirigi, eu estava conversando durante a pausa para o café, quando dois membros do grupo me chamaram com urgência para um aposento contíguo. Era lá que os fumantes haviam se reunido para a ingestão de nicotina. Pudemos ver algo extraordinário no peitoril da janela. Uma gralha-calva estava no peitoril, com um isqueiro no bico. Ela tentou acendê-lo várias vezes e em seguida voou, levando-o consigo. Aparentemente, o pássaro havia voado para dentro do quarto e corajosamente levara embora um pequeno pacote de fumo. Em seguida, voltara para buscar o isqueiro! (Os abutres limpam o que não serve mais, e assim transmitem mensagens sobre o desapego em relação ao passado ou a velhos hábitos.) Dois dos fumantes já haviam recebido "avisos" de que deviam deixar de fumar, e acharam que aquela orientação era óbvia demais para deixar de ser atendida!

Animais de força podem ser sentidos por outras pessoas. Uma mestra xamã, Amber Wolfe, conta sobre uma ocasião em que estava fazendo compras em uma joalheria do Novo México, onde foi atendida por uma índia norte-americana.[3] A mulher deixou claro que sabia que Amber devia ser uma mestra xamã. Como sabia disso? "Porque os lobos entraram com você," a mulher respondeu. "Eu os vi com toda a nitidez!" Num dos meus cursos intensivos, invoquei o meu principal animal de força – o Lobo – e pedi que cada um tentasse adivinhar qual era o animal. Quatro das dezoito pessoas disseram que era o Lobo (e uma disse que era um cão alsaciano). Uma mulher até descreveu-lhe o pêlo cinzento e os olhos cor de âmbar. Um resultado bastante impressionante!

Embora cada pessoa tenha os seus próprios "animais de força" que a acompanham durante toda a vida (ou, ao menos durante longos períodos), podemos invocar o Espírito de qualquer animal de cujas forças específicas ou qualidades temos necessidade. Por exemplo, eu invoco o Cabrito Montês sempre que estou trilhando os caminhos estreitos da montanha, e isso me ajuda a manter os pés firmes.

Talvez você queira comprar uma fotografia, desenho, um boneco de pelúcia, uma escultura de madeira ou outra representação do(s) seu(s) animal(is) de força. Mentalmente, peça que o seu animal se aproxime, e em seguida mantenha os olhos abertos. Você poderá encontrá-lo numa liqüidação, numa loja de antigüidades ou até mesmo jogado no chão. Também poderá recebê-lo de presente.

Seus animais de força significam o que você quiser que eles signifiquem. Eu, por minha vez, já achei freqüentemente que os significados tradicionais dos animais de força são úteis para entender por que determinado animal se aproximou de mim. Os seguintes tópicos, apresentados de maneira bem sucinta, são baseados na tradição dos índios norte-americanos (e dos celtas). (Para obter um manual indispensável acerca dos ensinamentos dos nativos norte-americanos, completado com figuras de animais que constam de um baralho, leia *The Medicine Cards*, escrito por Jamie Sams e David Carson, publicado pela Bear & Co.)

COMO ENCONTRAR O SEU ANIMAL DE FORÇA

Relaxe profundamente e imagine que está em um lugar tranqüilo junto à natureza. Use todos os seus sentidos para colocar-se nessa situação. Em seguida, descubra um jeito de entrar bem fundo na terra: talvez uma fonte, uma caverna, um tronco oco de árvore, uma mina ou um túnel. Siga essa passagem aprofundando-se na Mãe-Terra até emergir numa paisagem natural: talvez uma floresta, uma campina, uma praia, um deserto, as margens de um rio ou uma montanha.

Quando estiver pronto, invoque o seu animal totêmico para fazer-lhe companhia. (Você pode ou não descobrir mudanças na paisagem.) Dentro de pouco tempo, um animal ou um pássaro se aproximará de você. Não tente adivinhar qual será. Deixe-se surpreender! Via de regra, o animal deve apresentar-se quatro vezes, ou de quatro maneiras diferentes, se for o seu animal de força. Saúde-o de forma amigável e respeitosa, e pergunte-lhe se é o seu animal de força. Se disser que sim, o animal poderá levá-lo numa viagem simbólica, ou falar com você usando as palavras que a mensagem contém ou as forças ou qualidades que ele traz como presente.

Agradeça ao seu animal de força e peça que o Espírito dele fique com você. Neste ponto, ou o animal inteiro ou uma forma-espírito fragmentada se fundirá com o seu corpo. Sinta a força do animal dentro de você. Sinta as suas qualidades, os seus sentidos, o seu corpo dentro de você, quase como se você estivesse se transformando nesse animal. Não se apresse e absorva a sua energia, o seu Espírito. Ele pode até dar-lhe um poema ou uma canção. Se quiser, "transforme-se" no animal, por alguns momentos, correndo, nadando ou voando, caçando ou pastando, aprumando-se, dormindo como o animal... Feito isso, bem pausadamente, volte ao quarto em que estava.

(Sempre que precisar do seu animal de força, simplesmente chame pelo Espírito dele, inale profundamente, e as forças e qualidades dele ficarão à sua disposição.)

Formiga

Seja paciente, e confie no processo da vida; como a formiga, trabalhe para o bem de todos.

Antílope

Necessidade de ação rápida e decisiva: faça-o agora! Faça o que diz. – Viva a vida de acordo com as crenças que tem.

Tatu

Seja claro quanto aos seus limites; aprenda a dizer Não; também verifique se a sua "couraça" não se transformou em prisão.

Texugo

Lute pelo que quer; manifeste suas emoções; mas evite expressões doentias de raiva (em si e nos outros).

Morcego

Morte e renascimento simbólicos; uma mudança importante na sua vida, que tanto pode ser dolorosa ou feliz – tudo depende de você! Também pode ser um aviso contra a estagnação.

Urso

Necessidade de olhar para dentro, e de se analisar honestamente; reserve um tempo para o silêncio e a solidão: confie na sua intuição.

Castor

O construtor; ponha suas idéias em ação; abra novas portas e preste atenção a todas as opções possíveis; necessidade de trabalho em equipe.

Pássaro

Liberdade; a necessidade de se libertar e de vislumbrar o próprio potencial.

Melro

Segredos de magia e a habilidade de viajar pelo outro mundo.

Búfalo ou Touro

Oração e abundância. "Peça e lhe será dado." Seja grato pelas bênçãos que recebe e você receberá mais.

Borboleta

Necessidade de mudança; reconheça os diferentes estágios da mudança – às vezes, poderá parecer que não está acontecendo nada; esteja certo sobre o seu próximo passo; valorize mais o processo do que o objetivo.

Gato

Focalização e concentração; concentre-se no que quer; também é útil como guardião e quando tiver de enfrentar confrontos.

Gralha

Presságio de mudança; necessidade de integridade pessoal; saiba que as regras podem ser destruídas e que as únicas leis verdadeiras são as leis sagradas; evite a rebeldia pela rebeldia; aprenda com o passado e libere-o.

Cervo

Seja gentil consigo mesmo e com os outros; aprenda o poder do amor incondicional e da aceitação; também pode ajudar nas jornadas para o outro mundo e na mudança de forma (veja Capítulo 10).

Cão

Serviço à humanidade; seja leal aos seus ideais; seja cauteloso quanto à necessidade de aprovação: aprenda a ser o seu melhor amigo.

Delfim

Percepção e o alento da vida; respire profundamente, completamente; fique presente no momento – e aprenda a brincar!

Dragão

Um símbolo de iniciação, de despertar espiritual; seja corajoso!

Águia

Fique ligado ao Espírito; esteja consciente das lições espirituais que está atraindo; aprenda a confiar quando se aventurar em território desconhecido; também um lembrete para manter o equilíbrio. (Se uma águia perde uma pena, ela se equilibra soltando uma pena da outra asa.)

Enguia

Ótima como protetora; também oferece sabedoria e inspiração.

Alce

Vá mais devagar para não ficar esgotado; cuidado com o aumento da tensão; busque apoio de amigos do mesmo sexo.

Raposa

A capacidade de ficar invisível; observe os outros sem ser notado; fique para trás e ponha-se a observar por alguns instantes.

Sapo

Necessidade de se limpar e de se refrescar; limpe qualquer negatividade do seu ambiente; talvez você precise de um pequeno retiro "antes de dar o mergulho".

Lebre

Portadora de mensagens intuitivas do Outro mundo.

Falcão

Fique atento para uma mensagem; observe cuidadosamente. O falcão também dá acesso à sabedoria das eras.

Cavalo

Símbolo de poder e de compaixão; a necessidade de equilíbrio e de totalidade; a sabedoria vem da lembrança de toda a sua jornada; o cavalo também é um guia útil no mundo sobrenatural.

Cavalo-alado

Inspiração; alcance as estrelas!

Beija-flor

Espalha alegria, beleza e magia pelo mundo! Tenha consciência da sua necessidade de liberdade; mantenha o coração aberto.

Jaguar

Animal mágico, muitas vezes associado ao chamado para tornar-se um xamã.

Leão

Tenha cuidado com o abuso de poder, quer esteja liderando, quer seja liderado; lidere com integridade; tenha um coração de leão.

Lagarto

Esclareça os seus Sonhos para o futuro – e trabalhe no sentido de realizá-los; portanto, preste atenção aos sonhos que ocorrem durante a noite.

Lince

Alguém pode estar lhe ocultando algo; confie na sua intuição; consulte os oráculos; cuidado com as fofocas.

Alce

Tenha orgulho do trabalho bem-feito; esteja consciente da diferença entre uma sadia auto-estima e o egoísmo.

Rato

Preste atenção aos detalhes; organize-se; observe-se e observe os outros (de perto).

Lontra

Lealdade, compaixão e partilha; proteção e cura. Honre e valorize o seu lado feminino; não leve a vida demasiado a sério.

Coruja

Cuidado com a decepção; use o seu discernimento; seja honesto consigo mesmo.

Touro

Veja *Búfalo*.

Porco

Inspiração criativa, clarividência e profecia.

Porco-espinho

Necessidade de uma fé infantil, de confiança e inocência.

Coelho

Não seja tão medroso; aquilo a que você resiste persistirá; relaxe, proteja a si mesmo e elimine os seus medos.

Corvo

A magia está no ar – talvez uma mudança na consciência? Esteja disposto a enfrentar a sua própria sombra; evite desejar mal a alguém. (O corvo também é o animal de força da Inglaterra.)

Rena

A dádiva do conhecimento; alegria no conhecimento e na sabedoria.

Salmão

Aquisição de conhecimento; cura de feridas emocionais; siga a correnteza.

Jaritataca

Necessidade de respeito próprio e de tranqüila autoridade; tenha cuidado ao extravasar energia para os outros.

Cobra

Necessidade de mudança e de "largar a pele velha"; aceite todos os aspectos de sua vida, se quiser mudar.

Aranha

Cuidado ao tecer a sua própria teia. Não fique preso na sua própria ilusão; também libere a sua criatividade; que tal escrever um diário?

Esquilo

Prepare-se para o futuro, e livre-se de tudo o que não lhe servir mais; não se apegue ao passado através do medo.

Veado

O poder do "princípio masculino" dentro de nós; também pode ajudar nas viagens para o outro mundo e na mudança de forma.

Cisne

Confiança e submissão ao processo da vida; confiança na sua intuição e siga a correnteza.

Peru

Necessidade de transcender a si mesmo para servir aos outros; seja generoso com o seu espírito; não dê com a intenção de receber.

Tartaruga

Honre a Mãe-Terra e a Deusa; fique firme.

Unicórnio

Traga a magia para a sua vida; não perca tempo.

Baleia

Ouça os sussurros; você tem todas as respostas no seu interior; poderes psíquicos e clariaudiência.

Lobo

Sabedoria; um inovador que veio para ensinar; em tudo você pode descobrir um mestre; continue buscando novos mestres; passe algum tempo em lugares solitários dotados de energia.

Pica-pau

Um símbolo de fartura.

O PODER DA DEUSA

Os deuses e as deusas de culturas antigas podem ser vistos como energias arquetípicas, ou como seres conscientes dos reinos angélicos, que passaram para o nosso inconsciente coletivo. (Assim como a tradição judeu-cristã tem os seus anjos, outras culturas têm seus deuses e deusas.) De qualquer modo, podemos pedir a sua ajuda, da mesma forma que podemos invocar os nossos guias ou animais de força.

A maioria dos ocidentais está familiarizada com os deuses gregos e romanos, com os arcanjos, como Miguel e Gabriel, e um pouco menos com as divindades celtas, como Ceridwen e Rhiannon. As deusas do Havaí são muito menos conhecidas ainda; contudo, achei que são energias fortes com as quais se pode trabalhar:

Hina

Deusa da beleza. Hina é a mais conhecida deusa da Polinésia, representando o princípio feminino, a Lua e o mar. Ela usa vestes brancas e cor de prata. Podemos invocá-la ao desejar que a nossa beleza interior se irradie, para nos ajudar a viver em harmonia com as nossas emoções e com o nosso corpo, ou sempre que precisarmos "ser" mais e "fazer" menos.

Haumea

Deusa que preside o nascimento dos filhos. A deusa da abundância. Seu nome significa O Construtor. Ela é uma deusa da Mãe-Terra, ligada ao reino mineral. Invoque-a para a fertilidade e o nascimento de filhos, ou para atrair prosperidade e abundância.

Hi'iaka

Deusa da ação. Hi'iaka era conhecida pelas suas aventuras vencendo dragões maus e resgatando o seu amado das garras da morte. Invoque-a para a cura, para obter consciência e coragem.

Pele

Deusa da energia. Pele é a deusa fogosa dos vulcões. Seu nome significa A que Movimenta e o seu elemento é o Fogo. Pode ser invocada para obter energia, paixão e motivação.

Laka

Deusa do amor. Laka está associada às fragrâncias e às plantas – útil para aromaterapeutas e herboristas. Seu nome significa A Atraente. Vestese de verde. Laka pode ser invocada quando queremos atrair amor e amizade.

Kapo

Deusa dos sonhos. Seu nome significa A Invisível. Carrega os poderes das habilidades psíquicas e do trabalho com os sonhos.

Uli

Deusa da magia. Vestida de púrpura ou de preto. Invoque-a quando quiser manifestar um Sonho, ou quando precisar de ajuda para entender uma mensagem ou orientação.

Quando quiser invocar uma deusa, sintonize-se com o Espírito. Em seguida, imagine que você está diante de uma bela paisagem. Quando estiver pronto, chame a deusa usando as palavras que achar apropriadas. Por exemplo: "Invoco a deusa Hi'iaka. Por favor, ajude-me a ter coragem para realizar os meus Sonhos, para dar os passos necessários e para ter uma visão clara do futuro." Então espere expectante até que a deusa chegue. Ela pode aparecer em forma humana ou angélica, ou pode vir como energia em turbilhões ou como uma bola de luz. Você também pode simplesmente sentir a presença dela à sua volta. A deusa pode dar-lhe energia de cura ou inspirar-lhe novas idéias. Você também pode desconhecer o que está se passando e, no entanto, sentir que Ela está fazendo tudo o que é necessário. (Se preferir, invoque a deusa sem nenhuma visualização, permitindo que ela venha até onde você está sentado. Você pode senti-la como energia ou ouvir mentalmente as palavras Dela como pensamentos.)

Depois que tiver trabalhado com as deusas havaianas durante algum tempo – ou com quaisquer outras representantes do poder feminino – talvez você queira invocar a própria Deusa. Se fizer isso, leve a coisa a sério. Tome um banho de chuveiro, acenda velas e queime incenso; peça que Ela venha até você na forma que Ela quiser assumir. (Ela pode lhe aparecer como uma visão, como energia, como palavras, como sensação ou como uma necessidade de reequilibrar a sua vida e expressar mais o seu lado "feminino".) Apenas fique sentado tranqüilamente e espere... Repita o processo até ter uma inequívoca experiência intensa da presença e do amor da Deusa.

Não estamos sós. Vivemos num universo amoroso e estamos cercados de auxiliares invisíveis. *Tudo o que temos de fazer é pedir*. Se você está programando o seu futuro, peça por ajuda para co-criá-lo. Se precisa de orientação, peça. Se precisa de cura, peça. Se precisa de paz de espírito, de coragem, ou de senso de humor, peça. Se você quer abençoar uma casa, peça ajuda. Peça a seus guias, peça aos anjos, peça às fontes canalizadas, peça aos espíritos da natureza, peça aos seus animais de força, peça a um santo, peça aos arcanjos, peça a Deus/Deusa. "Peça," diz Orin. "Não podemos dar-lhe nada a menos que você peça. O universo espera que você peça."

E se, alguma vez, se sentir só, com medo, aborrecido ou talvez cheio de amor, de alegria e de gratidão, simplesmente feche os olhos, estenda a mão e sinta o aperto suave como se um amigo invisível colocasse a mão protetora dele na sua.

8
Muitas mãos tornam o trabalho mais fácil

Nossa força está em saber, com certeza, o papel que o nosso trabalho pode representar na criação de um mundo mais bonito. O milagre é pensar na nossa carreira como a nossa contribuição, conquanto pequena, para a cura do universo.

Marianne Williamson[1]

"Graças a Deus é sexta-feira!" A visão da Velha Era é que o trabalho é apenas um meio de ganhar dinheiro para a sobrevivência. Ele paga as contas, mantém um telhado sobre a nossa cabeça, nos dá uma identidade e nos faz sentir úteis. Provavelmente, é monótono, cansativo e destituído de alma – e temos de executá-lo por mais ou menos quarenta anos. Mas, se tivermos sorte, obteremos umas férias anuais para podermos ficar deitados na praia durante duas semanas e armazenar energia para enfrentar outro ano de trabalho. Em qualquer caso, sempre existe a esperança da aposentadoria!

Na Nova Era, nossa atitude quanto ao trabalho está mudando dramaticamente. Estamos reconquistando a diversão, a alegria e a paixão pelo trabalho. Estamos aprendendo a fazer aquilo de que gostamos, a seguir o nosso coração – pois, ao fazê-lo, estamos recolocando o Espírito no nosso trabalho. Estamos pensando naquilo que viemos fazer – o nosso Sonho secreto, a contribuição única que viemos dar; o modo pelo qual nós nos "extravasaremos" para o mundo.

Você veio fazer aquilo que mais quer fazer. Aquilo pelo que o seu coração anseia. Tudo o que lhe parecer mais desafiador e que faz a sua adrenalina subir, ou que faz com que as horas passem como se fossem minutos.

O trabalho de sua vida não se revelará num súbito lampejo de luz. Você não acordará certa manhã sabendo que a sua missão é fundar um centro educacional beneficente que preserve o conhecimento e a sabedoria de povos tribais, ou que fabrique automóveis que corram movidos a água ou a luz solar. Em vez disso, você poderá sentir-se chamado para organizar e ministrar aulas noturnas, para angariar fundos para fins assistenciais, e ainda para fazer uma viagem à Tailândia e ficar fascinado pela cultura das tribos das montanhas – e assim por diante. Você também pode aperfeiçoar-se em engenharia e tecnologia; obter experiência em transportes e tomar parte em grupos ecológicos. Pouco a pouco, você combinará as suas áreas de experiências e o nosso Sonho sagrado se concretizará. Tudo o que precisamos é saber o próximo passo a dar.

Nossa singularidade é a nossa dádiva ao mundo. Duas pessoas não têm as mesmas qualidades, visão e experiência, e o trabalho da nossa vida emerge do cadinho de cada um. Habitualmente, somente em retrospecto podemos ver por que completamos certo curso de treinamento ou por que trabalhamos para determinados fins caritativos ou desenvolvemos determinado passatempo. A experiência nunca é desperdiçada, e observar onde estivemos sempre oferece as chaves do mistério quanto ao rumo que iremos tomar.

Muitas vezes, quando *combinamos* várias habilidades ou interesses é que descobrimos a nossa missão – e um passatempo pode, de repente, encaixar-se no enigma. Sempre gostei de cantar e sempre procurei fazê-lo; contudo, a minha excessiva dedicação ao trabalho me dizia que era perda de tempo e de dinheiro, visto que eu estava praticando o canto "só por prazer". Depois que completei trinta anos, descobri, por fim, uma professora de canto, e logo se tornou claro o motivo pelo qual eu necessitava desenvolver a minha voz; era para projetá-la em grandes salões de conferência e para dirigir os cantos e as cerimônias durante os seminários. Nada é desperdiçado, e tudo o que desejarmos fazer honestamente – seja grande, ou pequeno – vem da orientação do Espírito.

COMO DESCOBRIR A SUA MISSÃO DE VIDA

1. Anote toda a sua experiência de trabalho até o momento (incluindo trabalho gratuito e voluntário). O que aprendeu com ela? Que conhecimentos, habilidades e capacidades você adquiriu? Quais são as suas aptidões pessoais? Quais são os seus talentos naturais? Que outras fontes de lucro você tem (por exemplo, capital, poupança, contatos de negócio e contatos pessoais)? Quais são os seus passatempos e interesses (passados e presentes)? O que lhe dá mais alegria?

Finalmente, anote os Sonhos que mais o entusiasmam em relação ao planeta – como gostaria que o mundo mudasse. Se você agitar todos esses ingredientes, descobrirá muitas dicas sobre a essência da sua missão de vida.

(Algumas vezes, nossa experiência de trabalho é complementar. Por exemplo, você pode trabalhar num banco durante dez anos para se firmar na vida, e aprender como lidar com dinheiro, antes de desenvolver suas habilidades paranormais ou de cura – embora tivesse muitas "indicações" quanto à sua futura carreira. A maioria das pessoas não começa a executar sua missão antes dos 35 anos, e alguns, que precisam de toda uma série de habilidades e de experiência, começam muito mais tarde.)

2. Sintonize-se com o Espírito, e peça por um símbolo da sua missão de vida. Espere pacientemente até receber uma imagem de algum tipo – e dê graças ao Espírito. Então desenhe, fabrique ou compre a imagem que viu, e ponha-a onde possa vê-la todos os dias. Toda vez que olhar para ela peça mentalmente ao Espírito para lhe mostrar qual é o próximo passo rumo a sua missão – e "saiba" que receberá a orientação pedida. (Wild Oat, o remédio floral de Bach, também pode ser útil no despertar do seu propósito de vida.)

Há alguns anos, quando pedi ao Espírito por um símbolo para a minha missão, ele me mostrou – em diversas ocasiões – a imagem de duas serpentes enroscadas no bastão de Hermes, o mensageiro dos deuses. Muito tempo depois, compreendi como a imagem era apropriada. Ela não é só um símbolo de cura, mas também representa a fusão de dois mundos, o bastão que une o céu e a Terra – o "casamento sagrado" do nosso lado esquerdo com o direito.

FAÇA AQUILO QUE VOCÊ GOSTA

"Habilidade não é a resposta, nem o dinheiro. O que você precisa é de otimismo, de humanidade, de entusiasmo, de intuição, de curiosidade, de amor, de bom humor, de magia, de diversão e daquele ingrediente secreto – a euforia." (Anita Roddick, fundadora do Body Shop.)[2]

Muitas pessoas acham que não podem fazer o que amam *e* pagar as contas. Algumas vezes isso acontece porque elas ainda não descobriram como *combinar* suas várias habilidades e interesses para oferecer algo singular ao mundo. Sandie formou-se como psicoterapeuta da Gestalt, mas era de dançar que ela mais gostava. Atualmente ela dirige cursos sobre dança e movimento como instrumentos de crescimento pessoal. Tony recebeu treinamento de carpinteiro e é também um habilidoso solista de violão e de bandolim. Ele instalou um negócio rendoso, ou seja, uma fábrica de instrumentos musicais. Há ocasiões em que temos de combinar nossos talentos e habilidades com outros (ou mudar de sócio nos negócios). Júlia era professora de literatura inglesa, mas sua grande paixão era viajar. Casou-se com Ian, formado em teologia e em misticismo. Juntos, eles organizam e dirigem "viagens sagradas" por todo o mundo – e complementam seu ganho escrevendo sobre essas viagens.

Outro motivo comum para sentir-se frustrado ou estagnado é achar que o trabalho *tem de ser* uma luta! Se você acha que só ganhará dinheiro fazendo algo de que não gosta, ou que os seus amigos e família se queixam de seus empregos, então você precisa examinar melhor os seus conceitos sobre o trabalho. Se for esse o caso, crie um mapa tipo aranha – veja no Capítulo 4 – e escreva: "O trabalho é ...." no centro do círculo. Anote todos os pensamentos, crenças ou mensagens que lhe vierem à mente. Em seguida, mude todos os conceitos negativos – e observe suas desvantagens por permanecer num trabalho de que não gosta. (Martírio? Busca de aprovação? Manutenção da segurança? Preferir devanear a agir?)

À medida que a Nova Era se aproxima, está se tornando muito mais fácil prosperar materialmente se estamos fazendo aquilo de que gostamos. À medida que o plano terrestre muda para uma freqüência mais elevada, muitos dos que trabalham unicamente pelo dinheiro estão se tornando dispensáveis ou descobrindo que os seus lucros estão começando a "minguar", de tal maneira que são *forçados* a mudar. Está se tornando cada vez mais primordial fazer aquilo de que gostamos.

Mas quem fará todos os trabalhos materiais e enfadonhos? Eu penso que os tipos de trabalho que destroem a alma vão desaparecer gradativamente, quando as pessoas não estiverem mais em condições de executá-los. Descobriremos novas soluções, novos modos de realizar as tarefas, se houver suficiente vontade para fazer isso. Além disso, não devemos imaginar que todas as pessoas consideram o mesmo trabalho maçante. Tive uma faxineira que vibrava de entusiasmo com o trabalho dela e que se considerava muito feliz. Ela tinha pena de mim, quando me via durante horas e horas sentada diante do computador, todos os dias. É tudo uma questão de atitude – e de descobrir o tipo de trabalho que seja certo *para você*!

"Mas o que acontecerá se fizermos a escolha errada?" Antes de entrar nesta encarnação, sua alma se decidiu acerca da *essência* da sua missão, do destino escolhido. A *forma* que ele tomar, depende de você. Não há escolhas erradas. O seu Eu Superior não tem uma tábua de pedra inscrita com o seu compromisso de vida: "Escreva vinte romances e sessenta contos sobre o tema do poder curativo do amor. Não volte para Casa enquanto esta missão não estiver completa." Não é assim que o Espírito age!

Escrever romances é uma forma escolhida, não a essência. Se os temas que escolheu são, por exemplo, "o poder curativo do amor" e "comunicação/aprendizado", então a sua missão *pode* assumir a forma de você ser um escritor – ou você pode ser um médico num hospital-escola, um conselheiro de negócios que ajuda os executivos "a viver com o coração". Você pode dirigir um lar para crianças, ou ser um mecânico de oficina. Enfim, há milhares de outras possibilidades. Se você gosta do que faz, é sinal de que está no emprego certo (ao menos por enquanto).

Quando estamos no nosso caminho mais elevado, as portas tendem a se abrir com facilidade. É fácil alcançar sucesso, até mesmo "milagres", isto se agirmos em harmonia com o destino escolhido. (Quando comecei a escrever como *free-lance*, com a idade de 21 anos, quase todo artigo que escrevia era aceito pelas revistas de alta moda feminina. Em pouco tempo fui contratada. Fazendo uma retrospectiva, consigo entender que essa foi a maneira de o Espírito me encorajar a continuar escrevendo, visto que isso seria de suma importância para a minha missão.)

Se você está lutando para obter um emprego, ou se as portas continuam sendo batidas na sua cara, pode ser que você esteja percorrendo uma rua sem saída, ou a sua sincronicidade está falhando. Se fez uma escolha que não deu certo, tente outra coisa! Você ganhará com a experiência. Afinal, você tentou. Não há erros – apenas aprendizado.

Se o emprego que você quer não existe, por que não criá-lo? Steve, o caçador do monstro de Loch Ness (Capítulo 4), não ficou sentado à espera que houvesse um anúncio de: "Precisa-se de um caçador de monstros." Ele foi em frente e criou esse emprego!

Outra abordagem é anotar a essência do seu trabalho ideal. Por exemplo: "Horário flexível, trabalhar com as mãos, viajar, curar, fazer música, trabalhar com pessoas, continuar aprendendo, organizar, ser criativo..." Em seguida, sintonize-se com o Espírito, acenda uma vela e queime o papel, pedindo ao Espírito para lhe enviar seu emprego ideal, ou para lhe mostrar os próximos passos rumo ao mesmo. (Guarde uma cópia da sua lista, para olhar surpreso para ela quando descobrir o emprego dos seus Sonhos!) Você também pode fazer uma viagem interior para encontrar o seu Eu Futuro e pedir a sua orientação.

Se você não tem idéia do que o seu coração deseja fazer, passe algum tempo na biblioteca, ou visite um bom conselheiro profissional, ou tente alguma coisa – qualquer coisa! – até descobrir o que o faz vibrar de entusiasmo. Ou faça uma viagem interior para encontrar o eu que está impedindo você de saber o que quer. Ouça os seus medos, dê-lhe amor e elimine os bloqueios. Nas palavras de Ralph Waldo Emerson, *seja qual for* o trabalho que você fizer neste ínterim, "coloque o seu amor onde estiver o seu esforço". Quando gostamos daquilo que estamos fazendo, nossa capacidade de atrair o ideal torna-se muito maior.

VOCÊ ESTÁ NO EMPREGO CERTO?

1. Do que você gosta? Escolha qualquer item da lista abaixo e faça um sinal. Faça dois sinais naqueles itens que têm prioridade para você. (Sinta-se à vontade para acrescentar suas idéias pessoais.)

Ser criativo/inovador
Chegar com novas idéias
Encontrar novas pessoas
Trabalhar como membro de uma equipe
Ser independente
Ter de tomar decisões rápidas
Ter de enfrentar desafios
Entrada regular e garantida de dinheiro
Pesquisa/estatísticas
Ter um escritório para onde ir
Cuidar corretamente dos detalhes
Colocar as idéias no papel
Trabalhar em projetos
Trabalhar em casa
Cuidar da contabilidade
Marketing/vendas
Controle do dinheiro
Cura
Trabalhar com animais
Trabalhar com plantas

Liderança/liderar outros
Ter um produto acabado
Trabalhar ao ar livre/na natureza
Viajar
Assumir riscos
Cantar/dançar/teatro
Usar a imaginação
Falar ao telefone
Levantamento de fundos
Fazer/construir coisas
Trabalhar com a mídia
Trabalhar com computadores
Pôr idéias em prática
Informar as pessoas
Ter um parceiro de negócios
Criar uma visão do futuro
Ajudar pessoas, uma a uma
Influir sobre um grande número de pessoas
Escrever
Ensinar
Negociar
Sentir-se desafiado
Trabalhar com os necessitados
Idéias da Nova Era
Morar na cidade
Morar no campo
Ter uma rotina estável
Ocupar-se fisicamente
Trabalho interior/meditação
Artes e ofícios
Trabalho manual
Ajudar pessoas a descobrir soluções
Trabalho comissionado
Coordenar grupos
Simplificar dados complexos
Fazer algo novo
Ler
Causar impacto sobre instituições
Resolver problemas
Grandes variedades
Bastante tempo livre
Trabalhar com crianças
Trabalhar com horário certo
Flexibilidade de horário
Cuidar dos outros
Conservar o bom humor
Trabalho em rede
Local de trabalho agitado, barulhento
Trabalhar em paz e tranqüilamente
Dirigir o próprio negócio

2. Seu emprego atual oferece oportunidades, desafios e o ambiente de trabalho que você assinalou? Você poderia mudar a prioridade do seu trabalho de tal modo que ele *ofereça* o que você quer? Ou terá de mudar sua área de atuação? (Não imagine que está no emprego errado só porque não tem ao seu lado pessoas com as quais você se dá bem. Sua missão pode ser a de Guardião da Luz nessa firma ou instituição, se for esse o papel que gosta de representar.)

3. Se pudesse fazer o que quer sem ter preocupações financeiras, o que você faria? Qual seria o seu estilo de vida ideal? Como poderia se aproximar desse estilo de vida *agora*?

4. O que o sucesso representa para você? (Tente ignorar o que ele representa para as outras pessoas. Pergunte a si mesmo o que ele representa para *você*.

SIM, MAS... E SE...

Todos temos monstros interiores que nos seguram assim que começamos a nos sentir esperançosos e com coragem. Quais são as suas desculpas prediletas para não fazer aquilo de que gosta? Você faz o jogo de "sim, mas"? ("Sim, mas não sou suficientemente esperto / bastante talentoso / suficientemente rico / suficientemente qualificado..." "Sim, mas estamos em tempo de recessão." "Sim, mas eu sou pai solteiro." "Sim, mas ninguém me pagaria para fazer o que gosto." "Sim, mas isso significaria uma falha no orçamento." "Sim, mas a maioria não gosta de seus empregos; portanto, tudo bem se eu também não gostar.")

Talvez você prefira o jogo do "e se"? ("E se eu falhar, o que acontecerá?" "E se o meu dinheiro acabar?" "E se a casa cair?") Talvez você seja dado a procrastinações. ("Vou fazer isso no *próximo* ano." "Vou começar quando os filhos saírem de casa." "Vou mudar quando tiver 30/40/50 anos.") Ou você usa a ambivalência como desculpa? ("Um dia estou a favor de algo, no dia seguinte não; portanto, acho que ainda não estou preparado.") Ou a sua desculpa é o dinheiro? ("Eu faria isso se tivesse dinheiro, mas tenho de esperar.")

Seja qual for a nossa resistência, pagamos um alto preço por ela. Ela nos impede de alcançar alegria e vigor. Ela nos impede de realizar o nosso Sonho sagrado. Ela nos impede de alcançar o Eu Superior. Pode significar o desperdício de uma vida. (Sim, você pode ter muitas outras vidas, mas acaso estará de fato preparado para desperdiçar *esta* – uma vida para a qual o seu Eu Superior tem tantas esperanças, uma vida em que você tem oportunidades ilimitadas?)

Sempre que fazemos o que o nosso coração quer, o Espírito pula de alegria e, via de regra, nos dá uma ajuda. Quando larguei o emprego no Health Service, eu tinha umas parcas economias e uma grande dívida. Não tinha outros planos a não ser escrever *Living Magically* e mais algumas vagas noções sobre o trabalho *free-lance* de escrever e ensinar; mas eu "sabia", sem sombra de dúvida, que estava tomando a decisão correta. Acreditei que, passo a passo, eu seria guiada na direção do meu propósito mais elevado. A sensação era parecida com a de andar por uma falésia – algo amedrontador, mas estimulante! Desde então, vivi cada vez mais os meus Sonhos. Acaso me arrependi da minha decisão de sair do meu emprego seguro? Em nenhum momento!

A IMPORTÂNCIA DE "MANTER O BOM HUMOR"

Seja qual for a sua atividade – quer você seja um homeopata, um analista de sistemas, uma dona de casa ou o jardineiro de um grande estabelecimento comercial, o tempo mais importante da sua semana de trabalho é (ou deveria ser) o seu "tempo para idéias". Ser criativo e inovar no nosso trabalho aumenta o desafio e torna-nos satisfeitos, e nos ajuda a crescer com alegria em vez de crescer através de luta. Quando eu trabalhava no Health Service, regularmente eu incluía uma "sessão de idéias" no meu diário – o que significava rever como eu gastava o meu tempo, que aspectos do trabalho me entusiasmavam mais, como poderia melhorar o meu trabalho ou usar o tempo com mais eficiência, e como poderia descobrir novos modos de me aproximar do pessoal que cuida da saúde mental.

Dependendo do seu trabalho, você pode querer usar sua "sessão de idéias" para descobrir formas inovadoras de *marketing* ou de publicar o seu trabalho, novos serviços que você pode oferecer, rever as suas prioridades, reorganizar o seu tempo, descobrir como se expandir, como introduzir mais alegria ou mais desafios no seu trabalho, ou como resolver um problema que o está atormentando. Você também pode decidir mudar de emprego, começar uma nova carreira ou participar de um seminário de treinamento. "Sessões de idéias" regulares oferecem a oportunidade de contatar o seu lado esquerdo e ouvir as sugestões do Espírito.

Para cada sessão de idéias, você pode levar um caderno de anotações e uma caneta a um parque próximo, a uma igreja, a um jardim ou a um lugar tranqüilo onde não será perturbado. Observe quando e onde se sente mais inspirado. (Se as suas melhores idéias lhe vêm no banheiro ou em longas caminhadas pelo campo, considere esse tempo como a prioridade máxima da sua semana e assegure-se de ter sempre o caderno e a caneta à mão.) Sintonize-se com o Espírito e peça inspiração sobre (digamos) o que deve mudar no seu trabalho, ou projetos e idéias para o futuro, ou como tornar o seu trabalho mais eficiente ou mais prazeroso.

Anote quaisquer idéias que lhe dêem um "sinal", mesmo que pareçam estranhas. As idéias "malucas" muitas vezes são as melhores! (Certa vez, conheci uma advogada da administração pública que havia decidido tornar-se uma pintora de paisagens – apesar de nunca mais ter empunhado um pincel desde a época da escola! Decorridos dois anos, ela estava ganhando a vida num padrão adequado como artista, e mudou-se para um lugar idílico, no campo, em Wales.)

Depois da sua "sessão de idéias", reveja suas anotações, decida quais convêm desenvolver e comece a trabalhar (por exemplo, "Telefonar para Susan e Tom amanhã, para discutir a nova proposta". "Pesquisar sobre cursos noturnos sobre restauração de móveis." "Contatar a rádio local com referência à idéia de publicidade."). Procure agir imediatamente, antes que os seus "monstros" tenham tempo de se recuperar e de oferecer resistência!

Muitos de nós crescemos com uma visão puritana, antiquada sobre o que "é" trabalho; mas o que eu sei é que eu trabalho melhor quando a minha vida está equilibrada e faço muitos passeios pelo campo. Quando me sinto perdida "negociando", raras vezes uso bem o meu tempo e quase nunca tenho novas idéias. Nosso tempo receptivo, para ouvir sugestões (lado esquerdo), é tão importante quanto o nosso tempo produtivo, para agir (lado direito).

Branda Ueland afirma que a inspiração vem lenta e silenciosamente, e precisa do que ela chama de "tempo para devanear" – bastante tempo para "curtir" o Sonho, para perambular e para vadiar. "As pessoas que estão sempre fazendo algo às pressas, e estão tão ocupadas como ratos valsando, têm idéias pequenas, contundentes, em forma de *staccato*", diz ela, "mas elas não têm idéias grandes, geradas lentamente."[3] Quando vivemos correndo, sempre em atividade, ficamos limitados ao nosso lado direito.

Mahatma Gandhi costumava tecer a própria roupa, o que, eu tenho certeza – além de sua importância política – era uma oportunidade para devanear. *Seu* tempo de devaneio pode implicar ficar deitado na cama, sair a passeio, decorar a casa, jogar críquete, viajar, fazer jardinagem, ver novelas na televisão... Naturalmente, só *você* sabe se essas atividades significam devanear – dando lugar ao seu lado esquerdo – ou se está apenas se preocupando, sentindo-se entediado, desperdiçando tempo ou evitando as coisas que necessariamente tem de fazer.

Os compulsivos pelo trabalho mostram um grande desdém pelo devaneio. Eles estão ocupados demais para ter esses "luxos". O compulsivo pelo trabalho é medroso, inflexível, e sente-se impelido a trabalhar, com o desespero sempre à espreita. O trabalho é uma fuga em vez de ser uma alegria. Os que realmente *gostam* do que fazem, por outro lado, são alegres, abertos, brincalhões; não parecem ter pressa, embora sejam apaixonados. São capazes de parar de trabalhar e relaxar a qualquer hora – e eles *adoram* devanear!

O NASCIMENTO DE UM PROJETO

Sempre que criamos algo novo – quer seja um negócio, um livro, um panfleto, um plano, um projeto, uma pintura ou o molde de um vestido – é importante reservar tempo para o trabalho interior, para que possamos dar à luz o projeto na sua forma mais elevada. Se pularmos esse estágio, o resultado pode ser confuso, caótico ou insatisfatório.

O trabalho interior pode assumir várias formas – assim como arranjar tempo para "devanear" a fim de processar ou programar o futuro, transformando os bloqueios, ou simplesmente saber esperar pelo momento certo. O trabalho interior também pode significar "trabalhar com o projeto enquanto energia".

Tudo o que existe sempre tem um padrão não-manifestado de energia. O padrão de energia pode ser vago e confuso, cheio de cores contrastantes, luminoso, harmonioso, organizado e simétrico, ou caótico mas interessante – e cada padrão terá uma "forma" diferente quando traduzido para a realidade material. Ao trabalhar com o padrão de energia de um projeto, antes de traduzi-lo para a realidade física, podemos produzir o que queremos na forma mais elevada possível, e com muito mais facilidade do que se o fizéssemos diretamente.

Sempre que me sento para preparar um texto, planejar um seminário ou escrever um artigo, começo por trabalhar com o projeto como energia, "fazendo-o nascer na matéria" – uma técnica que aprendi pela primeira vez com Orin e DaBen.[4]

TRABALHAR COM UM PROJETO COMO ENERGIA

Relaxe profundamente e então imagine que em algum lugar, a distância, o projeto está na sua forma não-manifestada, como um padrão de energia. (Se você ainda não pensou muito no projeto, essa "forma" provavelmente será vaga, sombria e caótica. Se se trata de um projeto importante, que você vem alimentando há algum tempo, sua forma energética será mais brilhante, excitante ou intrigante.)

Envie sua consciência para fora, como se você estivesse "procurando" pelo projeto. Talvez ele seja uma nuvem rodopiante de névoa azul-acinzentada, ou um móvel geométrico feito de triângulos coloridos, ou de pequenas explosões de luz coloridas, ou ainda como uma esfera pulsante em tons violeta e laranja. Assim que puder ver e sentir esse projeto, imagine esse padrão tornando-se mais belo, brilhante, harmonioso ou interessante. Encha-o de amor e de alegria. Use a consciência para mudar o padrão energético até que este lhe pareça completo.

O próximo passo é trazê-lo à realidade física. Imagine que há uma barreira entre você e o padrão energético, que marca os limites entre a realidade física e a não-física. (As realidades não-físicas simplesmente vibram em freqüência diferente.) Mentalmente, empurre o padrão energético através da barreira, dando-o "à luz na matéria". Você poderá ver isso como um monte de flocos de neve entrando pela janela do saguão, ou através de uma porta suspensa no espaço, ou como uma teia de aranha quase invisível, ou da forma que você preferir.

Uma vez nascido na matéria, imagine que o padrão energético está se aproximando lentamente, atraído até você. Ele passa para o seu campo áurico, para seus pensamentos e emoções, e em seguida para o seu corpo físico. Então peça que as suas células absorvam a sua energia para o seu DNA.

(Este processo é muito mais simples do que parece. Assim que dominar o modo de proceder, você precisará apenas de alguns minutos – e, depois desse trabalho preparatório, começar o projeto propriamente dito é surpreendentemente fácil.)

COMO ATRAIR CLIENTES/FREGUESES/OPORTUNIDADES

(Para os que trabalham como autônomos, para os que trabalham no comércio ou que precisam de novos contatos ou oportunidades.)

Relaxe profundamente. Em seguida, imagine que você está numa praia deserta. Use todos os seus sentidos interiores para se ver nessa situação. Então olhe em volta para descobrir alguns meios para voar, talvez uma grande pipa, um par de asas, um helicóptero, uma águia ou o seu guia. Você irá voar através do oceano até uma montanha distante com um templo magnífico no topo.

Voe rumo à montanha e circule bem alto acima do templo. Procure um grande campo aberto e aterrisse suavemente. O seu guia (ou o seu Eu Superior) lhe dará as boas-vindas e o levará ao centro do pátio.

Diga ao seu guia o que você vê como o(s) mais elevado(s) propósito(s) do seu trabalho. Como o seu trabalho serve (ou servirá) às pessoas? Como ele ajudará a criar um mundo melhor? Conte ao seu guia sobre a sua visão do futuro, e por que você acredita apaixonadamente no seu trabalho. Em seguida, peça ao seu guia para ajudá-lo a atrair clientes ou contatos para o seu trabalho ou novas oportunidades.

Imagine raios de luz emergindo do seu coração, e, mentalmente, chame clientes ou contatos na sua direção. Esses raios de luz agora estão atraindo pessoas que partilham da sua visão, ou que se beneficiam com o seu trabalho. Veja as pessoas entrando no pátio, e colocando-se ao seu redor. Imagine que cada vez mais pessoas entram no pátio. Você se sente bem por atrair tantas pessoas assim para o seu trabalho? Continue atraindo até achar que há um número suficiente de pessoas. (Talvez você precise de dois ou três contatos, ou de alguns milhares deles.) Diga a essas pessoas como espera servir ou trabalhar com elas.

Finalmente, pergunte ao seu guia se há mais alguma coisa que tem de fazer para que esses clientes ou contatos tenham consciência do seu trabalho. Agradeça ao seu guia, aos seus futuros clientes ou contatos – e, tranqüilamente, volte ao aposento em que está. Repita o mesmo procedimento tantas vezes quantas quiser.

Uma advertência de amiga: este processo pode ser muito eficaz; portanto, esteja preparado para conseguir o que está pedindo! (Essa viagem interior está disponível em fitas: *Creating Success in Business*, de minha autoria.

ALGUMAS PALAVRAS SOBRE O DINHEIRO

Tradicionalmente, os que estão no caminho espiritual sabem distinguir entre objetivos materiais e espirituais – mas isso pressupõe que haja uma divisão entre matéria e espírito. Se tudo é uma centelha da Fonte criativa, então uma abóbora é tão espiritualizada quanto um sacerdote; um cartão de crédito é tão espiritualizado quanto uma vela. Todo Sonho é um Sonho espiritual. O Deus/Deusa é *tudo*!

O dinheiro é simplesmente uma energia que reflete nossas crenças sobre a riqueza do universo, e de quão "merecedores" nós nos sentimos. Não há uma quantia fixa de dinheiro no mundo. Como qualquer economista pode confirmar, o dinheiro aumentará ou diminuirá magicamente, de acordo com o nível de confiança das pessoas. Quando coletivamente nós nos sentimos positivos e ricos, a economia tende a melhorar. Quando coletivamente nós nos sentimos medrosos e limitados, a economia cai.

Isso significa que é mais espiritual ser rico? Naturalmente não. Mas também não é mais espiritual ser pobre. Se fosse, por que estaríamos tão preocupados com a pobreza no mundo? Ao contrário, a pobreza bloqueia o nosso crescimento espiritual, visto que significa termos de nos concentrar na mera sobrevivência.

O dinheiro por certo não é uma panacéia; ele não garante a felicidade, o amor ou a segurança; mas *é* uma forma de fortalecimento. A menos que nos decidamos a viver num mosteiro ou convento pelo resto da vida, temos de ter dinheiro para viver – e precisaremos ter ainda mais dinheiro se quisermos crescer, mudar e dar Luz ao mundo! E embora ganhar dinheiro seja apenas *um* modo de recebê-lo, trata-se do método usual para a maioria de nós. Também é um símbolo de quanto nos valorizamos a nós mesmos, de quanto pensamos valer, de quanta responsabilidade assumimos em nossa vida, e de qual o grau de poder que achamos razoável para nós mesmos.

O bom é que quanto mais dinheiro ganhamos, tanto mais teremos para dar. Toda vez que eu gasto dinheiro, eu lembro a mim mesma que estou contribuindo para a prosperidade de outra pessoa – e imagino que alegria seria preencher cheques vultosos para gestos altruístas, para fazer surpresas para os amigos, dando-lhes presentes ou ser capaz de tornar realidade os sonhos dos outros. O dinheiro em si não é um grande objetivo – mas ganhar dinheiro *a fim de* realizar nossos Sonhos pessoais e globais, *a fim de* realizar a nossa missão, é essencial para o nosso propósito mais elevado.

Temos de abandonar a idéia da Velha Era de que o dinheiro, de algum modo, é "mau", que é mais espiritual ser mártir puritano, que nega dinheiro a si mesmo. À medida que nos aproximamos da Nova Era, devemos nos abrir ao ilimitado e à riqueza. É hora de viver nossos Sonhos e de ajudar os outros a realizar os deles. O dinheiro – como a alegria, o amor ou a coragem – é energia. Podemos nos tornar receptivos a essa energia ilimitada, permitindo que ela flua livremente, entrando e saindo da nossa vida, ou podemos bloqueá-la. A escolha é nossa.

Quando *abençoamos* os que prosperam, em vez de julgá-los ou invejá-los, atraímos prosperidade para a nossa vida, de forma que também possamos realizar nossos Sonhos, cumprir nosso objetivo mais elevado e viver num mundo de felicidade e de alegria.

TEMAS ECOLÓGICOS E ESPIRITUALIDADE

O que dizer dos temas ambientais? O planeta não tem recursos ilimitados. Estamos quase acabando com as nossas florestas tropicais, com a camada de ozônio, com os combustíveis fósseis e com outros recursos naturais. Por isso, a pergunta muito natural é: de onde pode surgir a riqueza?

Na minha opinião, nós criamos os problemas ecológicos *para descobrir as soluções*. Os assuntos relativos ao meio ambiente estão nos forçando a pensar de forma global, a ampliar o nosso ângulo de visão; estão forçando as nações a trabalharem juntas e a reconhecerem que não estamos separados uns dos outros ou do nosso planeta. A crise ecológica é uma oportunidade para reconhecer que não podemos saquear o nosso planeta sem devolver o que tiramos, e que temos de optar entre um cenário sombrio, que nos levará à extinção, como se deu com os dinossauros, e uma visão da Nova Era em que trabalharemos juntos como um todo para criar um planeta seguro, limpo, tranqüilo e harmonioso para as futuras gerações.

Todo tema global é um reflexo dos temas que estamos enfrentando coletivamente – e aponta o caminho para possíveis soluções futuras. Nossa dependência em relação aos combustíveis fósseis, por exemplo, reflete a nossa crença de que "os suprimentos um dia se esgotarão"; de que não são suficientes para a nossa sobrevivência, além da nossa tendência de nos apegarmos ao passado. À medida que nos livrarmos do nosso pensamento fixo na escassez e começarmos a pensar mais na abundância, aceitando uma nova visão do futuro, criaremos modos de usar fontes de energia limpas, seguras, renováveis e ilimitadas.

Portanto, se reciclarmos nossas garrafas, se tornarmos a usar os envelopes e apagarmos as lâmpadas acesas desnecessariamente, será que estamos deixando de lado uma maneira de pensar sobre escassez ou estamos apenas sendo farisaicos? Só você pode saber. Para muitos, reciclar e conservar recursos é um modo divertido de cuidar do planeta e uma metáfora para trazer o que é *útil* do passado para o presente. Isso pode nos tornar mais conscientes de uma ligação com o planeta e o reino mineral e com a própria Mãe-Terra. Para outros, há um pouco mais de astúcia nos motivos que os levam a reciclar materiais.

Tenho minhas dúvidas sobre se reusar garrafas de vidro irá salvar o planeta – no entanto, o que importa realmente é o impacto que isso causa sobre a nossa *consciência*, sobre a nossa *percepção* de usar um banco de garrafas. É o modo como essa consciência se difunde, transformando-se em amor pelos outros, em amor pelo mundo em cada aspecto da nossa vida. Trata-se da diferença entre apatia e distanciamento, do nosso cuidado e interligação. Ora, *isso* pode transformar o nosso planeta.

MUDANÇA PESSOAL, MUDANÇA GLOBAL

Eu acho que a nossa primeira responsabilidade é fazer a nossa vida dar certo. Ao encontrar a paz interior, por exemplo, *estamos* contribuindo para a paz global – com muito mais eficácia do que alguém que levanta bandeiras e escreve cartas de protesto enquanto trava uma luta consigo mesmo. A paz do mundo começa com a paz interior. (Assim que tivermos descoberto a paz interior, poderemos optar por abordar o tema da paz mundial de uma perspectiva mais elevada – e, portanto, com um impacto muito maior.)

Intuitivamente, acho que uma atuação sociopolítica motivada pelo medo, pelo ressentimento, por *"noblesse oblige"*, por farisaísmo, por baixa auto-estima ou para evitar problemas na nossa vida pessoal, pouco provavelmente terá um impacto positivo. A ação nascida do medo não terá energia para provocar uma mudança. Analogamente, suspeito que o dinheiro que é dado para ações de caridade devido à culpa ou ao desejo de se sentir "melhor" é o mesmo dinheiro que é malbaratado em custos administrativos ou o que deixa de cumprir seu objetivo.

Seja qual for o tema global que esteja preocupando você, vale a pena perguntar a si mesmo o que o tema significa *pessoalmente* para você, e como você pode contribuir ao se modificar. Se está envolvido em assuntos femininos, considere: a sua própria energia "feminina" e "masculina" estão bem equilibradas e integradas? Você resolveu seu relacionamento com o seu pai? Se estiver preocupado com a camada de ozônio, está se sentindo desprotegido em sua vida, ou inseguro em relação a seus próprios limites? Se estiver preocupado com a violência contra as crianças, está cuidando da própria Criança interior, ou o tema lhe oferece uma oportunidade de liberar a raiva reprimida ou a sua tristeza? Se o seu coração se inclina para os "prisioneiros da consciência", de que modo você está impedindo a si mesmo de ser livre? Não digo isso para afirmar que os temas globais não são importantes por si mesmos. Não há dúvida de que são. A questão é que nós *também* os criamos como símbolos – tanto pessoal, como globalmente.

O interior e o exterior constantemente espelham um ao outro. Trata-se dos dois lados da mesma moeda. A ação sociopolítica precisa andar de mãos dadas com o crescimento pessoal, com a autoconsciência – contudo, estar envolvido em temas sociais, ambientais e globais no nível pessoal *tem* aspectos terapêuticos, mesmo que seja em pequena escala. A ação social pode ajudar a curar nossas feridas interiores. Se nos dedicarmos ao mundo com amor – talvez através do nosso trabalho remunerado e/ou ajudando num bazar de caridade, escrevendo cartas para a Anistia Internacional, sustentando uma criança no Terceiro Mundo, trabalhando como samaritano, reciclando latas e garrafas, comprando unicamente ovos de galinha caipira, comprando um acre da floresta tropical, fundando um grupo ou criando um projeto, ou seja o que for que nos sintamos compelidos a fazer – isso nos obriga a pensar na nossa conexão com tudo. Ajuda a nos expandirmos além dos limites do nosso lado direito, da nossa separatividade e a nos lembrarmos de que todos somos Um.

Naturalmente agir exteriormente é apenas um modo de servir ao mundo. Também podemos ajudar – muito mais do que podemos imaginar – ao trabalharmos nos planos interiores. Ao manter a visão do futuro que queremos criar, ao enviar amor e cura para aqueles que deles necessitam, podemos causar um forte impacto no mundo. (Se trabalharmos com amigos ou em grupos, o resultado pode ser bem mais emocionante.)

Muitas pessoas têm trabalhado nos planos interiores para evitar um grande terremoto na Califórnia – "enchendo" a fissura de San Andreas com amor, visualizando San Francisco ou Los Angeles nos séculos XXI ou XXII ou comunicando-se com a própria Terra. (Isto só parecerá uma loucura se esquecermos que tudo é energia consciente e que criamos a nossa própria realidade.) Acaso será coincidência que o forte terremoto de San Francisco em 1989 ceifou espantosamente poucas vidas, apesar de todas as expectativas em contrário?

COMO CURAR O PLANETA

Não há um modo certo ou errado de trabalhar nos planos interiores. O que importa é a nossa intenção. Se você põe o seu coração e a sua alma para enviar amor e luz a áreas atingidas pela fome, ou para os sem-teto, ou para os golfinhos, ou para uma área atingida por uma catástrofe, para um problema global, ou para um país que necessita de mais Luz, então essa energia irá para onde ela for mais necessária, independentemente da "técnica" que você usar.

Primeiro, sintonize-se com o Espírito. Então você pode optar por enviar luz, cor, por sentir amor em seu coração, por visualizar alegremente o futuro que deseja criar, ou por rezar pedindo a ajuda do Espírito. Tudo o que importa é o amor que você sente, ou a sua intenção de curar. Confie em que saberá quando é hora de parar; isso pode acontecer depois de dois ou de vinte minutos.

(Você pode começar ou terminar cada dia com uma sessão de cura global – ou realizá-la semanal ou quinzenalmente. Se você prefere não se ater a compromissos regulares, simplesmente envie cura sempre que tiver vontade. Uma vez por ano é melhor do que nunca!)

MUITAS MÃOS FACILITAM O TRABALHO

Embora o nosso Ego possa, orgulhosamente, imaginar que estamos aqui para salvar o planeta ou, ao menos, fazer algo de grandioso e impressionante, a realidade é que – com exceção de raros líderes inspiracionais, como Madre Teresa e Martin Luther King – estamos aqui para oferecer a nossa *pequena* contribuição para o mundo. Como indivíduos, nossa missão não é muito difícil. Temos simplesmente de acender a nossa própria vela; viver com alegria, viver em harmonia, fazer aquilo de que gostamos e realizar os nossos Sonhos. À medida que cada um de nós começar a viver na Luz, o mundo se tornará um lugar mais claro e feliz para se viver.

Mudar o mundo é um trabalho coletivo de amor. Cada um de nós é uma peça única no gigantesco quebra-cabeça da vida – e, se cada um fizer a sua parte para aumentar a luz, o amor e a alegria no planeta, criaremos juntos uma Nova Era. Há milhares e milhares de Guardiães da Luz vivos no planeta hoje, e muitos mais estão para nascer a fim de continuar nosso trabalho para as gerações futuras. Somos também constantemente guiados e inspirados por nossos amigos invisíveis. Não estamos sozinhos em nossas visões, em nossas esperanças. Juntos, passo a passo, podemos criar e *criaremos* um céu na Terra.

9
Momentos mágicos

As nuvens acima de nós se juntam e se separam,
A brisa no pátio vai e volta,
A vida também é assim; então, por que não relaxar?
Quem pode nos impedir de festejar?

Lu Yu[1]

Lembro-me, certa vez, de ter olhado fixamente para o vapor que subia de um bule de café, e o meu coração se encheu de encanto e alegria inexplicáveis diante da beleza e da majestade desse acontecimento "comum". No entanto, quantas vezes realmente vemos, ouvimos, tocamos e sentimos o milagre comum da nossa vida cotidiana? Com que freqüência estamos "ocupados demais" para observar o sol se pôr, ou ouvir o canto dos pássaros? Quantas vezes consideramos o dia de hoje como "simplesmente mais um dia"? Quanto da nossa preciosa vida desperdiçamos em tranqüila sonolência?

No Havaí, a palavra "ano" significa o momento presente, semente, tranqüilo, respeito, sagrado e santo. Em inglês, não é por simples coincidência que a palavra *"present"* também significa *"um presente"*. O momento presente é um presente sagrado – e a menos que estejamos plenamente "presentes" nesse momento, não estamos totalmente vivos. O mestre budista Thich Nhat Hanh observa que viver sem consciência – por exemplo, beber um chá sem *saber* que estamos bebendo chá – é viver como uma pessoa morta. "Tempo não é dinheiro. O tempo é muito mais precioso do que o dinheiro. Tempo é vida." Certa vez eu o ouvi dizer: "Use o seu tempo bebendo o seu chá!"[2]

O momento presente é o nosso ponto de força. O agora é o único tempo que podemos viver. Agora é o único tempo em que podemos mudar, liberar o passado ou tomar decisões. Quanto mais "presentes" estivermos numa experiência, tanto mais lucraremos com ela. É provável que você não tenha nenhum problema *agora*, neste momento – a não ser que um cachorro louco esteja tentando avançar contra você, ou um oficial de justiça esteja pondo as suas coisas na rua. Grande parte da sua tensão provém de reviver o passado ou de divagar sobre possíveis futuros. (Se você *tem necessidade* de se preocupar com o amanhã, então ao menos dê à sua preocupação atenção plena, e depois livre-se dela!)

Quando vivemos no momento, colocando o coração e a alma em tudo o que estivermos fazendo – beber chá, cheirar uma rosa, ouvir música, fazer amor, meditar, lavar pratos – começamos a entender o nosso verdadeiro potencial. O céu é aqui e agora; ele está na magia comum deste momento.

Embora cada experiência seja única, quantas vezes negamos este fato? Quantas vezes pensamos: "Esta é apenas uma xícara de chá, como milhares de outras que já bebi antes", ou "é apenas outra noite passada em casa," ou "apenas mais um dia de trabalho?" Em cursos de final de semana, muitas vezes peço às pessoas que completem uma tarefa durante a noite para discuti-la no dia seguinte. Invariavelmente alguém diz: "Eu sabia o que aconteceria se fizesse isso," ou "Já fiz este tipo de exercício antes, e não estou a fim de me preocupar com ele outra vez". Sempre é triste ouvir esses comentários. Bem que poderíamos dizer que já vimos um pôr-de-sol antes, portanto, para que nos preocuparmos observando outros? Que meditamos há cinco anos, não havendo portanto razão para meditar outra vez. Há uma riqueza incrível em cada experiência – se ficarmos completamente despertos, plenamente presentes. Como diz Dan Millman,[3] não há momentos comuns.

No filme *Thelma and Louise*, duas mulheres fazem uma pausa em sua vida rotineira. Thelma é uma dona de casa infeliz e aborrecida. Louise trabalha como garçonete. Num encontro com bêbados, fora do bar, Thelma é ameaçada de estupro – e Louise pega seu revólver e atira no agressor. De repente, as mulheres são perseguidas como assassinas. Elas fogem. Dirigindo-se para a fronteira mexicana, forçadas a viver por conta própria e a abandonar seu estilo de vida anterior, começaram a se sentir plenamente vivas, e a descobrir forças e potenciais ocultos. "Você está acordada?", Thelma perguntou quando em plena madrugada correm velozmente através do deserto. "Estou. Aliás, não me lembro de me sentir tão acordada antes... Tudo parece diferente."

"Despertar" é um presente tão precioso que podemos ficar aterrorizados só de pensar em perdê-lo. Sylvia teve um despertar espiritual com trinta anos, depois de desenvolver uma doença potencialmente fatal no sangue. Juntas, analisamos o motivo pelo qual ficara doente e como ela poderia recuperar a saúde. Numa viagem interior, Sylvia encontrou uma figura negra, encapuzada, que lhe contou que, se se recuperasse, ela poderia "adormecer" outra vez – e que não valia a pena correr o risco. Para tristeza daqueles que deixou para trás, ela morreu um ano depois.

VIVER O MOMENTO

Onde você está sentado, agora mesmo, tome consciência do que o rodeia. Mesmo que o cômodo em que se encontra seja conhecido, olhe em volta como se nunca o tivesse visto. Aprecie as diferentes cores e desenhos, as texturas e as superfícies, os padrões e formas. *Olhe* realmente.

Você consegue sentir a magia deste momento? O que pode sentir exatamente agora? Talvez o peso do seu corpo contra a cadeira, a sensação de suas roupas contra a pele, a maciez fria da capa do livro contra seus dedos? Consegue sentir a magia? O que consegue ouvir exatamente agora? A batida do relógio, o canto dos pássaros, o tráfego lá fora? Consegue sentir a magia? O que está sentindo exatamente agora? O que consegue cheirar? O que consegue saborear? Olhe para o seu sapato, a sua meia ou o seu pé descalço – consegue sentir a magia disso? Você consegue sentir a magia de simplesmente estar vivo neste momento – vivendo em meio a este teatro tridimensional que chamamos planeta Terra?

Quantas vezes você se sente tão plenamente acordado, tão plenamente consciente quanto agora? Quantas vezes você sente a magia de cada momento?

EIS A QUESTÃO!

Um modo comum de "despertar" para os milagres habituais da vida é enfrentar uma crise ou uma tragédia. Privação, perda ou uma doença grave podem vir como lembretes úteis de que a vida não continua para sempre, de que temos de apreciar cada momento. Hilary, uma secretária de trinta e nove anos, descobriu há um ano que estava com câncer de mama. Desde então, diz ela que deixou de se irritar ao encontrar meias sujas no chão do banheiro, ou ao perder um programa predileto de televisão. O que lhe importa mais é passar "tempo de qualidade" com sua família e amigos, caminhar até o rio, cultivar o jardim. Coisas simples. "A vida se tornou muito mais simples, mas de alguma forma mais concentrada. Os dias costumavam se atropelar; mas agora todo dia é precioso e único. Diante da possibilidade de eu nunca mais ver os narcisos silvestres, comovi-me até as lágrimas de alegria e gratidão ao vê-los florescer há algumas semanas – e toquei suas pétalas com grande ternura! Não estou certa de realmente *ter visto* um narciso silvestre antes."

Os xamãs há muito já falavam da morte como sábia conselheira. O fato de sermos mortais pode levar-nos a reavaliar nossas prioridades e a pensar que a vida não é um ensaio geral. Eis a questão! Não há uma previsão interminável de "amanhãs" e de "anos vindouros". Se perdermos uma oportunidade, pode acontecer de não termos outra chance.

Um amigo meu, Sam, estava planejando passar um final de semana com seus pais. Eles sempre haviam querido viajar, e Sam pretendia surpreendê-los com passagens aéreas. Devido aos compromissos de trabalho, ele resolveu adiar sua viagem na última hora – e marcou uma data posterior. Alguns dias depois, Sam recebeu um telefonema no trabalho. O pai havia morrido de ataque cardíaco. De repente, o trabalho não pareceu mais tão importante e Sam tirou uma licença de uma semana para dar apoio à mãe e cuidar do funeral.

Uma lição semelhante pode nos ser dada de forma bem mais suave. Quando eu estava com dezenove anos, visitei Pisa durante uma viagem pela Europa. Como estava enfrentando dificuldades financeiras, decidi não pagar o pequeno preço da entrada para escalar a famosa Torre Inclinada. "Voltarei à Itália em outra ocasião," disse a mim mesma. Pouco tempo depois, a Torre foi declarada perigosa e fechada ao público – portanto, provavelmente perdi minha única chance de visitá-la. Foi uma lição simples, mas nunca a esqueci.

ENFRENTANDO A SUA PRÓPRIA MORTE

1. Como você *espera* morrer? Com quantos anos imagina que estará? Quem você acha que estará junto de você? Essas expectativas estão baseadas no seu histórico familiar, nas estatísticas de saúde ou provêm de outra fonte? Anote tudo sobre essa "morte programada". Depois jogue o papel fora, no vaso sanitário, como um símbolo de liberação.

2. Agora, como você *escolheria* morrer? Com quantos anos? Quem estará com você? Analisando a sua vida, o que será capaz de afirmar com satisfação? O que aprendeu? Que qualidades você desenvolveu? Como gostaria de ser lembrado? Imagine a cena da sua morte nas cores mais vivas que puder para programá-la como um futuro provável. Você quer ser enterrado ou cremado? Quais as instruções que deixará para o seu funeral? Se pudesse escrever o próprio epitáfio, como ele seria?

3. Como se sente ao pensar na própria morte? Sente-se triste, amedrontado, excitado, indiferente? Gostaria de evitar este exercício? Está consciente de que o seu tempo aqui é limitado, de que todo dia é precioso? O que é de fato importante na sua vida? Você vive como se cada segundo fosse muito valioso?

O ESPÍRITO DE VIDA COTIDIANA

Um dos desafios da vida moderna é "ficarmos despertos" quando nos vemos diante das exigências da rotina cotidiana. É demasiado fácil relegar a nossa percepção espiritual às manhãs de domingo, a um ocasional seminário, à meditação diária, às épocas de crise, em vez de sermos realmente íntegros em cada momento de nossa vida.

Quanto maior a freqüência com que nos lembrarmos do Espírito, mais fácil será ficarmos "despertos" durante todo o dia, todos os dias. Cada um de nós precisa descobrir um jeito pessoal de fazer isto, até que ficar desperto se torne um hábito indestrutível, o nosso modo natural de viver no mundo.

Por exemplo, você pode continuar a perguntar a si mesmo, "O que estou sentindo?", ou "Estou desperto?", "Qual é a oportunidade deste momento?," "Onde está o amor deste momento?" Ou você pode "concentrar-se no seu interior" algumas vezes por hora – quer esteja numa reunião de negócios, num trem, ou numa rua supermovimentada, tendo presente que você é uma centelha de Deus/Deusa, que toda orientação vem de dentro, ou que toda felicidade e alegria estão no seu íntimo. Expresse seus propósitos ou use outras técnicas. Ou simplesmente faça uma respiração profunda, lenta, repetida.

Se tem filhos em casa ou mesmo se somente tiver a sua Criança interior – adote o método Findhorn de pintar "Amor", "Alegria", "Prazer" e outras qualidades de alma em bonecos, dê nome aos seus quartos, cole anjinhos nas janelas, etc.

Outra possibilidade é unir-se ao Espírito, em todas as suas tarefas. Por exemplo:

- Tomar um banho de imersão ou de chuveiro pode ser uma oportunidade de "limpar-se" do passado, ou de certas crenças negativas, de "lavar" medos e dúvidas, ou simplesmente de liberar o dia. ("À medida que a água cai sobre mim, ela lava e elimina medos e dúvidas do dia que estou iniciando. Que a energia da água me encha de segurança e de confiança.")
- Lavar pratos pode ser uma oportunidade maravilhosa de realmente *olhar* para a louça que você usa todos os dias, para observar o milagre das bolhas de água e sabão; ou para se lembrar de que lavar é um ato de amor para aqueles que comeram essa refeição – quer seja apenas você, sua família ou amigos. (Nada constitui "apenas uma repetição" o tempo todo.)
- Cada refeição é uma oportunidade para lembrar-se de que a Terra deu essa dádiva da alimentação, de modo que possamos viver nela. Dê graças da maneira que achar mais correta – e saboreie cada bocado. Você também pode acender uma vela para uma virtude de alma ou para um assunto global.
- Sempre que subir as escadas para o andar superior, você pode afirmar que está alcançando uma perspectiva mais elevada em sua vida, que está se transformando no seu Eu Superior. (Sinta a mudança na sua energia.)
- Sempre que descer as escadas, pode afirmar que sempre respeitará o seu Eu Básico – suas emoções e necessidades físicas – ou que sempre manterá os pés no chão.
- Ao passar pelas portas, imagine que está passando através de uma fina tela em forma de filtro, que "filtrará" o seu medo, a sua dúvida, a pena de si mesmo, o ressentimento, um relacionamento

do passado, ou qualquer coisa que desejar. (Você poderá achar melhor fazer com que cada porta represente o mesmo monstrinho – talvez durante uma ou duas semanas – até sentir que está pronto para prosseguir. Ou pode escolher determinada porta, em casa ou no trabalho, para montar o seu "filtro".)

- Quando estiver fazendo compras, poderá dar graças pelas "compras de conveniência", o que significa que não precisamos mais passar nossos dias juntando e preparando alimentos, mas temos tempo para atividades mais variadas e criativas. Conte com a orientação interior sobre que alimentos comprar, confiante de que seu organismo responderá bem a cada item que comprar. Você pode passar algum tempo parado nas filas reafirmando seus propósitos; buscando "espelhos" nas pessoas à sua volta; ou enviando luz e amor para os que lhe parecem tristes, amuados ou arrasados. Também pode ser divertido perguntar ao seu guia interior qual fila se moverá mais depressa!
- Sempre que olhar para um espelho, é uma boa oportunidade para reafirmar seus propósitos, do tipo "Eu amo você", "Você é uma pessoa bonita", "Hoje estou aberto aos milagres", ou "Estou plenamente consciente em cada momento".
- Quando sair a passeio – mesmo que esteja apenas entrando no carro! – esteja consciente de que está caminhando sobre a face da Mãe-Terra. Agradeça-lhe pela beleza das árvores, do céu, dos edifícios, pelo ar que respiramos e por tudo o que a Terra nos dá.

Certo dia, quando estava andando por uma floresta, o Espírito me deu o seguinte canto para ser recitado (silenciosamente ou em voz alta) enquanto andamos. É um canto de "ponto e contraponto": cada linha é uma orientação do nosso Eu Superior, seguido pela nossa proposta confirmadora. Muitas vezes eu canto durante alguns minutos, no ritmo dos meus passos, pensando no sentido de cada linha, e acho que se trata de um modo muito eficiente de ficar centrado no Espírito:

Ande na beleza – Eu ando na beleza.
Ande na alegria – Eu ando na alegria.
Ande na verdade – Eu ando na verdade.
Ande no amor – Eu ando no amor.
Ande na recordação – Eu ando na recordação.

É interessante criar seus próprios modos de trazer o Espírito para as tarefas diárias, de descobrir o que funciona para você. Também é de vital importância construir um sistema de apoio com amigos que tenham idéias semelhantes, evitar sentir-se isolado, perturbado ou apenas amuado! (Se não conseguir encontrar espíritos afins, talvez acredite que o caminho espiritual é um caminho solitário, ou tenha de se apegar ao fato de se sentir diferente ou "especial".)

Vale a pena observar qualquer situação em que você se sinta fora de equilíbrio, em que é levado a perder a sua percepção superior – talvez quando está diante do seu chefe, quando seus filhos se recusam a ir para a cama, quando sua mãe aparece inesperadamente para uma visita, nas horas de refeição, ou quando seu vizinho começa a tocar guitarra eletrônica. Você está criando essa situação como o seu último desafio! Como vai conseguir ficar "desperto" *nessa* situação? Como poderá manter a calma interior ou o seu senso de humor *nessa* situação? Como você vai se lembrar de que nós criamos a nossa própria realidade, ou de que a Terra é apenas um teatro gigantesco *nessa* situação?

A IMPORTÂNCIA DA RESPIRAÇÃO

Um modo muito conhecido e tradicional de "ficar desperto" é tomar consciência da própria respiração. A respiração é o espírito da vida e, quer nos sintamos energizados, quer nos sintamos exaustos, emotivos ou apáticos, isso muitas vezes depende do modo como estamos respirando. Se estivermos evitando o momento presente, ou reprimindo emoções, nossa respiração automaticamente se torna superficial – e o nosso fluxo energético, conseqüentemente, fica limitado. A respiração superficial pode tornar-se um hábito, o que resulta em ficarmos sempre semiconscientes, sempre semivivos. (Afinal, se suspendermos por completo a respiração, entraremos num estado de inconsciência.)

Constitui boa prática examinar sua respiração várias vezes por dia, dar algumas respiradas lentas e profundas e talvez bocejar e espreguiçar-se para religar-se com o seu corpo e "acordar" para o momento presente. A seguir, ensinamos algumas técnicas de respiração que podem ajudá-lo:

1. Uma boa "respiração de limpeza" é inspirar (através do nariz) como se estivesse puxando o ar para o corpo pela sola dos pés.

Exale o ar pela boca, imaginando que está liberando todo medo ou tensão, ou qualquer energia que não quer mais. Respire lenta e calmamente.

2. Você pode tentar fazer a respiração circular – inspire e expire, plena, profunda e continuamente, sem nenhuma pausa entre as respirações. (Isso pode provocar uma série de respostas físicas e emocionais; apenas observe e aceite o que acontecer. Lembre-se de que você pode parar quando quiser.)
3. Uma técnica respiratória que aprendi no Havaí é conhecida como piko-piko. Ela tem cinco estágios:
   a) Inspire concentrando-se no alto da sua cabeça; depois, expire concentrando-se em seu umbigo.
   b) Inspire concentrando-se nas estrelas; depois expire concentrando-se na terra. (Faça isso do jeito que achar certo para você.)
   c) Inspire através dos ombros e expire através dos quadris.
   d) Inspire concentrando-se no horizonte e depois expire concentrando-se no umbigo.
   e) Concentre-se no seu umbigo.

   (Uma rápida versão do piko-piko, também eficaz para nos fazer sentir concentrados e "presentes", é respirar enquanto nos concentramos no alto da cabeça e no umbigo simultaneamente.)
4. Um método ensinado pelos antigos kahunas do Havaí é respirar profundamente e imaginar que uma fonte está subindo de seus pulmões e jorrando através do topo da sua cabeça. (Acho isso muito energizante e calmante.)
5. Uma "respiração quádrupla" xamânica consiste em dilatar o seu abdômen de forma que o ar "entra" enquanto conta até quatro, fica retido até contar quatro de novo e depois *contrair* o abdômen para que o ar seja expelido enquanto você conta até quatro mais uma vez; então retenha o ar contando novamente até quatro. Repita esse circuito quatro vezes ao todo.
6. Uma técnica tibetana é inspirar pelo nariz enquanto conta lentamente até 8, reter o ar enquanto conta até 32, depois expirar pelo nariz contando até 16. Continue por algumas respirações, sem fazer pausa entre elas. (Esta técnica representa um grande desafio.)
7. Outro método que uso consiste em inspirar, depois expirar ao som de "Om", três vezes seguidas. Diz-se que isso harmoniza os nossos corpos físico, emocional e mental.

8. Finalmente, uma abordagem que aprendi com Emmanuel é imaginar que está inspirando o futuro, com tudo o que você quer se tornar e criar – e expirar o passado, com todos os seus pensamentos negativos e limitações. (Este é um lembrete excelente de que o tempo é sempre o Agora – de que sempre estamos neste ponto de encontro entre o que chamamos de "passado" e "futuro".)

OS INSTRUMENTOS NÃO SÃO O CAMINHO

É muito importante saber que os instrumentos e as técnicas de qualquer Caminho não são o próprio Caminho. Não devemos confundir o dedo que aponta para a Lua com a própria Lua. Minha amiga Tanya, certa vez, dividiu o seu quarto com uma mulher que se levantava às cinco horas da manhã para cantar em voz alta durante duas horas (enquanto Tanya tentava dormir). A mulher, durante o café da manhã, reclamava do fato de Tanya usar a louça "dela", e sentar-se nas cadeiras "dela" antes de fazer as camas e arrumar as roupas de sua seita espiritual; e, então, fazia sua retirada em meio a uma nuvem de incenso ao sair para um emprego que ela francamente detestava! A mulher havia confundido o "dedo que apontava para a Lua" – o canto, as roupas e o incenso – com a "Lua" da espiritualidade.

Espiritualidade não significa ter os livros, as fitas, os óleos, os cristais e os artefatos nativos "certos". Não significa meditar durante horas todos os dias, ou andar por aí parecendo etérico. Não significa praticar danças e cantos sagrados, assistir a cerimônias e rituais impressionantes, decorar textos antigos e saber as últimas palavras do jargão esotérico. Tudo isso *pode* ser útil, interessante, saudável, inspirador e trazer calor para o coração. Pode ajudar-nos a sentir-nos em sintonia. *Pode* ajudar-nos a ficar despertos. Mas também pode ser um veículo para o Ego, criando a mera ilusão de mudança. ("Veja como sou espiritualizado!") Os instrumentos, as técnicas, a escritura, a parafernália – tudo isso não passa de dedos apontando para a Lua.

Acho que deveríamos ter cuidado ao tentar "tornar-nos" um nativo norte-americano, ou um tibetano, ou um sacerdote xintoísta – ou qualquer outra pessoa diferente de nós mesmos. É muito fácil ficar encantado com o exotismo dos cristais, com os bastões de incenso, com o incenso oriental, com o jargão de línguas estrangeiras, com os animais de força, com cantos hipnóticos, e perdermos o referencial disso tudo.

A verdadeira espiritualidade é o amor – amor por si mesmo, amor pelos outros, amor pelo planeta. É sentir-se comprometido com o fato de *estar aqui* no planeta. É *viver* o nosso amor, a nossa sabedoria, em meio aos desafios da vida cotidiana. É ouvir a nossa orientação interior. É ver os milagres comuns. É viver com respeito, com encanto, com fé, com alegria, com gratidão. É ver Deus/Deusa nos olhos de um jornaleiro. É ver Deus/Deusa na renda da toalha de mesa. É ver Deus/Deusa na teia de uma aranha. É saber que o céu está aqui e agora.

OS QUE ENCONTRAM, OS QUE BUSCAM

Um dos paradoxos do Caminho espiritual é que podemos ficar preocupados com o fato de chegar "lá" em vez de concentrar-nos no fato de estarmos "aqui". O Zen-budismo nos ensina a não buscar a iluminação, já que é o mesmo que perseguir a própria sombra. Quanto mais corrermos, mais rapidamente ela se retrairá.

Na minha opinião, há dois aspectos do caminho espiritual: encontrar e buscar. O que Busca dentro de nós pode ser visto como o lado "masculino" da nossa espiritualidade – o lado ativo, empreendedor, orientado para o objetivo; o lado conquistador que pode devorar dúzias de livros, assistir a conferências e a seminários e que reflete sobre a filosofia esotérica. Ele se preocupa mais com os detalhes do que com o quadro como um todo. O que Busca está sempre faminto – sempre apressado para chegar "lá", sempre buscando o futuro.

E há o lado "feminino" da nossa espiritualidade – aquele que encontra a essência dentro de nós. O que encontra vive em estado de Graça, suavemente embalado no balanço de um berço de amor, que não se deixa levar pelas ondas da vida cotidiana. Ele sussurra que não há "nada a fazer, nenhum lugar para onde ir" – que tudo está bem, que tudo é perfeito, que somos incondicionalmente amados. Ele sabe que não há necessidade de lutar, de buscar, que a liberdade provém do fato de saber que já somos livres. ("Qual é o método de liberação?", perguntou Tao-hsin. "O que prende você?", respondeu o mestre. "Ninguém me amarra," disse Tao-hsin. "Por que, então, você deveria procurar a liberação?") Aquele que se dedica a fazer descobertas dentro de nós mantém nossa paz interior.

Eu acho que temos de integrar o Descobridor e o que Busca, o que é e o que vai ser, o feminino e o masculino – visto que ambos são necessários no Caminho espiritual. Nenhuma abordagem é "melhor do que" a outra. Trata-se de ver o que é mais adequado para cada indivíduo em dado ponto da sua jornada. Cada um de nós tem de encontrar o próprio equilíbrio – mas, se andarmos depressa demais apoiados em um só pé, poderemos terminar caminhando em círculos.

Anos atrás, tive um sonho impressionante sobre esse assunto. Nesse sonho, eu era uma hóspede para uma reunião de final de semana em uma grande fazenda. Através das janelas da varanda, eu vi uma mulher delicada, de rosto pálido e cabelo prateado, quase flutuar pelo jardim ensolarado vestindo uma roupa flutuante de *voile* branco; mas assim que senti o impulso de ir atrás dela, outra mulher entrou para conversar comigo. Ela, muito prática, do tipo executiva, extrovertida, usava um vestido justo amarelo, e cabelo dourado como trigo amadurecido ao sol. (Fiquei particularmente impressionada com a cor de seu cabelo.) Enquanto a mulher de cabelos dourados monopoliza a minha atenção, a outra de cabelos prateados passa etericamente através do pátio e desaparece de vista. Na cena seguinte, havia acontecido um assassinato: a mulher de cabelos prateados está morta. No estilo clássico, os detetives nos informam que ninguém deve sair de casa. Notei a mulher de cabelos dourados saindo da sala, e, de repente, eu soube – com total certeza – que ela era a assassina. Eu estava pensando se devia contar aos detetives, quando acordei abruptamente...

Ao analisar este sonho, compreendi com algum horror que a mulher de cabelos prateados representava minha fêmea interior, que estava sendo assassinada pela mulher de cabelos dourados, meu macho interior. (Prata = Lua = feminino. Dourado = Sol = masculino). O desequilíbrio entre os meus eus masculino e feminino fora um tema repetitivo durante muitos anos, mas esta era uma mensagem inequívoca.

Analisando meu estilo de vida, pude ver que estava deixando pouco espaço para o lado feminino. Eu estava sempre ocupada dirigindo seminários, dando ou assistindo palestras, atendendo clientes, fazendo trabalho interior, escrevendo, lendo, administrando meus bens – e mesmo quando reservava tempo para uma viagem pessoal, eu corria de um seminário ou ponto de equilíbrio, ou de um lugar sagrado para outro. Muitas vezes eu estava "ocupada" demais até mesmo para notar as condições do clima lá fora, isso sem dizer que não tinha tempo nem para sentar-me e observar as brincadeiras dos esquilos. Como eu poderia ajudar outras pessoas a viver em equilíbrio, a respeitar a sua totalidade, se a minha vida pessoal não estava equilibrada?

O meu lado masculino sempre foi bem desenvolvido. Tenho um bom intelecto e fisicamente sou forte, prática e independente. Como adulta, estou constantemente buscando novos desafios e me torno inquieta depois de ficar um ano ou dois num emprego ou lugar. Regularmente me mudo para novas cidades onde não conheço ninguém, quase sempre optando por viver sozinha – e gosto de viajar sozinha pelo mundo. Leio com voracidade e me sinto impelida a fazer, a conquistar, a ser produtiva, a ficar ocupada. Tendo crescido numa sociedade que valoriza o lado "masculino" e denigre o "feminino", aprendi muito bem a lição!

Como a Bela Adormecida, muitas vezes imaginei que a felicidade e a iluminação consistem em esperar – elas estão no próximo livro, no próximo seminário, no próximo relacionamento, na próxima cidade. Senti que estava perseguindo o meu eu ideal como se corresse atrás de um trem, mas que, se conseguisse me emparelhar com ele, ficaria feliz e satisfeita. Eu sabia, *na teoria*, que o desafio estava em amar a mim mesma como eu era, mas, na prática, o amor-próprio sempre parecia estar depois da esquina. Eu não me sentia nada importante, nunca sentia que estava correspondendo às minhas altas expectativas, nunca sentia que havia feito o bastante, que havia contribuído com o suficiente para ser amada. Tinha rápidos lampejos de descoberta interior – experiências de pico, momentos de êxtase, épocas em que eu reconquistava a minha totalidade – mas eles passavam logo. Eu estava sempre na busca, sempre perseguindo o arco-íris.

Quando comecei a equilibrar minhas energias "femininas" e "masculinas" – ficando mais tempo ao ar livre, dando a mais ampla prioridade aos relacionamentos, lendo poesia, freqüentando galerias de arte, viajando mais, relaxando mais – algo estranho aconteceu. Vim a *saber* verdadeiramente que, com todas as minhas falhas e fracassos, com toda a minha confusão e contradições, eu estava fazendo um ótimo trabalho! Mais do que isso, que *todos* estavam se saindo bem! (Como ouvi um sacerdote comentar no rádio: "Deus não faz lixo.")

Não existem deficiências para nós corrigirmos. Não existe pecado original. Não desapontamos Deus/Deusa ou o nosso Eu Superior. Não temos de conquistar o amor. Não temos de merecer amor. Não temos de ser perfeitos. Somos amados pela nossa singularidade. *Somos amados simplesmente por existirmos.*

Agora me parece óbvio, mas isso marcou uma profunda mudança na minha vida. Comecei a "acordar" para os milagres comuns. Em vez de viver no amanhã, aprendi a aproveitar o dia de hoje. Aquela que se punha a fazer descobertas dentro de mim estava passando da fase de seus cochilos. A Deusa estava despertando...

Naturalmente, para algumas pessoas, é o Buscador interior que tem de ser acordado. O Buscador é o místico interior – a parte de nós que sabe que somos Um, e se funde com o infinito. A menos que esteja em equilíbrio com a energia do Buscador, o resultado pode ser apatia ou pouco senso de identidade pessoal – alguém que "mal parece estar aqui" e que, provavelmente, não enfrentará bem as exigências práticas e as responsabilidades da vida diária. Nosso desafio não é tornar-nos um com o infinito; nosso desafio – enquanto ainda estamos no planeta – é viver com "um pé em cada um dos dois mundos".

TORNAR-SE ALGUÉM QUE BUSCA, ALGUÉM QUE ENCONTRA

Relaxe profundamente. Então, imagine que está numa bela floresta. É a hora mágica entre o pôr-do-sol e o anoitecer, e as árvores estão se transformando em silhuetas recortadas contra a penumbra rosada. Silêncio! Ouça a floresta!

Agora procure um caminho sinuoso que leve para dentro do coração da floresta – e siga esse caminho até chegar a um templo. Observe o formato, o tamanho e a cor do seu templo. De que ele é construído? Observe a porta do seu templo – e entre. (O seu Eu Superior e/ou o seu guia podem acompanhá-lo, ou você poderá seguir sozinho.)

Agora, mentalmente, peça que o seu Buscador se aproxime de você – a força que impulsiona, o movimentador dinâmico, a energia "masculina" dentro de você. Espere pacientemente, até ver ou sentir uma presença aproximando-se do seu lado direito. O Buscador pode aparecer como uma figura de homem, ou como uma luz dourada, ou de qualquer outra forma. Confie na imagem que surgir diante de você.

Agradeça ao Buscador por ele ter vindo, e pergunte-lhe até que ponto está expressando bem a sua energia na vida. Você poderá ouvir palavras, ou ver imagens, ou receber um presente simbólico. Peça orientação quanto ao que o seu Buscador gostaria que você fizesse. (Mantenha em mente que o seu Buscador deseja estar em equilíbrio. Se você for um que Busca para sempre, e nunca for o que Encontra, o seu Buscador pode ficar zangado por ter de carregar um fardo tão pesado, sem nunca poder descansar.) Ouça com atenção quando o seu Buscador lhe der a mensagem.

Agora peça que o que Encontra se junte a você – o seu lado "feminino" – aquela parte de você que quer manter a paz interior, que sabe que não existe separação entre você e o Deus/Deusa. O que Encontra pode surgir na figura de uma mulher, ou como uma difusa luz branca, ou de qualquer outra forma, provavelmente aproximando-se do seu lado esquerdo. Saúde o seu lado que Encontra e pergunte-lhe como está manifestando a energia dele na sua vida. O que é que o Descobridor lhe aconselharia fazer – ou parar de fazer – a fim de equilibrar a sua energia?

Finalmente, peça que o seu Buscador e o Descobridor se integrem, ajudando-o a descobrir o equilíbrio correto *para você* – por enquanto – entre buscar e encontrar. Deixe que se fundam no seu corpo, sentindo essa mudança na sua energia. (O que observou acerca da diferença em suas energias?)

Lembre-se do que tem de fazer, ou parar de fazer para equilibrar a si mesmo. Então, calmamente, volte para o quarto em que estava...

Para criar um céu na Terra, acredito que temos de integrar dentro de nós o que Busca e o que Encontra. Precisamos da sinergia da nossa energia "feminina" e "masculina". Precisamos da paz, da alegria e da receptividade interior do nosso lado que Encontra, *e* da energia dinâmica e da ação do nosso lado que Busca. Temos de viver com consciência, encantamento e gratidão a cada momento, aproveitando cada passo da nossa jornada – reconhecendo que, de fato, é uma jornada, que a mudança é o processo da vida, que temos de realizar ativamente nossos Sonhos.

Muitas vezes se diz que, antes de acordar, cortamos lenha e carregamos água e, depois de acordar, cortamos lenha e carregamos água (ainda que em estados diferentes de consciência). Mas essa é apenas a metade da história. Este é o acordar daquele que "encontra" – a capacidade de ver milagres comuns, de viver no momento, enquanto se está consciente da Realidade maior. Trata-se de um estado de graça que é o *prelúdio* necessário para tornar-se um Buscador numa oitava mais elevada.

O Buscador é como um grão de areia numa ostra, criando uma insatisfação suave com o "que existe" e, portanto, criando uma pérola. O Buscador não está contente em ser um recipiente passivo do "que é"; ele luta pelo "que pode ser". Quando o que Encontra e o que Busca se unem, o resultado é um visionário que se dedica ao crescimento e à mudança, pessoal e globalmente, enquanto também vive com alegria e se entrega ao Grande Mistério.

À medida que transcendemos a dualidade do Encontrar e do Buscar, à medida que lidamos com o paradoxo e o transcendemos, damos um salto quântico para um novo nível de consciência: o salto do visionário prático, do mapeador, do tecelão de Sonhos, do co-criador, do serviçal do mundo. Os desejos de individualidade e de Unidade são reconciliados à medida que nos movemos além do crescimento através da luta e rumamos para o crescimento através da alegria.

O "despertar" pode e deve mudar a nossa vida. Deve deixar sua marca. Como Helen Keller disse: "A vida é uma aventura ousada ou não é nada." Estamos aqui para criar nossos Sonhos pessoais e globais – e inspirar os outros ao "concretizarmos as nossas palavras". Se transbordamos de exuberância prazerosa, se criamos o que queremos com facilidade, se amamos e respeitamos os outros, se servimos o mundo de modos que nos deleitam e se respeitamos a nossa totalidade, então pavimentamos o caminho para que outros façam o mesmo. Se *nós* dançamos e festejamos a nossa vida, damos força aos *outros* para serem corajosos, ousados, para ouvirem o Espírito, para que sigam seus corações, para que descubram a sua própria singularidade. Nossa missão é sermos amorosos e alegres. Nossa missão é sermos mapeadores. Nossa missão é adotar a magia de viver.

10
Aventuras na consciência

Você acordará do sonho, agora ou depois. Por que não agora?

Bartholomew[1]

Foi um telefonema triste e perturbador. Eu só havia encontrado Matthew uma vez. No entanto, senti uma simpatia imediata por ele – e agora ele estava morto. Enquanto a minha amiga contava os detalhes sobre o acidente de trânsito, eu pensava na namorada de Matthew e em como ela deveria estar se sentindo. Imaginei por que ele teria escolhido morrer e, mentalmente, lhe desejei uma boa viagem. À medida que a conversa continuava, lentamente fui ficando consciente de uma presença no quarto. Então eu "vi" Matthew na janela. Ele estava sorrindo e carregando uma enorme margarida branca. Esta foi uma impressão tão forte e inesperada que contei o fato para minha amiga. Subitamente, a figura se modificou – e Matthew estava sentado no chão, brincando feliz com um cachorrinho. Não fazia sentido para mim, mas talvez fosse uma mensagem para a namorada.

No dia seguinte, minha amiga telefonou outra vez. Ela passara a noite com a namorada de Matthew e tivera oportunidade de perguntar – de forma um tanto desajeitada – se uma grande margarida ou um cachorrinho significavam alguma coisa para Matthew. Sim, significavam. Margaridas grandes eram as suas flores prediletas e ele tinha uma cachorrinha. O nome da cadelinha era Daisy.

Por certo não sou uma paranormal bem-dotada; no entanto, eu havia tido inúmeras experiências e acreditava firmemente que todos somos paranormais. Nosso sexto sentido é uma habilidade natural. O problema é que a maioria de nós não confia em sua intuição. Sentimos leves apertões no estômago, ou "ouvimos" uma voz suave, ou captamos uma impressão vaga e desconsideramos tudo isso como imaginação ou azia estomacal. Há somente duas diferenças entre os "paranormais" e o resto de nós: primeiro, os paranormais se dedicam à prática de suas habilidades; segundo, eles *confiam* naquilo que "vêem" e "ouvem" em vez de descartá-lo.

À medida que nos aproximamos da Nova Era, nosso crescimento está se acelerando rapidamente. Nossa consciência está se expandindo coletivamente e estamos nos movendo para além dos cinco sentidos. Estamos nos tornando seres multissensoriais. Sempre houve pessoas que conseguiram prontamente ver e ouvir espíritos, sentir cores com a ponta dos dedos, ver auras, curar com o toque, comunicar-se com os espíritos da natureza e assim por diante. No século XXI, essas habilidades – e muitas mais – serão aceitas como normais. Estamos ultrapassando os limites do intelecto e de nossos cinco sentidos "comuns", e começando a descobrir o nosso verdadeiro potencial.

Há incontáveis Caminhos espirituais, todos com suas próprias forças e fraquezas, todos levando para o topo da mesma montanha. No entanto, por mais que nos reportemos ao conhecimento moderno e antigo, o nosso Caminho será uma jornada única de autodescoberta – uma mistura colorida de tudo o que funcionar para nós como indivíduos. Além disso, à medida que nos movemos rapidamente rumo à Nova Era, temos de criar *novos* meios, *novos* caminhos, *novas* abordagens. Os velhos Caminhos só podem conduzir-nos até aqui. Se for para nos movermos além do passado, se for para realizar os nossos sonhos globais e pessoais, se for para ampliar os limites da consciência humana, então teremos, em algum ponto, de dar um salto para o desconhecido.

Neste capítulo, ofereço um *pot-pourri* final de habilidades e capacidades multissensoriais e de maneiras de mudar a consciência. Por certo, não é necessário desenvolver todas as habilidades apresentadas neste livro. Concentre-se no que interessa e estimula você, ou no que lhe parece ser uma habilidade natural para você. O único risco é que algumas pessoas cultivam habilidades psíquicas com o objetivo de se sentirem "especiais", ou "escolhidos". Uma atitude mais saudável é explorar o nosso potencial, ter alegria e desenvolver habilidades que possam nos ajudar a criar um mundo melhor.

É hora de *todos* se tornarem um xamã, um metafísico, um tecelão de sonhos, um andarilho entre os mundos – cada pessoa de acordo com seu estilo particular. Um xamã é um mediador entre diferentes níveis de consciência, entre diferentes dimensões da realidade. Adotar a magia de viver não só significa *ver* o mundo de uma nova maneira, mas também desenvolver *habilidades* específicas – tais como mudança de forma, viagem no tempo, ligação de almas, sintonização com a natureza, manifestação, clarividência e sentir energia – tudo com o objetivo de *fortalecer* e/ou *curar* a si mesmo e aos outros; tudo com o objetivo de criar um céu na Terra.

A vida é uma aventura na consciência – e, como disse Seth,[2] a consciência é muito mais móvel do que pensamos! A consciência não está confinada ao corpo físico. Embora nossa consciência possa estar *concentrada* em nossa forma humana, toda consciência está interconectada. Não há separação real entre você e eu, entre você e uma árvore ou uma pedra, entre você e um parente "morto", entre "você" hoje e um futuro "você" do ano 2011, ou um "você" passado do século XII. Nossa separação é uma ilusão.

O truque está em permitir que a nossa consciência seja móvel, ao mesmo tempo que nos atemos ao nosso senso de identidade pessoal. Em outras palavras, para ser um xamã eficaz, temos de ter um pé em *ambos* os mundos. Um pé fica firmemente plantado no mundo físico, enquanto o outro vai além do espaço-tempo, além da separação, na realidade maior da Unicidade.

AMPLIANDO NOSSOS SENTIDOS

Tornar-nos multissensoriais começa pela expansão dos nossos cinco sentidos comuns; significa tornar-nos mais conscientes, mais sensíveis, para o que vemos, ouvimos, tocamos, saboreamos e cheiramos. À medida que aguçamos nossos sentidos comuns e expandimos nossa consciência, fica mais fácil sentir o "extra-sensorial".

Por que não pôr este livro de lado por alguns minutos e tomar consciência do quarto em que você está? Você realmente *viu* tudo o que há nesse quarto? Notou as diferentes texturas, cores, sombras e variações de luz? Que sons você consegue ouvir? O que consegue cheirar? Toque alguns objetos, sentindo as variadas sensações na ponta de seus dedos.

Agora, alongue-se um pouco mais. Concentre-se no espaço *entre* os objetos, desfocalizando o olhar. O que você vê, sente ou experimenta? Agora, observe como *se sente* nesse quarto? Como descreveria a energia ou o impacto do quarto sobre você? Ande para outro aposento e note a mudança de energia.

Pratique, sentindo a energia *onde* você estiver. Qual é a "atmosfera do bar, do trem, do escritório, da casa, da igreja, do supermercado ou especificamente nesse canto do bar em que você está sentado"? Como descreveria a energia daquela pessoa sentada do outro lado? Ou a energia que flui entre aquele casal? Ou a energia daquela árvore, daquela cachoeira ou daquele cristal? Observe *como* você sente a energia. Suas mãos ou a ponta dos seus dedos são particularmente sensíveis à energia? Você a sente no seu plexo solar? Você traduz energia por imagens, palavras, sensações, ou pelo mero "conhecimento"?

A PERCEPÇÃO DAS AURAS

A aura – o campo de energia que o rodeia e que interpenetra o seu corpo físico – tem sete diferentes camadas (e outras mais), que correspondem aos sete chakras, com cada camada interpenetrando as camadas "inferiores". Se formos capazes de ver ou de sentir auras, podemos com a prática abordar o estado físico, emocional e mental da pessoa, e descobrir onde estão os bloqueios que têm de ser removidos.

Sentir auras também torna viável ver a energia que passa *entre* as pessoas. Alguns clientes me asseguraram que descobriram que o(a) parceiro(a) estava tendo um romance, assim que o(a) viram e o(a) amante na mesma sala. Não foi por causa da linguagem corporal dele(a), nem por ver a troca de olhares com o(a) outro(a); era apenas "algo que os envolvia" – a energia que invisivelmente passava através da sala, fluindo entre eles. Houve clientes que confessaram ter medo de que o seu parceiro "descobrisse" que tinham dormido com outra pessoa. Não se trata de culpa mascarada de medo: um parceiro sensível *vai* saber disso, pela mudança no campo de energia do outro, mesmo que ele ou ela duvidem desse conhecimento intuitivo.

A aura cria o corpo físico e não vice-versa, e sem ela não podemos sobreviver na realidade física. Quando o comediante inglês Tommy Cooper morreu de ataque cardíaco diante das câmeras de televisão, muitos paranormais viram a sua aura desaparecer e souberam que ele estava para morrer. Lembro-me que Lazaris, brincando, dizia: "Se você subir num avião e notar que nenhum dos passageiros, seus companheiros de viagem, têm uma aura, convém mudar de vôo!"

É mais fácil sentir as primeiras três camadas da aura, visto que sua energia é mais densa do que as camadas superiores. A primeira camada da aura – conhecida como corpo etérico – se estende a duas polegadas além da pele. A segunda camada, o corpo emocional, é até três polegadas mais ampla do que o corpo físico. A terceira camada, o corpo mental, se estende de três a oito polegadas além da pele. A quarta camada se estende de seis a doze polegadas – e assim por diante.[3]

COMO CAPTAR AURAS

1. Ponha as mãos na sua frente com a palma de uma voltada para a outra a 9 cm de distância. Lentamente, junte a palma das mãos até sentir uma leve resistência. Movimente as mãos para frente e para trás lentamente, para testar essa camada da sua aura. (Manter os olhos fechados pode ajudar.) Agora, mova as mãos aproximando-as bem, até quase se tocarem – ficando a 2 cm de distância, no máximo. Sinta a primeira camada da sua aura aqui. (Se mantiver os olhos fechados, a sensação será de cabelos roçando suavemente as suas mãos, na medida em que os campos mais profundos de energia entram em contato.) Aproxime ainda mais as mãos sem tocá-las, e sinta as costas das mãos se arrepiando assim que os campos de energia passam através delas.

   Agora, aponte o dedo indicador para a palma da outra mão. Junte os dedos, mas sem que eles se toquem e até que você consiga sentir o dedo na palma de sua mão. (Seu dedo deve ficar cerca de uma polegada da sua palma.) Gire esse dedo e sinta o leve arrepio à medida que um círculo é inscrito na palma da mão.
2. Na luz difusa, coloque as mãos contra um fundo claro. Olhe "através" das mãos em vez de olhar "para" as suas mãos, desfocalizando um pouco o olhar, e verá uma névoa ao redor da ponta da mão e dos dedos.
3. Aprendi a ver auras pela primeira vez quando estava ouvindo palestras monótonas no colégio! Mesmo quando uma palestra é interessante, ela pode ser uma excelente oportunidade para observar a aura do palestrante, especialmente se ele estiver em pé contra um pano de fundo liso e iluminado. Olhe "através" do palestrante em vez de olhar para ele, até ver o leve brilho da aura ao redor da cabeça dele. Se olhar diretamente para a aura, ela tenderá a desaparecer. Você consegue ver o tamanho e o formato da aura? Qual é a cor predominante? Consegue observar as mudanças de tamanho, forma e

cor(es) quando o palestrante se emociona ou quando ele procura defender suas idéias, quando demonstra ser racional ou profundamente concentrado nas coisas do coração?

MUDANÇA DE FORMA

Mudar de forma significa assumir as características ou o padrão energético de outra coisa: seja um leopardo, um carvalho, uma cachoeira, fogo, pedra, um golfinho, uma aranha ou outra pessoa.

No seu sentido mais elevado, mudança de forma significa literalmente *tornar-se* (digamos) um leopardo ou um carvalho – isto é, mudar conscientemente nosso padrão de energia até que ele se transforme no padrão de energia de um leopardo ou de um carvalho. Por todo o mundo há mitos e lendas repletos de contos sobre metamorfose – como o deus grego Zeus que se transformou num cisne ou num touro. Há a lenda havaiana do povo Menehune que se transforma em pedras, ou a lenda dos caçadores dakota da Mulher Búfalo Branco – e diz-se que alguns mestres xamãs são capazes de tal feito.

Num nível muito menos avançado, a mudança de forma é uma habilidade natural que podemos desenvolver e usar. Eu a vejo como uma forma ampliada de "empatia". Em outras palavras, a capacidade de nos colocarmos nos sapatos de outra pessoa, ao mesmo tempo que mantemos a consciência de quem somos. (A profissão de ator de teatro evoluiu do xamanismo.) Podemos mudar de forma para reunir informação ou obter uma nova perspectiva, ou para curar e transformar.

Há dois anos, certo dia, meu carro não pegou. Duas semanas antes ele já "tossia", mas nessa ocasião ele simplesmente não pegou. Depois de muito lidar, desisti. Fui a pé até o lugar da reunião e, algumas horas depois, tentei dar partida no carro outra vez. Não tive sorte. Então, entrei em casa e mudei de forma. Entrei num "corpo-espírito" e flutuei até o meu carro. Quando entrei mentalmente no carro, e me instalei no motor, tomei consciência de uma vela que parecia estar impedida de funcionar por algo grosso e escuro. Eu me imaginei limpando a sujeira com energia, e ela começou a desintegrarse, quebrando-se em pedacinhos. Quando a energia parecia limpa, saí do carro, e tornei a entrar no meu corpo físico e assim que liguei a ignição, o motor recuperou a vida!

Tudo é energia, e toda energia está interligada; portanto *podemos* causar um impacto sobre qualquer pessoa e sobre qualquer coisa ao mudar nossa consciência. Naturalmente, alguns padrões de energia são mais maleáveis do que outros – a água é mais maleável do que uma pedra, por exemplo – portanto, presumo que é mais fácil limpar o bloqueio de um motor, digamos, do que seria consertar um buraco no pneu. Teoricamente, é *possível* consertar um buraco de pneu ao mudar de forma, mas é provável que seja mais sensato levar o pneu a uma borracharia! (Recordo-me de um xamã aborígine dizendo que os aborígines modernos só usam a telepatia quando não conseguem usar o telefone. O xamanismo sempre teve uma abordagem eminentemente prática da vida!)

A mudança de forma pode ser usada para várias finalidades: para localizar uma pessoa ou animal perdidos, para "sintonizar" com alguém que precisa de cura, para consertar uma máquina, para influenciar as condições do tempo, para mudar nossa disposição ou energia, para receber orientação... Seus usos só são limitados pela nossa imaginação.

MUDANÇA DE FORMA

1. Escolha um ou mais dos quatro elementos – Fogo (para paixão, vitalidade), Água (para a emoção, para ir de acordo com a correnteza), Ar (para as idéias, flexibilidade, clareza de pensamento), ou Terra (para o estabelecimento de bases, para a estabilidade).

Relaxe, entre em sintonia com o Espírito – em seguida, imagine que está numa paisagem bucólica. Use todos os seus sentidos para se ver nesse lugar. Agora, busque o seu elemento – talvez uma fogueira, um córrego na floresta, uma brisa suave ou uma montanha. Imagine que o seu corpo está se tornando cada vez mais leve, até mal poder senti-lo – você é quase energia pura, consciência pura – então entre no Fogo, na Água, no Ar ou na Terra. *Torne-se* esse elemento – talvez mudando de brisa para um vento forte, para um furacão e tornando a ser brisa, ou siga a correnteza do rio até o oceano, chegando a vapor que se transforma em chuva e volte à correnteza. Absorva a energia desse elemento e volte para o seu corpo espiritual, tornando-se mais denso outra vez. Então, calmamente, volte ao quarto em que estava.

2. Escolha um assunto ou uma decisão a tomar sobre os quais quer orientação. Feito isso, escolha alguém – vivo ou morto, real ou de ficção – a quem queira consultar. Relaxe profundamente e imagine que está num lugar que lhe pareça adequado para essa pessoa. (Por exemplo, ao lado de uma cachoeira iluminada pelo luar, em homenagem à deusa Diana, ou na Casa Branca, em homenagem a Abraão Lincoln.) Ou escolha apenas uma paisagem da natureza. Mentalmente, peça para a pessoa se juntar a você, agradeça-lhe por ter vindo e peça permissão para entrar em seu padrão de energia. Em seguida, entre no corpo dessa pessoa – e, *como a pessoa*, analise o assunto ou a decisão a tomar. Note como o seu ponto de vista mudou, e deixe que surjam conhecimentos ou conselhos inesperados. Então, saia outra vez – e, calmamente, retorne ao quarto.

3. Escolha um amigo íntimo ou um ser amado que não se recuse a ser "espionado". Na hora em que não souber onde essa pessoa está, ou o que está fazendo, relaxe profundamente e entre em comunhão com o Espírito. Em seguida, imagine que está saindo do seu corpo e buscando o "padrão energético" do seu amigo ou ser amado, mais como um pombo-correio. Coloque-se na posição de quem sabe como "rastrear consciências" desta maneira. Quando achar que descobriu, e depois que "se instalar" no corpo dessa pessoa, comece a abrir seus sentidos interiores. Quem é você? O que está fazendo? O que pode ver, ouvir, cheirar, tocar, saborear? Como se sente? Consiga tantas informações quantas puder e retorne ao seu corpo, e, calmamente, volte ao quarto.

Faça anotações sobre suas descobertas, e, posteriormente, veja o seu grau de exatidão dizendo ao seu amigo a que horas você "entrou nele". (Antes de fazer este exercício, sugiro que escolha uma das alternativas: *ou* combine primeiro a hora com o amigo, *ou* mentalmente peça permissão e confirme se o seu amigo vai preservar a privacidade dele, se necessário.) Continue praticando até que a sua exatidão aumente.

VIAGEM NO TEMPO

Quando eu tinha cinco anos, tive uma visão assustadora enquanto estava no banheiro do nosso sobrado. "Vi" soldados usando um grosseiro uniforme marrom marchando para uma cidade e "ouvi" o batido rítmico de suas botas pesadas no chão. À minha volta, havia cabanas feitas de barro seco e de pedras com tetos abaulados. Pessoas de pele negra estavam gritando e correndo em pânico, e eu soube que a nossa cidade ia ser tomada. Como uma criancinha, fiquei paralisada de terror. Quando a visão se tornou menos nítida, corri até a cozinha para junto da minha mãe, abracei os joelhos dela e gritei: "Os soldados vêm vindo! Os soldados vêm vindo!" Minha mãe me consolou – mas passaram-se vários anos até eu compreender que tivera naquele dia a experiência de uma vida passada.

O Eu Básico carrega todas as nossas lembranças de outras vidas – e fragmentos dessas recordações podem ser estimulados por pessoas, lugares ou acontecimentos que ecoam através dos tempos ou simplesmente nos levam de volta à mesma idade em que ocorreu o trauma na vida passada.

Visto que o Eu Básico é o nosso corpo-mental, lembranças de vidas passadas muitas vezes podem ter acesso através de impulsos físicos, de medos e traços característicos. Por exemplo, eu cresci com um forte impulso de me persignar e de me prostrar diante de altares das igrejas – um retrocesso ao tempo em que fui freira e monge por várias vezes. Analogamente, minhas canelas são extremamente sensíveis. Descobri que certa vez foram deliberadamente esmagadas e dilaceradas como "castigo" por fazer viagens astrais (sair e viajar fora do corpo). Muitas pessoas têm marcas de nascença que indicam feridas fatais em outras vidas.

Embora eu me lembre de mais ou menos trinta de minhas vidas passadas, não acho que se deva ficar chafurdando no passado simplesmente por curiosidade – em parte porque pode vir a ser um meio de escapar do fato de estar *aqui*, *nesta* vida. Entretanto, há três bons motivos para analisar vidas passadas (assim como o medo comum de desenvolver poderes paranormais ou de cura). Primeiro, pode nos ajudar a entender e a resolver medos e bloqueios que "não têm sentido" nos termos de nossa vida atual. Em segundo lugar, é um modo de acessar o conhecimento, as capacidades e habilidades conquistadas em outras vidas. (Como professora de metafísica, posso me apoiar na minha experiência como xamã, iogue, oráculo, feiticeira, sacerdote e vidente em outras vidas.) Em terceiro lugar, uma consciência de outras vidas expande o sentimento de quem somos – lembrando-nos da natureza multidimensional de nossa superalma, lembrando-nos de que a nossa vida atual é apenas um dos muitos papéis que escolhemos representar.

Muitas pessoas são levadas para visitar lugares em que viveram "antes". Mesmo que não tenhamos lembranças conscientes, a cura pode ocorrer à medida que nos religamos com outro fragmento da nossa totalidade. Quando visitei Iona pela primeira vez, na costa oeste da Escócia, saí do trem e fui envolvida por uma voz suave e forte que disse: "Bem-vinda ao lar." Imediatamente derramei lágrimas e, embora apenas vagas lembranças chegassem até mim, senti-me mais "total" por ter estado ali.

No norte da Tailândia, analogamente, entrei num templo budista em Lamphun e, sem esperar, caí em prantos quando me ajoelhei no templo vazio; afloraram "recordações" do tempo em que fui um menininho, educado nesse mosteiro. O menino gostava muito de Lamphun e de sua família – mas foi mandado embora (possivelmente para lutar contra os burmenses) quando já rapaz. Ele nunca mais voltou, e eu senti a imensa saudade e nostalgia dele. Ao atender minha forte vontade de visitar esse templo remoto, senti que, de alguma maneira, eu havia "completado um círculo", retornando com outro corpo ao lugar que "eu", certa vez, amara tanto.

Algumas vezes repetimos uma experiência de outra vida – talvez de forma mais suave – num esforço para estimular nossa memória. Assim, Bartholomew[4] contou-me que eu havia me afogado no Pacífico Sul numa vida passada, depois de me aprofundar na sabedoria huna. Eu não contei a Bartholomew que eu havia praticado o xamanismo no Havaí nesta vida – e que quase me afoguei no oceano (veja Capítulo 1).

As crianças muitas vezes se lembram espontaneamente de vidas passadas; isto quando seus comentários não são ignorados ou ridicularizados. Uma amiga minha, certa vez, ouviu do filho de oito anos a seguinte pergunta: "Mamãe, eu sempre tive este corpo, não é?" E uma cliente lembrou que, quando criança pequena, havia se recusado a comer mingau de aveia por não gostar dele. A mãe fez a conhecida pergunta: "Como sabe que não gosta se nunca experimentou?" – ao que a garotinha respondeu: "Eu provei quando era uma adolescente!"

Um risco da recordação de vidas passadas é que podemos usar o passado como desculpa. ("Estou com medo de viajar de avião porque morri como piloto de bombardeio; portanto, agora, só viajo de carro ou de navio." "Estou sofrendo agora porque tenho débitos kármicos da época da Atlântida." "Sou cruel com meu filho porque ele me matou na Guerra Civil Americana!") O passado nunca é a causa do que está acontecendo agora;

pois, nesse caso, seríamos vítimas. O momento presente sempre é o nosso ponto de equilíbrio. O passado tem *impacto* sobre nós, mas nós *fazemos* as escolhas aqui e agora.

E, além disso, o passado não é fixo – assim como o futuro também não é. Temos incontáveis passados e futuros prováveis, todos já existentes – e que, constantemente, mudam e se modificam, como um caleidoscópio, segundo as nossas crenças e escolhas de *exatamente agora*. Nós *podemos* curar e *curamos* o passado, nesta ou em outras vidas, muitas vezes sem termos consciência do fato. Também podemos eliminar qualquer karma negativo – ao escolher aprender as lições, ao perdoar a nós mesmos, ao mudar nossas escolhas "passadas". Tudo é flexível. Tudo pode ser curado. Tudo está aberto à mudança.

Hoje é bastante fácil ter acesso a recordações de vidas passadas. Muitas vezes basta pedir, esperar pacientemente, e confiar na resposta que vem – quer se trate de vagas impressões, de imagens, palavras ou apenas de "conhecimento". Certa vez um amigo cético perguntou ao meu irmão: "Muito bem, onde você e eu nos conhecemos antes então?" Sem pensar, meu irmão se surpreendeu dizendo: "Nós lutamos na Batalha de Culloden." O amigo ficou um tanto quanto atônito. Sem meu irmão saber, ele estivera obcecado pela Batalha de Culloden desde a infância.

Naturalmente, nossa mente racional tende a lançar dúvidas sobre o conhecimento intuitivo; no entanto, a menos que nos "lembremos" de ter sido uma importante figura histórica (e, mesmo nesse caso, *alguém* tem de ser Cleópatra), a grande maioria de nossas lembranças do passado são autênticas. (E mesmo que "nós as *tenhamos* inventado", o que *resolvemos* inventar será significativo e interessante.) O xamã não estabelece diferenças arbitrárias entre o que é real e o que é irreal. A vida é um sonho. Tudo é real ou tudo é imaginário, dependendo de como você o vê!

ANALISANDO VIDAS PASSADAS (OU FUTURAS)

Primeiro escolha um foco para a sua análise – assim como entender um medo ou um bloqueio, ou descobrir conhecimentos ou aptidões obtidas em outras vidas, ou traçar a história kármica de um relacionamento pessoal, ou lembrar-se se viveu em certo lugar ou em determinada época da história.

Relaxe profundamente e imagine que está respirando luz branca ou dourada, enchendo lentamente o seu corpo todo de luz. Agora, imagine que está na parte inferior de uma enorme escadaria. Suba, passo a passo, até alcançar o topo. Verá que está envolvido por uma fina névoa prateada.

Agora, comece a descer – descendo em outro corpo, em outra época e lugar. Assim que chega embaixo, a névoa começa a se dispersar e você olha para os seus pés. O que está calçando? Você é homem ou mulher? Jovem ou velho? Abra os sentidos interiores, deixe que o cenário se desenvolva; mentalmente, faça as perguntas que deseja – assim como: quem você é ou onde está – confiando nas respostas que lhe chegarem.

Se for oportuno, talvez você queira absorver a energia dessa vida passada (ou futura). Mentalmente, peça para absorver a sabedoria, as habilidades, as qualidades pessoais desse outro eu, no seu corpo mental e depois no corpo emocional e, finalmente, no seu corpo físico e no DNA. Ou talvez você queira *mudar* um evento dessa vida – em outras palavras, mudá-lo em outro provável passado ou futuro – ao imaginar vivamente um resultado ou decisão diferente, com tantos *detalhes* e com tanta *emoção* quanto for possível. Ou talvez queira enviar amor e cura para este eu passado (ou futuro), ou pedir para o seu guia ajudá-lo a liberar-se do impacto dessa outra vida.

Quando estiver preparado, afirme que agora está retornando a esta vida – ou suba e desça outra vez a escadaria –, então, devagar, volte ao quarto onde estava. (Esta prática está disponível em minha fita *Exploring Past Lives.*)

COMO ENVIAR LUZ PARA O SEU EU PASSADO (OU FUTURO)

1. Pense algumas vezes no passado, quando estava sofrendo ou confuso, ou defrontando-se com a incerteza e a indecisão. (Se houver certos episódios que ainda lhe venham ocasionalmente à memória, você ainda está irradiando energia para esses eus passados e tem de enviar-lhes luz curativa.)

Sintonize-se com o Espírito e então imagine o seu eu passado. Veja ou sinta você mesmo como era, e envolva esse eu passado com um círculo de luz curativa. Você poderá ver o círculo de luz ou apenas senti-lo ou imaginá-lo. Ele pode ser branco, azul, cor-de-rosa, dourado, violeta ou verde-claro. Afinal, qualquer cor que lhe pareça apropriada. Envie amor para o círculo de luz, enviando amor para esse eu passado, e dê-lhe uma mensagem de esperança, de confirmação ou inspiração que lhe pareça adequada. Continue até sentir que o seu eu passado recebeu a cura e está se sentindo mais positivo.

2. Se está passando por uma época difícil agora, escreva uma observação em seu diário para mais tarde, neste ano – talvez daqui a seis meses – lembrar-se de enviar um círculo de luz curativa para o seu "eu" passado de hoje. E assegure-se de que fará isso quando a hora chegar!

3. Você pode usar a mesma técnica para enviar luz para o seu eu *futuro*. Pense num período da semana, mês ou ano à sua frente, quando provavelmente necessitará de apoio, inspiração ou amor e, mentalmente, envolva esse futuro eu num círculo de luz. Analogamente, podemos receber ajuda e orientação de um eu futuro – por exemplo, ao conseguir acesso a futuros prováveis em que se tomaram duas decisões diferentes para ver qual resultado preferimos; ou encontrando o seu "eu mais elevado possível" absorvendo sua alta energia vibracional e pedindo orientação. (Uma viagem interior para encontrar seu Eu Futuro está disponível em minha fita *Listening to the Whispers*.)

TELEPATIA

A telepatia é universal. Estamos constantemente enviando e recebendo mensagens para os outros e dos outros, estejamos ou não conscientes do fato.

(Esta é uma razão pela qual a vida na cidade pode ser muito tensa; somos bombardeados com tanta informação que podemos nos sentir sobrecarregados sem saber por quê.) Nenhum dos nossos pensamentos e sentimentos está realmente oculto, entretanto podemos tentar disfarçá-los.

Muitas culturas, passadas e presentes, têm usado a telepatia de forma rotineira. O Taiti ficou muito conhecido pelo seu "rádio de cocos" com o qual as notícias eram transmitidas telepaticamente para toda a ilha. Sempre que visitantes matinais chegavam a um novo vilarejo, eles já estavam sendo esperados!

Segundo a sabedoria huna, cada pessoa, cada coisa está conectada por "fios aka" – cordões invisíveis de energia que estão conectados na região do plexo solar. Amigos íntimos têm fios aka muito mais fortes do que estranhos que acabaram de trocar um olhar; portanto, a telepatia é mais fácil entre amigos e pessoas amadas.

Visto que é o Eu Básico que envia e recebe mensagens telepáticas, a tarefa do Eu Consciente é: primeiro, dar instruções claras, talvez por escrito ("Quero que Mary se comunique urgentemente comigo." "Envio o meu carinho ao tio Fred no hospital"); segundo, fortalecer o Eu Básico (construir "mana" ou força), talvez através da respiração, do relaxamento ou por sentir amor por outra pessoa; e, finalmente, "sair do caminho" e confiar no fato de que o Eu Básico fará o seu trabalho. (Como os fios aka transcendem o tempo e o espaço, não importa se a outra pessoa está na casa próxima ou a milhares de quilômetros de distância.)

Com a prática, podemos enviar e receber mensagens mais complexas – mas comece enviando amor, ou pedindo a alguém para entrar em contato com você. (Quantas vezes pensamos em alguém e o telefone toca – e adivinhe quem é?) Em seguida passe a "sintonizar-se" com um ser amado para ver como ele ou ela está, recebendo a resposta em palavras, imagens ou impressões sensoriais.

Como todo terapeuta sabe, a outra pessoa não só pode enviar pensamentos, mas também "esvaziar" emoções – como no caso em que um cliente ou amigo sai pela porta (ou desliga o telefone) sentindo-se maravilhoso, e nós instantaneamente nos sentimos como se tivéssemos recebido um soco no plexo solar! Isto acontece porque "emoções" indesejadas foram transmitidas pelos fios aka.

Um velho remédio xamânico para isto é imaginar um cordão de energia entre você e a outra pessoa, unindo o seu plexo solar ao dela, em seguida descer a mão como se ela fosse uma faca que cortasse esse cordão. Faça isto com a firme *intenção* de romper qualquer "derrame" de energia da outra pessoa. (Podemos usar essa técnica em encontros de negócio e muitos outros encontros, sem sermos impedidos.) Se emoções tiverem "sujado" um quarto, bater energicamente as mãos é um remédio simples porém eficaz.

FECHANDO A SUA AURA

(Esta é uma técnica útil para "deixar de fora" a energia negativa de outras pessoas e lugares. À medida que nos tornamos mais sensíveis à energia, é comum sentir-nos perturbados no meio de grandes multidões ou ambientes tensos, e temos de "fechar" nosso campo áurico, ou aprender a harmonizar as energias mantendo elevadas as nossas vibrações. Estritamente falando, selar a aura é parte da tradição "guerreira", mas ainda acho proveitoso fazer isso em certas ocasiões! Algumas vezes, eu apenas procuro espargir luz em volta de mim mesma num contínuo movimento circular, o que parece ser exatamente tão eficaz quanto selar a aura.)

Relaxe profundamente e permaneça com os olhos fechados. Agora, imagine um raio de luz dourada entrando pelo alto da sua cabeça. À medida que inspira, inspire essa luz dourada, fazendo-a descer até o coração e o plexo solar. Inspire enquanto conta até três, retenha o ar contando até três, expire contando até quatro e retenha contando até quatro. Sinta a força que vai se formando no seu corpo à medida que inspira durante alguns poucos minutos.

Agora, imagine a sua aura como um casulo oval em volta do seu corpo. Quando expirar, imagine que a energia ("mana") que esteve formando começa a sair para esse casulo, enchendo-o de luz dourada. Inspire luz dourada de cima e expire-a para o casulo no mesmo ritmo anterior. Imagine a extremidade exterior do casulo se tornando como uma concha dura de plástico transparente, o que permitirá que somente influências positivas passem pelo casulo. Quando o processo parecer completo, afirme mentalmente que agora a sua aura está fechada.

NÃO ESTAMOS SÓS

Às vezes as pessoas ficam confusas com o aparente paradoxo de sermos nós que criamos a nossa realidade. No entanto, há outras pessoas e lugares que podem nos perturbar, curar ou estimular. Este é um ponto tão crucial para entender! Nós criamos ou *permitimos* a nossa realidade. Se criar a nossa própria realidade significasse que ninguém ou nenhuma coisa poderia causar algum impacto sobre nós, ou vice-versa, então o mundo seria um lugar muito solitário. Quando o Espírito criou o mundo, uma das regras era que as chamas individuais de Luz, a multidão de seres dos reinos mineral, vegetal, animal, dévico e humano *pudessem causar impacto* uns sobre os outros. Estamos todos interligados. Podemos causar e causamos impacto uns sobre os outros e sobre o planeta (dentro da nossa ilusão de separação).

Isto só serve para *aumentar* nossa responsabilidade. Se for para sermos sempre perniciosos, desonestos ou manipuladores, então, afinal, a outra pessoa *permitiu* que agíssemos dessa maneira, mas *nós* fizemos a escolha. A responsabilidade é nossa e nossas ações causam impacto. Se destruímos o solo cultivável do nosso planeta por plantar demais, a Terra, em última análise, "permitiu" que fizéssemos isso; mas quem fez a escolha fomos *nós*. A responsabilidade é nossa – e nossas ações coletivas terão suas conseqüências.

Como mostrou a moderna física, não há observadores no mundo, apenas participantes. Cada um e cada coisa causa um impacto – até mesmo a vibração das asas de uma borboleta! Nossa única escolha é quanto ao *tipo* de impacto que queremos causar.

O fato de permitirmos passivamente em vez de criarmos ativamente alguns aspectos da nossa realidade não significa que sempre somos as vítimas. Ainda há razões pelas quais permitimos qualquer impacto e uma vez que tomamos *consciência* de que uma pessoa ou um lugar está tendo algum impacto sobre nós, essa é uma oportunidade para crescer e aprender. A capacidade de responder é nossa. Por que estamos permitindo isso? O que iremos *fazer* quanto ao fato? Caso resolvamos agir, qual será a *ação* que deveremos fazer em resposta?

O IMPACTO DA TERRA

Embora a maioria das pessoas aceite que (de alguma forma) conseguimos nos comunicar com os animais e talvez até mesmo com as plantas, muitos traçariam uma linha separatória para o reino mineral. No entanto, recentemente, a "Hipótese Gaia de James Lovelock" tornou popular a idéia de que a Terra é um ser consciente. Segundo o conhecimento xamânico, *tudo* tem vida. As rochas e os cristais são seres conscientes – o "povo da pedra", como os norte-americanos nativos os chamam – embora com uma consciência muito diferente da nossa; e o reino mineral pode causar e causa impacto sobre nós.

Por exemplo, quantas pessoas passaram pela experiência de cristais que, aparentemente, "lhes pediram" para serem levados para casa? No festival Mente-Corpo-Espírito de Londres, certa vez, atravessei um enorme salão de exposições para fugir de um cristal caro que me "havia" escolhido. Entretanto, ainda posso "ouvir" uma voz fininha gritando: "Compre-me! Compre-me!" – finalmente, acabei comprando-o.

Pouco antes de dar um seminário de fim de semana em Cornwall, senti-me impelida a visitar um círculo de pedras, lugar isolado conhecido como Boscawen-Un. Circulei repetidamente em volta do pilar central de quartzo, diversas vezes, em estado de semitranse. Eu sabia que estava "produzindo energia" – mas para quê? De repente, parei, e ouvi uma voz interior profunda dizer: "Deixe-os vir." Então fiquei sabendo que devia fazer um ritual naquele lugar. No dia seguinte, levei o meu grupo de seminário ao círculo de pedras e cada pessoa completou um ritual de cura. Para todos nós foi uma experiência mágica – ampliada, sem dúvida, pela poderosa energia do "povo de pedra".

Quando nos tornamos mais conscientes do impacto das energias da terra, cada vez mais pessoas estão visitando sítios sagrados e lugares de força, tais como Avebury e Stonehenge. Mount Shasta, na Califórnia, Sedona, no Arizona, Delfos, na Grécia, Machu Picchu, no Peru, a Grande Pirâmide de Quéops, e inúmeros outros lugares. Quer se trate de "energias telúricas" e/ou da consciência coletiva dos peregrinos durante as eras, esses lugares podem recarregar nossas baterias, harmonizar nossa energia, curar e elevar-nos, ou até mesmo estimular experiências psíquicas e espirituais transformadoras da vida.

O impacto é um processo de duas vidas. Assim como podemos exercer impacto sobre o mundo, as pessoas e os lugares podem ter impacto sobre nós. Damos energia *para* tudo e absorvemos energia *de* tudo ao nosso redor. Tudo está interligado. Tudo é Um. Como disse Krishnamurti, "Eu sou o mundo".

Onde optamos por estar – e com *quem* escolhemos ficar – afeta a nossa consciência. É muito mais fácil manter elevadas as nossas vibrações se resolvermos passar o tempo *com* pessoas e *em* lugares com vibrações "elevadas" (amorosas, alegres e harmoniosas). E à medida que elevamos as nossas vibrações, à medida que "giramos mais depressa", como diz Denise Linn, adotando "o espírito da coisa" – não só mudamos a nossa vida, mas também causamos um impacto positivo sobre todos os que encontramos, só por ficarmos por perto.

COMO ELEVAR AS SUAS VIBRAÇÕES

1. Lembre-se de que tudo é nosso amigo e envie amor para *tudo* o que experimentar. Se sentir medo, dúvida, negatividade, ressentimento ou pena de si mesmo, *envie amor* a esses pensamentos e sentimentos, em vez de rejeitá-los ou de lutar contra eles. Procure unir os pensamentos e os sentimentos num abraço caloroso. Seja lá o que for que possa acontecer, envie amor.
2. Observe o que o torna alegre, expansivo, em paz, o que o faz amar e ser amado. Talvez mergulhar em música inspiracional, caminhar ao ar livre, desenhar, tomar banho de sol, fazer jardinagem ou praticar ioga – e dedique um tempo regular a essas atividades.
3. Imagine uma luz branca e brilhante entrando pelo alto da sua cabeça e descendo até o seu coração. Seu coração começa a pulsar com luz, como uma estrela – em seguida irradia luz por todas as células do seu corpo. Sinta o seu corpo pulsando de amor e de luz. Então a luz começa a ultrapassar a sua pele, envolvendo-o numa bolha de luz branca e brilhante.
4. Relaxe e entre em sintonia com o Espírito. Isso feito, peça ao seu Eu Superior para ajudá-lo a ressoar na freqüência da alegria, do amor, do bom humor, da coragem, da gratidão, da confiança, ou da bem-aventurança – ou o que você escolher! Aproveite!

COMO FAZER SUA CASA BRILHAR

(Se vivemos em quartos escuros, repletos de ruídos e de velhas lembranças, ou com livros e arquivos desatualizados, empilhados até o teto, ou entre uma pilha sempre crescente de pratos sujos e por lavar, não vai ser fácil pensar com clareza, ou sentir-se leve, livre e alegre.)

Quanto sua casa (ou seu lugar de trabalho) é alegre? Como você poderia tornar esses ambientes mais cheios de luz, mais claros, harmoniosos, relaxantes ou energizantes? Que impacto a cor tem sobre a sua energia ou estado de espírito? Seu esquema de cores lhe parece acertado? Talvez você prefira um estúdio amarelo ou uma sala de estar verde-claro. Como você pode contribuir para a sensação de luminosidade e de espaço no seu lar? Você precisa se livrar de alguma quinquilharia – jogar fora ou dar mobílias ou bens desnecessários, ou cortar o laço que prende sua energia ao passado? Que objetos (ou cores) ampliam a sua energia e quais parecem absorver energia? Você notou que deixar o quarto na desordem ou as latas de lixo transbordando afeta o seu estado de espírito? Que mudanças terá de fazer em casa?

FAZENDO ESCOLHAS

Quanto mais aprendermos a mudar nossa consciência e expandir nossa percepção, tanto mais conscientes nos tornamos com relação ao fato de que sempre temos uma *escolha* a fazer. O medo é uma escolha. O amor é uma escolha. A dúvida é uma escolha. A confiança é uma escolha. O sofrimento é uma escolha. A alegria é uma escolha.

A qualquer momento podemos escolher como pensar e sentir. Em certo dia úmido de janeiro, quando entrei no elevador da estação Highgate, empurrada pela multidão da hora do *rush*, pensei na vontade que me deu de estar em casa, bem agasalhada e tranqüila. Então lembrei a mim mesma que o céu está sempre presente, *aqui e agora*. Minha consciência se expandiu imediatamente – e subi no elevador em estado de pura bem-aventurança!

A vida é uma aventura na consciência – e ela nos impele a escolher a experiência que queremos fazer, a escolher a nossa própria aventura. Novamente, é importante não ficarmos encantados com o brilho e o *glamour* da metafísica e do xamanismo e perder o *ponto* de equilíbrio de tudo isso. Podemos ter a capacidade de ver auras, de mudar de forma e de falar com narcisos durante todo o dia – mas, se nos esquecermos de como *amar*, se nos esquecermos de como viver com *alegria* e *prazer*, perdemos o ponto referencial do nosso caminho.

ATRAVÉS DOS PORTAIS

Relaxe profundamente e imagine que você está respirando na luz branca, passando para um estado cada vez mais elevado de consciência.

Você nota que está cercado por uma tênue névoa prateada – e, quando a névoa se desfaz, você se torna consciente de que está num lugar místico. É saudado por um mestre ascensionado como Jesus, Buda, St. Germain, Kwan Yin, Merlin ou Palas Atena, ou por outro guia, anjo ou arcanjo celestial.

O mestre leva você a um tanque sagrado de cor turquesa-escuro cercado de mármore branco – e à medida que entra nesse tanque, você libera o passado. Quando mergulha a cabeça na água batizando a si mesmo nesse tanque sagrado, seu passado desaparece. Agora tudo o que é real para você é o futuro. Você emerge do outro lado do tanque perto de um lótus de mil pétalas, que abre pétala por pétala quando você olha para ele.

Agora o mestre ou guia lhe faz companhia outra vez – e pergunta se você está disposto a despertar o seu corpo de luz. Se você concordar, o mestre trabalhará com a energia que você tem, estimulando um realinhamento com o seu corpo de luz. Você vai notar que o seu corpo está se tornando menos denso, quase transparente.

O mestre agora lhe entrega o Cálice do Despertar – um cálice dourado, repleto de um elixir doce. Quando você beber desse cálice, despertará mais plenamente para o seu propósito mais elevado e se lembrará com mais clareza de quem você realmente é.

Agora o mestre pergunta se você está disposto a passar pelo Portal. Está disposto a ser um mapeador, um tecelão de sonhos? Está disposto a crescer com alegria, com amor, com coragem, com confiança, com visão? Está disposto a se tornar um protótipo para uma nova maneira de ser? Está disposto a entregar-se ao seu caminho espiritual acima de tudo o mais? Se assim for, veja agora o Portal – grandes portões cercados de espirais de névoa com um país desconhecido do outro lado. Pare no limiar desse Portal e pense sobre a sua decisão. Atravessá-lo significará entregar-se a um rápido caminho de evolução.

Se estiver disposto, atravesse o Portal – e sinta a alegria pura e o êxtase dessa dimensão sublime. (Quando estiver pronto, volte devagar e calmamente ao seu corpo físico.)

COMO VIVER NA QUARTA DIMENSÃO

Os anos 90 são uma década de transformação, uma década de despertar. Pessoal e globalmente, vivemos em época de caos e incertezas, de mudanças rápidas e de instabilidade. Muitas de nossas estruturas políticas e econômicas, de nossas instituições, de nossas fronteiras nacionais, de nossos velhos papéis e estereótipos estão entrando em colapso. Nossas velhas formas, nossas velhas estruturas, nossas velhas filosofias, nossos velhos modos de ver o mundo estão morrendo – e, no entanto, ainda temos de testemunhar a fênix erguendo-se das cinzas. Mais do que nunca precisamos ter fé e visão. Mais do que nunca temos de estar dispostos a deixar o passado para trás.

Num nível global, a freqüência da nossa vibração está se intensificando: estamos "girando" cada vez mais rapidamente. Estamos nos movendo do medo para o amor, da dúvida para a confiança, da limitação para o potencial, dos problemas para as oportunidades, da competição para a cooperação, da luta para a alegria, do conflito e da polaridade para a harmonia e a integração.

Metafisicamente, a Terra está mudando para a quarta dimensão. Tudo o que ainda tiver a energia da terceira dimensão – a energia do medo, da luta, do conflito ou do desequilíbrio – agora está sendo abalado e arremessado à superfície. Pessoal e globalmente, tudo o que pertence à Velha Era tem de ser curado e esquecido.

Enquanto isso, nossa tarefa como Guardiães da Luz é plantar as sementes para o futuro. À medida que nos aproximamos do século XXI, o passado está causando cada vez menos impacto; o futuro é o que realmente importa. Nossas visões, esperanças, desejos – bem como os nossos medos – agora têm um papel muito mais imediato na criação da nossa realidade. Nossas visões do futuro *criarão* esse futuro. É responsabilidade nossa olhar além dos "problemas", enxergar *as soluções*. É responsabilidade nossa manter a visão de um futuro em que os nossos desafios pessoais e globais *possam ser resolvidos*. Não temos de saber *como*, mas *precisamos* manter essa visão de esperança e de fé. Temos de viver *agora* na quarta dimensão – além do medo, além da dúvida.

O crescimento através da alegria pode parecer uma opção fácil, mas a realidade é que isso exige que enfrentemos constantemente novos desafios, ampliemos a nossa consciência, abracemos a nossa totalidade, assumamos a responsabilidade por nossas vidas, busquemos a orientação interior, assumamos compromissos estáveis e trabalhemos ativamente para concretizar nossos Sonhos. Isso requer que abandonemos nosso apego ao medo, à luta e ao martírio. Requer que "vigiemos nossas palavras" – o dia todo, todos os dias. Este não é um caminho para os pusilânimes! É um caminho para os que amam a vida, para os que amam as pessoas, os que amam o nosso mundo. É um caminho para aqueles que estão dispostos a caminhar no Tempo do Sonho, a passar através do Portal, a adotar a magia de viver.

Este é o planeta do livre-arbítrio. Embora tenhamos um destino escolhido – individual e coletivamente – podemos mover-nos rumo a esse destino ao escolhermos o caminho gramado e suave que acompanha o regato borbulhante, dançando e celebrando enquanto completamos nossa jornada. Podemos também optar pelo caminho pedregoso, através de montanhas sombrias e em meio a trilhas estreitas, à beira de precipícios, sentindo-nos sobrecarregados e solitários. Podemos caminhar rumo ao nosso objetivo sem medo de errar, podemos perambular por alamedas escuras ou podemos escolher o caminho mais pitoresco. Seja qual for o nosso caminho, *chegaremos lá*, mais cedo ou mais tarde – mas talvez não nesta vida. A escolha é nossa.

A qualquer momento todos nós temos uma escolha a fazer a respeito de onde colocar nossa consciência. Como um rádio, podemos sintonizar qualquer estação que quisermos. Podemos ouvir a voz do medo ou a voz do amor. Podemos crescer através da luta e dos traumas, ou através do amor e da alegria. Podemos andar na sombra da dúvida e do desmerecimento, ou podemos optar pela fé e pela confiança. Podemos escolher a rotina, a mediocridade, ou podemos despertar nossos Sonhos dançando.

Qual é a sua escolha?

Notas

Capítulo 1:
COM UM PÉ EM CADA MUNDO

1. Robert Boissiere, *Meditations With the Hopi* (Bear & Co, Santa Fe, NM, 1986), p. 14.
2. Veja meu livro anterior, *Living Magically* (Piatkus, Londres, 1991) para leitura posterior.
3. Bartholomew, *Reflections of an Elder Brother* (High Mesa Press, Taos, NM, 1989), p. 26.
4. Lee, Pali Jae e Willis, Koko, *Tales from the Night Rainbow* (Night Rainbow Publishing, Honolulu, 1990), pp. 60-61.

Capítulo 3:
NOSSOS TRÊS EUS INTERIORES

1. Para maiores detalhes sobre a Criança interior (e o Adolescente), veja o meu livro *Living Magically* (Piatkus, Londres, 1991).
2. H. C. Moolenburgh, *A Handbook of Angels* (C. W. Daniel, Saffron Walden, Essex, 1984), pp. 66-67.
3. Para mais exemplos de trabalho ritual, recomendo o livro de Brooke Medicine Eagle, *Buffalo Woman Comes Singing*. Veja leituras selecionadas.

Capítulo 4:
DESPERTE O SEU SONHO DANÇANDO

1. Lewis Carroll, *Alice in Wonderland* (Penguin, Londres, 1962).
2. Os livros de Seth foram canalizados por Jane Roberts. Veja leituras selecionadas.

3. Veja o meu livro anterior *Living Magically* (Piatkus, Londres, 1991), p. 91. A técnica do cone do poder está disponível como uma jornada interior na minha "Evening Tape".
4. Bartholomew, *Planetary Brother* (High Mesa Press, Taos, NM, 1991), p. 63.
5. Fita de Lazaris, *Creating a Brilliant Future*. (Veja p. 228.)

Capítulo 5:
TUDO O QUE EXISTE É NOSSO AMIGO

1. Sanaya Roman, *Personal Power Trough Awareness* (H. J. Kramer, Tiburon, CA, 1986), p. 104.
2. Frank Lake, *Clinical Theology* (Darton, Longman and Todd, Londres, 1966).
3. DaBen é canalizado por Duane Packer. (Veja p. 228.)
4. *Emmanuel's Book* (Bantam, NY, 1987), p. 80.
5. Celeste (minha própria guia), "Discovering Your Life's Purpose", seminário em maio de 1991.
6. Bartholomew é canalizado por Mary-Margaret Moore. Veja leituras selecionadas.
7. Um capítulo é dedicado a "Listening to the Whispers" no meu livro anterior, *Living Magically* (Piatkus, Londres, 1991). Também há uma fita de auto-ajuda sobre este tópico. (Veja p. 227.)

Capítulo 6:
A LINGUAGEM DO CORPO

1. Deepak Chopra, *Quantum Healing* (Bantam, NY, 1989), capítulo 2.
2. Por exemplo, veja Lawrence Le Shan, *Holistic Health* (Thurnstone, Wellingborough, Northants, 1984). Originalmente publicado como *The Mechanic and the Gardener*.
3. Fita de Lazaris, *Living Magically, Every Day*. (Veja p. 227.)

Capítulo 7:
OS NOSSOS AMIGOS INVISÍVEIS

1. *Emmanuel's Book* (Bantam, NY, 1987), p. 76.
2. H. C. Moolenburgh, *A Handbook of Angels* (C. W. Daniel, Saffron Walden, Essex, 1984), pp. 47-48.

3. Amber Wolfe, *In the Shadow of the Shaman* (Llewellyn, St. Paul, Minnesota, 1990), pp. 53-54.
4. Sanaya Roman, *Spiritual Growth: Being Your Higher Self* (H. J. Kramer, Tiburon, CA, 1989), p. 87.

Capítulo 8:
MUITAS MÃOS TORNAM O TRABALHO MAIS FÁCIL

1. Marianne Williamson, *A Return to Love* (Aquarian/HarperCollins, Londres, 1992), pp. 190-1.
2. Anita Roddick, *Body and Soul* (Ebury Press, ·Londres, 1992), p. 21.
3. Brenda Ueland, *If You Want To Write* (Element, Shaftesbury, Dorset, 1991), p. 32. Publicado pela primeira vez em 1938.
4. Para maiores detalhes contate LuminEssence. (Veja p. 228.)

Capítulo 9:
MOMENTOS MÁGICOS

1. Citado em Benjamin Roff, *The Tao of Pooh* (Methuen, Londres, 1984), p. 113.
2. Palestra na série "Alternativas" na igreja St. James, Piccadilly, Londres, em setembro de 1991.
3. Dan Millman, *No Ordinary Moments* (H. J. Kramer, Tiburon, CA, 1992).
4. Robert Powell, *Zen and Reality* (Penguin, Londres, 1977), p. 23.

Capítulo 10:
AVENTURAS NA CONSCIÊNCIA

1. Bartholomew, *Reflections of an Elder Brother* (High Mesa Press, Taos, NM, 1989), p. 8.
2. Seth foi canalizado por Jane Roberts. Veja leituras selecionadas.
3. Para maiores detalhes, veja o livro de Barbara Brennan, *Hands of Light* (Bantam, NY, 1988). *Mãos de Luz*, publicado pela Editora Pensamento, Brasil, p. 199.
4. Consulta particular, 1992. Este Bartholomew é canalizado por Joy Ballas-Beeson, P.O. Box 9002/375, Boulder, CO 80301, U.S.A.
5. James Lovelock, *Gaia* (Oxford University Press, 1979).

Leituras Selecionadas

NOVA ERA/METAFÍSICA

Bach, R., *Jonathan Livingston Seagull* (Pan, Londres, 1973).

Bach, R., *One* (Pan, Londres, 1989).

Bartholomew, *I Come as a Brother* (High Mesa Press, Taos, NM, 1986).

Bartholomew, *From the Heart of a Gentle Brother* (High Mesa Press, Taos, NM, 1987).

Bartholomew, *Reflections of an Elder Brother* (High Mesa Press, Taos, NM, 1989).

Bartholomew, *Planetary Brother* (High Mesa Press, Taos, NM, 1991).

Brennan, B., *Hands of Light* (Bantam, NY, 1988).

Carey, K., *The Starseed Transmissions* (Uni*Sun, Kansas City, MO, 1982). Publicado pela Editora Pensamento, Brasil.

Carey, K., *Starseed, the Third Millenium* (HarperCollins, NY, 1991). *A Estrela-Semente. A vida no terceiro milênio*, Editora Pensamento, 1991.

Carey, K., *Return of the Bird Tribes* (HarperCollins, NY, 1991). *O retorno das tribos-pássaro*, Editora Pensamento, Brasil, 1989.

Chopra, D., *Quantum Healing* (Bantam, NY, 1989).

Dossey, L., *Space, Time and Medicine* (Shambala, Boulder, CO, 1982).

Ferguson, M., *The Aquarian Conspiracy* (Paladin, NY, 1982).

Fickes, B., *Ascension: The Time Has Come* (Council of Light, Mount Shasta, CA, 1991).

Gawain S., *Creative Visualisation* (Bantam, NY, 1982). *Visualização Criativa*, Editora Pensamento, 1990.

Gawain, S., *Return to the Garden* (New World, CA, 1989).

Griscom, C., *The Healing of Emotion* (Fireside, NY, 1988).

Griscom, C., *Time is an Illusion* (Bantam, NY, 1989).

Griscom, C., *Feminine Fusion* (Fireside, NY, 1991).
Hay, L. L., *You Can Heal Your Life* (Eden Grove, NY, 1988).
Hay, L. L., *The Power is Within* (Eden Grove, NY, 1991).
Huffines, L., *Bridge of Light* (Bantam, Londres, 1990). Publicado pela Editora Pensamento, *Ponte de Luz*, 1991.
Klimo, J., *Channelling* (Aquarian, Northants, 1988).
Laut, P., *Money is My Friend* (Ivy, NY, 1989). *O dinheiro é meu amigo*, publicado pela Editora Pensamento, 1992.
Lazaris, *The Sacred Journey: You and Your Higher Self* (Concept: Synergy, Beverly Hills, CA, 1987).
Lazaris, *Lazaris Interviews Book I* (Concept: Synergy, Beverly Hills, CA, 1988a).
Lazaris, *Lazaris Interviews Book II* (Concept: Synergy, Beverly Hills, CA, 1988b).
Millman, D., *Way of the Peaceful Warrior* (H. J. Kramer, Tiburon, CA, 1984.) *O Caminho do Guerreiro Pacífico*, Editora Pensamento, 1993.
Millman, D., *Sacred Journey of the Peaceful Warrior* (H. J. Kramer, Tiburon, CA, 1991). *A Jornada Sagrada do Guerreiro Pacífico*, Editora Pensamento, 1993.
Roads, M., *Journey into Nature* (H. J. Kramer, Tiburon, CA, 1990).
Roberts, J., *Seth Speaks* (Bantam, NY, 1974).
Roberts, J., *Adventures in Counsciousness* (Bantam, NY, 1979).
Roberts, J., *The Individual and the Nature of Mass Events* (Prentice Hall, NY, 1982).
Roberts, J., *The "Unknown' Reality", Vol. 1: A Seth Book* (1.ª ed., 1977; Prentice Hall, NJ, 1986a).
Roberts, J., *The "Unknown' Reality", Vol. 1: A Seth Book* (1.ª ed., 1977; Prentice Hall, NY, 1986b).
Roberts, J., *The Seth Material* (1.ª ed., 1970; Prentice Hall, NY, 1987a).
Roberts, J., *The Nature of the Psyche: A Seth Book* (1.ª ed., 1979; Prentice Hall, NY, 1987b).
Rodegast, P., *Emmanuel's Book* (Bantam, NY, 1987).
Rodegast, P., *Emmanuel's Book II* (Bantam, NY, 1989).
Roman, S., *Living with Joy* (H. J. Kramer, Tiburon, CA, 1986).
Roman, S., *Personal Power through Awareness* (H. J. Kramer, Tiburon, CA, 1986).
Roman, S. e D. Packer, *Opening to Channel* (H. J. Kramer, Tiburon, CA, 1987).

Roman, S. e D. Packer, *Creating Money* (H. J. Kramer, Tiburon, CA, 1988).
Roman, S., *Spiritual Growth: Being Your Higher Self* (H. J. Kramer, Tiburon, CA, 1989).
Sky, M., *Dancing with the Fire* (Bear & Co, Santa Fe, NM, 1989).
Solara, *The Star Borne: A Remembrance for the Awakened Ones* (StarBorne, Charlottesville, VA, 1989).
Wilde, S., *Affirmations* (White Dove International, NM, 1987).
Williamson, M., *A Return to Love* (Aquarian/HarperCollins, Londres, 1992).
Zukav, G., *The Seat of the Soul* (Fireside, NY, 1990).

XAMANISMO

Brown, D., *Bury My Heart at Wounded Knee* (Vintage, Londres, 1970).
Devereux, P., *Shamanism and the Mystery Lines* (Quantum/Foulsham, Londres, 1992).
Eagle, M. B., *Buffalo Woman Comes Singing* (Ballantine, NY, 1991).
Eliade, M., *Shamanism* (Arkana, Londres, 1988).
Halifax, J., *Shamanic Voices* (Arkana, NY, 1991).
Harner, M., *The Way of the Shaman* (Bantam, NY, 1982).
Jamal, M., *Shape Shifters* (Arkana, Londres, 1987).
Kalweit, H., *Dreamtime and Inner Space* (Shambhala, Boston, Mass., 1988).
Matthews, J., *The Celtic Shaman* (Element, Shaftesbury, Dorset, 1991).
Meadows, K., *The Medicine Way* (Element, Shaftesbury, Dorset, 1990).
Meadows, K., *Shamanic Experience* (Element, Shaftesbury, Dorset, 1991).
Roth, G., *Maps to Ecstasy* (Mandala/HarperCollins, Londres, 1990).
Sams, J. e D. Carson, *Medicine Cards* (Bear & Company, Santa Fe, NM, 1988).
Walsh, N. R., *The Spirit of Shamanism* (Tarcher, Los Angeles, CA, 1990).
Whitaker, C. W., *The Reluctant Shaman* (HarperCollins, NY, 1991).
Wolfe, A., *In the Shadow of the Shaman* (Llewellyn, St. Paul, MN, 1988).

SABEDORIA HUNA

Hoffman, E., *Huna: A Beginner's Guide* (Whitford Press, West Chester, PA, 1976).

Lee, P. J. e K. Willis, *Tales from the Night Rainbow* (Night Rainbow Publishing, Honolulu, 1990).
Long, M. F., *The Secret Science at Work* (Devorss, Marina Del Rey, CA, 1953).
Long, M. F., *Growing into Light* (Devorss, Marina Del Rey, CA, 1955).
Long, M. F., *The Secret Science Behind Miracles* (Devorss, Marina Del Rey, CA, 1976).
Long, M. F., *What Jesus Taught in Secret* (Devorss, Marina Del Rey, CA, 1983).
King, S. K., *Kahuna Healing* (Theosophical Publishing House, Wheaton, Ill., 1983).
King, S. K., *Urban Shaman* (Fireside, NY, 1990).
Yardley, L. K., *The Heart of Huna* (Advanced Neuro Dynamics, Honolulu, 1990).

DEUSA

Edwards McVickar, C., *The Storyteller's Goddess* (HarperCollins, NY, 1991).
Eisler, R., *The Chalice and the Blade* (Unwin Hyman, Londres, 1990).
Goodrich, L. N., *Priestesses* (HarperCollins, NY, 1989).
Stone, M., *When God Was a Woman* (Harvest/HBJ, NY, 1976).

ANJOS

Burnham, S., *A Book of Angels* (Ballantine, NY, 1990).
Moolenburgh, C. H., *A Handbook of Angels* (C. W. Daniel, Essex, 1984).
Moolenburgh, C. H., *Meetings with Angels* (C. W. Daniel, Essex, 1992).
Taylor, L. T., *Messengers of Light* (H. J. Kramer, Tiburon, CA, 1990). *Anjos, Mensageiros da Luz*, Editora Pensamento, Brasil, 1991.

NOVA CIÊNCIA

Bentov, I., *Stalking the Wild Pendulum* (1.ª ed., 1977; Destiny, Rochester, Vermont, 1988).

Bohm, D., *Wholeness and the Implicate Order* (Routledge & Kegan Paul, Londres, 1980). *A Totalidade e a Ordem Implicada*, Editora Cultrix, 1992.
Briggs, J. P. e F. D. Peat, *Looking Glass Universe* (Fontana, Londres, 1985).
Capra, F., *The Tao of Physics* (Fontana, Londres, 1976). *O Tao da Física*, Editora Cultrix, 1991.
Capra, F., *The Turning Point* (Fontana, Londres, 1983). *O Ponto de Mutação*. Editora Cultrix, 1991.
Dossey, L., *Space, Time and Medicine* (Shambhala, CO, 1982).
Jones, R., *Physics as Metaphor* (Abacus, Londres, 1983).
Kuhn, T. S., *The Structure of Scientific Revolutions* (University of Chicago, Ill., 1962).
Russell, P., *The Awakening Earth* (Arkana, Londres, 1988).
Sheldrake, R., *A New Science of Life* (Paladin, Londres, 1987).
Talbot, M., *Mysticism and the New Physics* (Bantam, NY, 1981).
Talbot, M., *Beyond the Quantum* (Bantam, NY, 1988).
Toben, B. e F. A. Wolf, *Space-Time and Beyond* (Bantam, NY, 1983). *Espaço, tempo e além*, Editora Cultrix, 1988.
Zukav, G., *The Dancing Wu Li Masters* (Fontana, Londres, 1980).

Endereços úteis

GILL EDWARDS
Para receber panfletos atuais sobre seminários e cursos com Gill Edwards, fitas de auto-ajuda, fitas musicais, cartas de afirmação, etc., escreva para:

Living Magically
80 Muswell Hill Road, Londres N10 3JR
(Somente envie o seu endereço)

Títulos de fitas disponíveis: *"Overcoming Inner Blockages"*, *"Listening To The Whispers"*, *"Healing/Releasing a Relationship"*, *"Healing Your Inner Child"*, *"Exploring Past Lives"*, *"Morning Tape"*, *"Evening Tape"*. Fitas para breve: *"Creating Success In Business"*, *Attracting A Soul-Mate"*.

ORIN E DABEN

Para detalhes sobre livros, fitas e cursos por Orin e DaBen (canalizados por Sanaya Roman e Duane Packer) contate:

LuminEssence
P. O. Box 19117
Oakland
CA 94619
U.S.A.

LAZARIS

Para obter detalhes sobre material de Lazaris (canalizado por Jach Pursel), contate:

The New Magick
2 Queens Road
Hersham
Surrey KT12 5LS

Para detalhes sobre seminários nos U.S.A., bem como para obter material de Lazaris, contate:

Concept: Synergy
302 South County Road
Suite 109
Palm Beach
FL. 33480
U.S.A.

CRESCENDO E EVOLUINDO COM ALEGRIA

Uma Nova Visão da Realidade

Gill Edwards

Crescendo e Evoluindo com Alegria é uma abordagem psicoespiritual à vida do dia-a-dia.

Recorrendo aos místicos, aos cientistas e às informações obtidas de pessoas sensitivas, ela oferece uma nova e surpreendente visão da realidade – uma visão que desafia nossas opiniões "sensatas" sobre o mundo e que podem transformar nossa vida.

Crescendo e Evoluindo com Alegria é uma introdução otimista e original às idéias, instrumentos e técnicas espirituais destinadas à evolução humana. De forma prática, por meio da auto-ajuda, o livro lhe mostrará como:

- redescobrir sua sabedoria e força interior;
- eliminar seus medos, bloqueios e limitações e desapegar-se do passado;
- crescer por meio do amor e da alegria;
- clarear sua visão pessoal e global;
- ouvir a "voz" do seu Eu Superior;
- transformar seus sonhos em realidade.

Gill Edwards é escritora, psicóloga clínica, terapeuta e facilitadora de seminários. Ela dá cursos nos quais ensina como crescer e evoluir com alegria. Gill Edwards também se dedica ao estudo da paranormalidade.

EDITORA CULTRIX

VIVENDO COM ALEGRIA

Chaves para a Conquista do Poder Pessoal e da Transformação Espiritual

Sanaya Roman

Muitos grandes artistas, escritores, homens de negócios, atletas e músicos têm declarado que seus maiores feitos, invenções e inspirações foram recebidos de uma fonte situada além da sua realidade normal. Os cientistas, por sua vez, freqüentemente têm vislumbres e concepções originais, não enquanto estão sentados à mesa de trabalho, mas sim quando estão totalmente descontraídos – talvez debaixo do chuveiro, passeando pela praia ou devaneando.

Este é o caso de *Vivendo com Alegria*, "transmitido" à autora por uma fonte de sabedoria que ela chama de Orin, quando estava em estado de paz e de expansão da consciência. As informações que compartilha com o leitor neste livro foram por ela recebidas numa série de sessões de meditação, durante o período de alguns meses.

Esses momentos de inspiração têm sido chamados por algumas pessoas de canalização; outras o chamam de dom da profecia, e outras, ainda, de ligação com a mente universal. Para Sanaya Roman, essa fonte de orientação espiritual é Orin, um mestre e professor amável, sábio, gentil, sempre positivo e cheio de compaixão.

Este livro é a chave para libertar o seu coração e ajudá-lo a desenvolver todo o seu potencial. É um livro para pessoas que valorizam novas idéias, de acordo com a luz que essas idéias acrescentam à sua vida; é um convite à elevação do espírito, à comunhão da alegria, à liberação de conflitos e à abertura para o poder pessoal e a transformação espiritual de cada um.

* * *

Livros de Sanaya Roman da série *A Vida na Terra*:

— *Vivendo com Alegria - Chaves para a Conquista do Poder Pessoal e da Transformação Espiritual.*

— *O Poder Pessoal Através da Consciência.*

— *Crescimento Espiritual - O Despertar do seu Eu Superior.*

EDITORA PENSAMENTO

ALEGRIA E TRIUNFO

Eis um livro que apresenta verdadeiras receitas contra a angústia, o medo, a incerteza, a falta de confiança própria e outros obstáculos que, somados, resultam no "atraso de vida".

Nele não encontrará o leitor nenhum ritual cabalístico ou fórmula misteriosa, de difícil enunciação, mas simplesmente os meios de despertar em seu íntimo as poderosas forças do Eu Superior ou seu Cristo Interno.

Com efeito, desde a leitura de suas primeiras páginas, sentimo-nos animados daquela *fé dinâmica*, que tantos prodígios tem realizado no mundo.

Fugindo ao processo adotado pela maioria dos tratadistas da matéria em questão, o autor procurou demonstrar como devemos aplicar a Fé em nossa vida prática, citando centenas de animadores exemplos, em que a alegria e o triunfo voltaram a brilhar na vida dos desesperados e necessitados.

"O vosso Eu Sou, ou Cristo Interno, é o vosso deus pessoal ou a partícula divina em vós, *a qual tem todas as qualidades de Deus e todos os poderes para realizar as vossas aspirações*, desde que não sejam prejudiciais às dos outros."

Baseados neste princípio citado pelo autor, repetindo as *afirmações especiais* oferecidas para casos de urgência, sentimos tamanha convicção da existência do *poder interno* que possuímos, que dificilmente voltaremos a ser dominados pelos nossos piores inimigos: a angústia, o ódio, o ressentimento, o temor das dívidas e outras torturas que, em geral, acabrunham a maior parte da Humanidade.

Como os pensamentos negativos abatem o nosso sistema nervoso, prejudicando a nossa saúde física e moral, notarão os que seguirem os conselhos e os contagiantes exemplos apontados no livro que, ao cabo de pouco tempo, estarão com boa disposição mental e saúde normal.

"*É vontade de Deus que prospereis e vivais na abundância de tudo o que é bom e desejável.*"

Ora, mantendo viva essa afirmação em nosso espírito, fortalecemos o nosso subconsciente e passamos a repelir a idéia de que viemos a este mundo para cumprirmos uma "provação" de miséria, fome, pobreza. . .

Deus nos vê como seres perfeitos, *criados à sua imagem e semelhança*, possuindo poder e domínio.

Essa é a perfeita idéia de nossa entidade, registrada na Mente Divina, à espera do nosso reconhecimento, pois só poderemos manifestar o que a nossa mente puder ver que somos e alcançarmos *aquilo que ela nos vê alcançando*.

Portanto, mediante a disciplina da imaginação e os esplendores da Fé Dinâmica, tão bem apresentada neste livro, terá o leitor a chave da sua alegria e seu triunfo!

Ilustrado com inúmeros exemplos de difíceis problemas, que encontraram rápida solução *através da força interna que possuímos*, o livro apresenta ao leitor muitos casos que lhe dizem respeito, como também aos seus familiares e amigos, apontando-lhes uma saída salvadora.

É o que a todos desejamos, para que doravante possam viver com alegria e triunfo!

EDITORA PENSAMENTO

Outras obras de interesse:

CRESCENDO E EVOLUINDO COM ALEGRIA
Gill Edwards

MÃOS DE LUZ - Um Guia para a Cura através do Campo de Energia Humana
Barbara Ann Brennan

A ESTRELA-SEMENTE - A Vida no Terceiro Milênio
Ken Carey

O RETORNO DAS TRIBOS-PÁSSARO
Ken Carey

TRANSMISSÕES DA ESTRELA-SEMENTE
Ken Carey

À ESPREITA DO PÊNDULO CÓSMICO
Itzhak Bentov

A TOTALIDADE E A ORDEM IMPLICADA
David Bohm

O TAO DA FÍSICA
Fritjof Capra

O PONTO DE MUTAÇÃO
Fritjof Capra

VISUALIZAÇÃO CRIATIVA
Shakti Gawain

O DESPERTAR DA TERRA - O Cérebro Global
Peter Russell

A JORNADA SAGRADA DO GUERREIRO PACÍFICO
Dan Millman

A NATUREZA E O DESPERTAR DO SEU MUNDO INTERIOR
Michael J. Roads

CRESCIMENTO ESPIRITUAL O Despertar do Eu Superior
Sanaya Roman

VIVENDO COM ALEGRIA
Sanaya Roman

CRIANDO DINHEIRO E PROSPERIDADE
Sanaya Roman e *Doane Packer*

O PODER PESSOAL ATRAVÉS DA CONSCIÊNCIA
Sanaya Roman (Canalizado por *Orin*)